住房城乡建设部土建类学科专业"十三五"规划教材
全国住房和城乡建设职业教育教学指导委员会规划推荐教材

建筑工程技术资料管理

（第二版）

（土建类专业适用）

本教材编审委员会组织编写

李　辉　主编

胡兴福　李　光　主审

中国建筑工业出版社

图书在版编目（CIP）数据

建筑工程技术资料管理/李辉主编. —2 版. —北京：中国建筑工业出版社，2017.8（2024.6 重印）
住房城乡建设部土建类学科专业"十三五"规划教材. 全国住房和城乡建设职业教育教学指导委员会规划推荐教材（土建类专业适用）
ISBN 978-7-112-21064-0

Ⅰ. ①建… Ⅱ. ①李… Ⅲ. ①建筑工程-技术档案-档案管理-职业教育-教材 Ⅳ.①G275.3

中国版本图书馆 CIP 数据核字（2017）第 189222 号

本书主要介绍工程技术资料管理的意义、相关概念及管理流程，建筑工程施工质量验收的划分，建筑工程技术资料编制方法、竣工验收及竣工资料，工程质量验收，建筑工程资料的归档整理，竣工验收备案，配套的资料管理软件介绍等。

本书可作为高职高专土建类专业教学，也可供相关专业及建筑施工单位的有关技术、资料管理人员参考。

为更好地支持本课程的教学，我们向使用本书的教师免费提供教学课件，有需要者请与出版社联系，索取方式为：1. 邮箱 jckj@cabp.com.cn；2. 电话 (010) 58337285；3. 建工书院 http://edu.cabplink.com。

责任编辑：朱首明 刘平平
责任校对：焦 乐 刘梦然

住房城乡建设部土建类学科专业"十三五"规划教材
全国住房和城乡建设职业教育教学指导委员会规划推荐教材
建筑工程技术资料管理（第二版）
（土建类专业适用）
本教材编审委员会组织编写
李 辉 主编
胡兴福 李 光 主审

*

中国建筑工业出版社出版、发行（北京海淀三里河路9号）
各地新华书店、建筑书店经销
霸州市顺浩图文科技发展有限公司制版
建工社（河北）印刷有限公司印刷

*

开本：787×1092 毫米 1/16 印张：12¾ 字数：287 千字
2017 年 12 月第二版 2024 年 6 月第二十九次印刷
定价：**27.00** 元（赠教师课件）
ISBN 978-7-112-21064-0
(30710)

教材编审委员会名单

主　任：赵　研

副主任：危道军　胡兴福　王　强

委　员（按姓氏笔画为序）：

丁天庭	于　英	卫顺学	王付全	王武齐
王春宁	王爱勋	邓宗国	左　涛	石立安
占启芳	卢经杨	白　俊	白　峰	冯光灿
朱首明	朱勇年	刘　静	刘立新	池　斌
孙玉红	孙现申	李　光	李　辉	李社生
杨太生	何　辉	张　弘	张　伟	张若美
张鲁风	张瑞生	吴承霞	宋新龙	陈东佐
陈年和	武佩牛	林　密	季　翔	周建郑
赵琼梅	赵慧琳	胡伦坚	侯洪涛	姚谨英
夏玲涛	黄春蕾	梁建民	鲁　军	廖　涛
熊　峰	颜晓荣	潘立本	薛国威	魏鸿汉

修订版序言

　　本套教材第一版于 2003 年由建设部土建学科高职高专教学指导委员会本着"研究、指导、咨询、服务"的工作宗旨，从为院校教育提供优质教学资源出发，在对建筑工程技术专业人才的培养目标、定位、知识与技能内涵进行认真研究论证，整合国内优秀编者团队，并对教材体系进行整体设计的基础上组织编写的，于 2004 年首批出版了 11 门主干课程的教材。教材面世以来，应用面广、发行量大，为高职建筑工程技术专业和其他相关专业的教学与培训提供了有效的支撑和服务，得到了广大应用院校师生的普遍欢迎和好评。结合专业建设、课程建设的需求及有关标准规范的出台与修订，本着"动态修订、及时填充、持续养护、常用常新"的宗旨，本套教材于 2006 年（第二版）、2012 年（第三版）又进行了两次系统的修订。由于教材的整体性强、质量高、影响大，本套教材全部被评为住房和城乡建设部"十一五"、"十二五"、"十三五"规划教材，大多数教材被评为"十一五"、"十二五"国家规划教材，数部教材被评为国家精品教材。

　　目前，本套教材的总量已达 25 部，内容涵盖高职建筑工程技术专业的基础课程、专业课程、岗位课程、实训教学等全领域，并引入了现代木结构建筑施工等新的选题。结合我国建筑业转型升级的要求，当前正在组织装配式建筑技术相关教材的编写。

　　本次修订是本套教材的第三次系统修订，目的是为了适应我国建筑业转型发展对高职建筑工程技术专业人才培养的新形势、建筑技术进步对高职建筑工程技术专业人才知识和技能内涵的新要求、管理创新对高职建筑工程技术专业人才管理能力充实的新内涵、教育技术进步对教学手段及教学资源改革的新挑战、标准规范更新对教材内容的新规定。

　　应当着重指出的是，从 2015 年起，经过认真的论证，主编团队在有关技术企业的支持下，对本套教材中的《建筑识图与构造》、《建筑力学》、《建筑结构》、《建筑施工技术》、《建筑施工组织》进行了系统的信息化建设，开发出了与教材紧密配合的 MOOC 教学系统，其目的是为了适应当前信息化技术广泛参与院校教学的大形势，探索与创新适应职业教育特色的新型教学资源建设途径，积极构建"人人皆学、时时能学、处处可学"的学习氛围，进一步发挥教学辅助资源对人才培养的积极作用。我们将密切关注上述 5 部教材及配套 MOOC 教学资源的应用情况，并不断地进行优化。同时还要继续大力加强与教材配套的信息化资源建设，在总结经验的基础上，选择合适的教材进行信息化资源的立体开发，最终实现"以纸质教材为载体，以信息化技术为支撑，二者相辅相成，为师生提供一流服务，为人才培养提供一流教学资源"的目的。

今后，还要继续坚持"保持先进、动态发展、强调服务、不断完善"的教材建设思路，不简单追求本套教材版次上的整齐划一，而是要根据专业定位、课程建设、标准规范、建筑技术、管理模式的发展实际，及时对具备修订条件的教材进行优化和完善，不断补充适应建筑业对高职建筑工程技术专业人才培养需求的新选题，保证本套教材的活力、生命力和服务能力的延续，为院校提供"更好、更新、更适用"的优质教学资源。

住房和城乡建设职业教育教学指导委员会
土建施工类专业教学指导委员会
2017 年 6 月

修订版前言

　　建筑工程技术资料是建筑工程在建设过程中形成的各种形式信息记录，用来证实建筑工程产品生产的合法性和质量合格，鉴于建筑工程的特点，对一幢新建成的建筑物，其工程资料可能是数千或数万页各种材料合格证、试验报告、验收单据或检查记录等。因此，为了保证建筑工程的安全和使用功能，必须重视工程资料的真实性、可靠性。

　　随着建筑业的大力发展，建筑工程技术资料管理工作已成为工程建设过程中不可缺少的一项关键工作。高素质、懂专业的建筑工程技术资料管理人员已成为建筑市场中建设单位、监理单位、施工单位等迫切需要的人才。因此，建筑工程技术资料管理作为土建类专业和工程管理类专业的一门主要专业课程，其主要内容包括：介绍工程技术资料管理的意义、相关概念及管理流程，建筑工程施工质量验收的划分，建筑工程技术资料编制方法、竣工验收及竣工资料，工程质量验收，建筑工程资料的归档整理，竣工验收备案，配套的资料管理软件介绍等。

　　本书第二版作为住房城乡建设部土建类学科专业"十三五"规划教材，全国住房和城乡建设职业教育教学指导委员会规划推荐教材。本书在第一版的基础上作了较大的变动，充分吸收了现行的《建筑工程施工质量验收统一标准》GB 50300—2013、《建设工程文件归档规范》GB/T 50328—2014、《建设工程监理规范》GB/T 50319—2013、《建筑工程资料管理规程》JGJ/T 185—2009及国家制定的有关建筑施工质量验收规范文件，并结合施工现场资料编制的要求进行修订。本版教材紧紧围绕以工程建设的基本程序和建筑工程质量形成的过程为主线，指导正确填写工程建设用表，加强工程建设的过程控制，使工程技术资料的编写、整理更为规范化、标准化，从而提高工程技术水平和管理水平，保证工程实体质量，体现建筑工程技术资料为工程质量验收的重要组成部分。

　　本版教材的编写注重了学生的能力培养，培养学生具备一个合格资料员的基本素质和能力。本教材本着实用的原则，突出了实践性和可操作性，在修订教材内容与形式上创新如下：

　　1. 实用性。建筑工程技术资料管理是一门应用性很强的学科，本书从工作实际需要出发，对规范要求的理解和贯彻执行的做法进行了讲述，对建筑工程技术资料管理的基本知识进行了系统整理，对工程验收的资料的内容、收集范围、表格填写、整理、立卷、装订等进行了详细说明，并附实例和样表。具有较强的实用性、可读性和可操作性。

2. 教材内容更新。增加了电子归档未来的发展趋势内容，修改和增加实例和样表，更新了计算机资料管理软件应用，补充或调整了部分内容。在第一版的基础上作了较大的变动，充分吸收和体现了现行国家规范和制定的相关建筑施工质量验收规范文件。

3. 系统性。本教材修订后内容顺序合理，符合现行规范和文件的要求，思路清晰，概念准确，章节结构紧凑，重点突出，信息量大，配套性好，前后呼应，融为一个完整的知识体系。

本教材由四川建筑职业技术学院李辉主编与修订，此次参加修订的人员是四川建筑职业技术学院吴俊峰、陈文元。本书修订稿由胡兴福教授主审。

本教材在编写过程中，得到了四川建筑职业技术学院、四川省建筑科学研究院的大力支持，谨表示最诚挚的谢意。

由于时间仓促和作者水平有限，涉及内容较多，书中难免存在不妥之处，敬请读者批评指正。

前 ● 言

　　本书依据《建筑工程施工质量验收统一标准》GB 50300—2001、《建设工程文件归档整理规范》GB/T 50328—2001 及 2000 年前后国家新制定的有关建筑施工质量验收规范文件，并结合施工现场资料编制的新要求编写。

　　本书尽可能的紧密结合建筑施工实际，突出实践性和可操作性，内容精炼，深入浅出，通俗易懂。

　　本书内容分七章，主要介绍工程技术资料管理的意义、相关概念及管理流程，建筑工程施工质量验收的划分，建筑工程技术资料编制方法、竣工验收及竣工资料，工程质量验收，建筑工程资料的归档整理，竣工验收备案，配套的资料管理软件介绍等。

　　本书由四川建筑职业技术学院李辉教授主编，周贞贤副主编。参加编写的人员有四川建筑职业技术学院李辉、周贞贤、刘鉴秾，四川省建筑科学研究院张扬。其中第一、二章及附录由李辉编写，第三、六章由周贞贤编写，第四、五章由刘鉴秾编写，第七章由刘鉴秾、张扬编写。

　　本书由胡兴福教授、李光副教授主审。审稿者对全书进行了认真仔细的审阅，并提出了许多宝贵的建议，在编写中我们也参考了一些文献，在此我们向审稿者和所列参考文献书目中的作者表示由衷地感谢。

　　本书在编写过程中，得到了四川建筑职业技术学院、四川省建筑科学研究院的大力支持，谨表示最诚挚的谢意。

　　由于时间仓促和作者水平有限，加上新内容的不断增加，书中难免存在不妥之处，敬请读者批评指正。

目 ◦ 录

教学单元1

绪论

【教学目标】 通过本单元的学习，让学生了解建设工程技术资料管理的相关概念和其意义；熟悉建设工程技术资料管理流程。

1.1 建设工程技术资料管理相关概念

1.1.1 建设工程资料

在工程建设过程中形成的各种形式的信息记录，包括工程准备阶段文件、监理文件、施工文件、竣工图和竣工验收文件，简称为工程资料。

工程资料可分为工程准备阶段文件、监理资料、施工资料、竣工图和工程竣工文件5类。工程准备阶段文件可分为决策立项文件、建设用地文件、勘察设计文件、招投标及合同文件、开工文件、商务文件6类；监理资料可分为监理管理资料、进度控制资料、质量控制资料、造价控制资料、合同管理资料和竣工验收资料6类；施工资料可分为施工管理资料、施工技术资料、施工进度及造价资料、施工物资资料、施工记录、施工试验记录及检测报告、施工质量验收记录、竣工验收资料8类；竣工图分为综合竣工图室外专业竣工图，专业竣工图3类；工程竣工文件可分为竣工验收文件、竣工决算文件、竣工交档文件、竣工总结文件4类。

工程资料应与建筑工程建设过程同步形成，并应真实反映建筑工程的建设情况和实体质量。建设工程资料包括工程技术资料和工程管理资料。

建设工程资料繁多，归档范围及保存期限也不一样。《建设工程文件归档规范》GB/T 50328—2014（后简称《规范》），规定了对工程文件的归档范围进行了细分，将所有建设工程按照建筑工程、道路工程、桥梁工程、地下管线工程4个类别，分别对归档范围进行了规定。其中对建筑工程文件的归档范围，详见附录一。工程档案保管期限分为永久保管、长期保管和短期保管。

1.1.2 工程技术资料

工程技术资料是工程建设过程中形成的有关工程技术、质量的文件。它包括如下内容：

1. 施工质量管理资料

施工质量管理资料包括工程概况，质量及安全报监手续，施工许可证（开工报告），施工组织设计，施工方案，技术交底，岩土工程、地质勘察报告结论，技术处理方案，人工地基检测报告结论，深基坑监测记录，施工现场质量管理检查记录等。

2. 检验批、分项工程、分部工程及单位工程质量验收资料

包括根据相应的专业施工质量验收规范规定分别对检验批质量验收表中的主控项目和一般项目，由施工单位自检评定填制表格，经监理单位检查验收确认合格后所形成的工程质量核心资料和检验批、分项工程、分部工程及单位工程质量验收记录等。

3. 工程质量控制资料

工程质量控制资料包括图纸会审记录、设计变更记录，工程定位测量、放线记录，原材料、构配件的出厂合格证及见证取样送检试验报告，施工试验报告，施工记录，隐蔽验收记录，地基基础和主体结构的检验及抽样检测资料，管线系统检验记录，设备调试记录，分项分部工程质量验收记录，工程质量事故及事故调查处理记录，地基验槽记录，新材料、新工艺施工记录等一系列对控制工程质量起决定性作用的关键资料等。

4. 工程安全和功能检验及主要功能抽查资料

工程安全和功能检验及主要功能抽查资料包括屋面淋水试验记录，地下室防水效果检查记录，有防水要求的地面蓄水试验记录，建筑物垂直度、标高、全高测量记录，抽气（风）道检查记录，幕墙及外窗气密性、水密性、耐风压检测报告，建筑物沉降观测测量记录，节能、保温测试记录，室内环境检测报告以及各种设备试验、试运行记录等。

由于施工安全资料仅针对施工过程中的安全控制与管理，不需要长期保存，且已有专门的法规和标准规范其要求，工程资料不包括施工安全资料。

5. 竣工验收综合资料

竣工验收综合资料，包括参加竣工验收各方的质量评价及验收结论、实体检测记录、功能抽查记录、安全抽查记录、单位工程观感质量检查记录等。

6. 竣工图

竣工图是工程竣工验收后，真实反映建设工程施工结果的图样。新建、改建、扩建的建筑工程均应编制竣工图。竣工图应依据施工图、图纸会审记录、设计变更通知单、工程洽商记录（包括技术核定单）等绘制。竣工图是建筑工程资料和竣工档案重要的组成部分，是对工程进行维护、管理，灾后鉴定，灾后重建、改建、扩建的主要依据。

1.1.3　工程管理资料

工程管理资料是工程建设过程中形成的有关工程审批、管理的资料。它包括如下内容：项目立项文件，建设用地、征地、拆迁文件，勘察、测绘、设计文件，招投标文件，工程开工文件，财务文件等。

1.2　建设工程技术资料管理的意义

1.2.1　保证工程竣工验收的需要

工程项目竣工验收包括两方面的内容，一是指"硬件"，即建设工程（包括所安装的建筑设备）实体；二是指"软件"，即反映建筑物自身及形成过程的施工技术资料

（包括竣工图及有关录像资料）。因此，对工程项目进行竣工验收时，不但要控制建设工程实体质量，还必须对其软件——施工技术资料同时进行验收。未经档案验收或者档案验收不合格的项目，不得进行项目竣工验收、鉴定。

1.2.2 维护企业经济效益和社会信誉的需要

施工技术资料反映了工程项目的形成过程，是现场组织生产活动的真实记录，直接或间接地记录了与工程施工效益紧密相关的施工面积，使用材料的品种、数量和质量，采用的技术方案和技术措施，劳动力的安排和使用，工程量的更改和变动，质量的评定等级等情况，它们是建设方与承包方双方进行合同结算的重要依据，也是企业维护自身利益的依据。同时施工技术资料作为接受业主和社会有关各方验收的"软件"，其质量就如同建筑物质量一样，反映了施工队伍的素质和技术水平。因此它是企业信誉窗口的一个十分重要的组成部分。

1.2.3 开发利用企业资源的需要

企业档案是企业生产、经营、科技、管理等活动的真实记录，也是企业上述各方面知识、经验、成果的积累和储备，因此是企业的重要资源。施工技术资料是企业科技（工程）档案的来源，是形成企业资源的一个组成部分。开发利用档案资料的途径主要有两种：一种是直接利用档案资料，包括借阅、摘录、复制等；另一种是对档案资料进行加工利用，如进行汇编、索引、专题研究等。

1.2.4 保证城市规范化建设的需要

建筑物日常的维修、保养（如对其中的水、电、气、通风线路管道的维修和保养）以及对建筑物的改建、扩建、拆建等，都离不开一个十分重要的依据，即反映建筑物全貌及联系的真实记录——竣工图及其他有关的施工技术资料。如果少了这一重要依据，就会对工作带来极大的盲目性，甚至对国家财产和城市建设带来严重后果。

1.3 建设工程技术资料管理流程

1.3.1 建设工程文件管理基本流程

建设工程文件是工程建设过程中形成的各种形式的信息记录，其产生都源于工程的建设及其过程，和其他文件的形成一样，有其自身的客观运动规律，即遵循工程项目建设程序的规律。工程项目建设程序是指工程项目从策划、评估、决策、设计、施工到竣工验收、投入生产或交付使用的整个建设过程中，各项工作必须遵循的先后工作次序。

工程项目建设程序是工程建设过程客观规律的反映，是建设工程项目科学决策和顺利进行的重要保证。工程项目建设程序是人们长期在工程项目建设实践中得出来的经验总结，不能任意颠倒，但可以合理交叉。建设工程文件是随着工程项目建设程序的开展而产生的记录，其形成遵循工程项目建设程序的规律。

从工程文件自身来看，从形成到归档移交可分为五个主要步骤，即随工程项目建设程序的各环节形成、由形成单位的工作人员（资料员、工程技术人员）进行收集和积累、汇总整理、进行立卷、归档，如图 1-1 所示。工程建设单位和各参建单位的文件管理人员、资料员、工程技术人员都应按此流程进行文件管理工作。

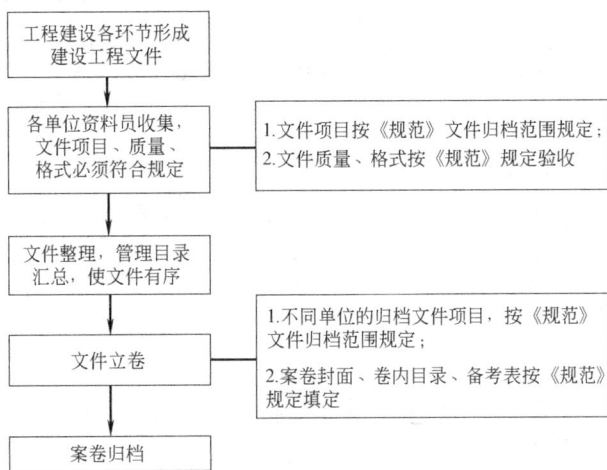

图 1-1　建设工程文件管理基本流程图

1.3.2　建设单位文件管理流程

建设单位是工程建设的提出者、主导者，更是第一责任人，在整个工程建设管理中处于核心位置。在建设工程全寿命周期管理中，建设工程文件管理是其重要管理内容，文件最全面，保存时间最长。工程准备阶段、竣工验收阶段的文件由建设单位直接收集整理，施工阶段形成的监理文件、施工文件和竣工图，由监理、施工单位立卷完成后，移交建设单位。

1. 建设单位在文件管理工作中的职责

《规范》规定建设单位应按下列流程开展工程文件的整理、归档、验收、移交等工作：

1）在工程招标及与勘察、设计、施工、监理等单位签署协议、合同时，应明确竣工图的编制单位、工程档案的编制套数、编制费用及承担单位、工程档案的质量要求和移交时间等内容；

2）收集和整理工程准备阶段形成的文件，并进行立卷归档；

3）组织、监督和检查勘察、设计、施工、监理等单位的工程文件的形成、积累和立卷归档工作；

4）收集和汇总勘察、设计、施工、监理等单位立卷归档的工程档案；

5）收集和整理竣工验收文件，并进行立卷归档；

6）在组织工程竣工验收前，提请当地的城建档案管理机构对工程档案进行预验收；未取得工程档案验收认可文件，不得组织工程竣工验收；

7）对列入城建档案管理机构接收范围的工程，工程竣工验收后3个月内，应向当地城建档案管理机构移交一套符合规定的工程档案。

因此，建设单位在工程建设各阶段必须履行文件管理工作的职责，按工程建设程序开展文件管理活动，如图1-2所示。

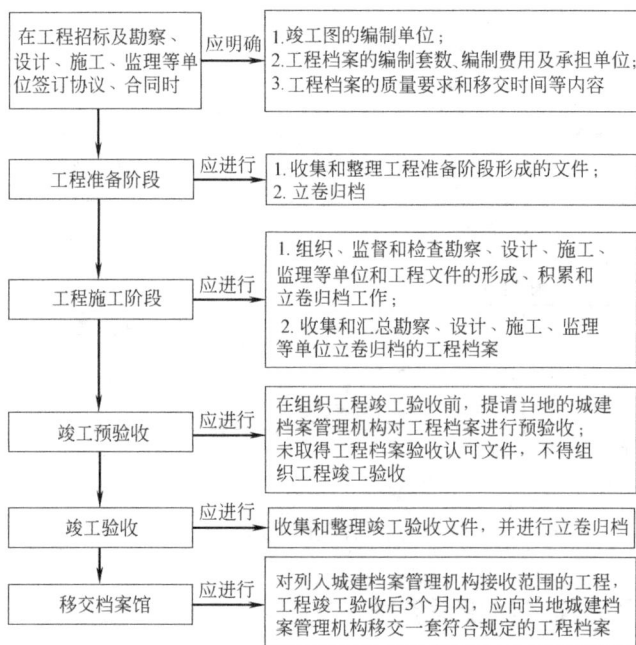

图1-2 建设单位在工程建设各阶段文件管理流程图

2. 工程准备阶段文件形成与管理流程

工程准备阶段文件是指在工程开工以前，在立项、审批、征地、勘察、设计、招标投标等工程准备阶段形成的文件。依据工程建设基本程序，工程准备阶段一般可以划分为：项目申请（策划决策）、可行性研究、征地拆迁、勘察设计、建设工程规划申请、招标投标、施工许可申请等环节。各个工作环节中，形成了大量的工程准备阶段文件，如图1-3所示。其特点为：①形成单位多，既涉及与城市建设有关的行政管理部门，又涉及大量的专业技术部门；②时间跨度较长；③专业技术性强。因此，建设单位应针对工程准备阶段各环节文件形成的特点，开展文件的管理。

3. 工程竣工验收阶段文件形成与管理流程

工程竣工验收阶段文件是指在建设工程项目竣工验收活动中形成的文件。竣工验收阶段文件主要包括三个方面：①工程项目竣工验收时产生的文件；②工程竣工验收备案过程中形成的文件；③工程竣工决算及审计等文件。

```
┌──────────┐  形成  ┌─────────────────────────────┐
│  项目申请  │──────▶│ 项目建议书批复文件及项目建议书 │
└──────────┘       └─────────────────────────────┘
     │
     ▼
┌──────────┐  形成  ┌──────────────────────────────────┐
│可行性研究立项│──────▶│ 可行性研究报告批复文件及可行性研究报告 │
└──────────┘       │ 专家论证意见、项目评估文件          │
     │             │ 有关立项的会议纪要、领导批示        │
     │             └──────────────────────────────────┘
     ▼
┌──────────┐  形成  ┌──────────────────────────────────┐
│办理征地手续 │──────▶│ 选址申请及选址规划意见通知书         │
└──────────┘       │ 建设用地批准书                    │
     │             │ 拆迁安置意见、协议、方案等          │
     │             │ 建设用地规划许可证及其附件          │
     │             │ 土地使用证明文件及其附件            │
     │             └──────────────────────────────────┘
     ▼
┌──────────┐  形成  ┌──────────────────────────────────┐
│  测量勘察  │──────▶│ 建设用地钉桩通知单                 │
└──────────┘       │ 勘察招投标文件                    │
     │             │ 勘察合同                         │
     │             │ 工程地质勘察报告                  │
     │             │ 水文地质勘察报告                  │
     │             └──────────────────────────────────┘
     ▼
┌──────────┐  形成  ┌──────────────────────────────────┐
│  设计招投标 │──────▶│ 设计招投标文件                    │
└──────────┘       │ 设计合同                         │
     │             │ 初步设计文件(说明书)              │
     │             │ 设计方案审查意见                  │
     │             │ 人防、环保、消防等有关主管部门(对设计方案)│
     │             │ 审查意见                         │
     │             └──────────────────────────────────┘
     ▼
┌──────────┐  形成  ┌──────────────────────────────────┐
│ 编制设计文件 │──────▶│ 设计计算书                        │
└──────────┘       │ 设计文件审查意见                  │
     │             └──────────────────────────────────┘
     ▼
┌──────────┐  形成  ┌──────────────────────────────────┐
│ 建设规划申报 │──────▶│ 建设工程规划许可证及其附近          │
└──────────┘       └──────────────────────────────────┘
     │
     ▼
┌──────────┐  形成  ┌──────────────────────────────────┐
│ 施工图报审 │──────▶│ 施工图审查意见                    │
└──────────┘       │ 节能设计备案文件                  │
     │             └──────────────────────────────────┘
     ▼
┌──────────┐  形成  ┌──────────────────────────────────┐
│ 监理招投标 │──────▶│ 监理招投标文件                    │
└──────────┘       │ 监理合同                         │
     │             └──────────────────────────────────┘
     ▼
┌──────────┐  形成  ┌──────────────────────────────────┐
│ 施工招投标 │──────▶│ 施工招投标文件                    │
└──────────┘       │ 施工合同                         │
     │             └──────────────────────────────────┘
     ▼
┌──────────┐  形成  ┌──────────────────────────────────┐
│ 办理开工手续 │──────▶│ 建设工程施工许可证                 │
└──────────┘       │ 工程概况信息表                    │
                   │ 建设单位工程项目负责人及现场管理人员名册 │
                   │ 监理单位工程项目总监及监理人员名册    │
                   │ 施工单位工程项目经理及质量管理人员名册 │
                   └──────────────────────────────────┘
```

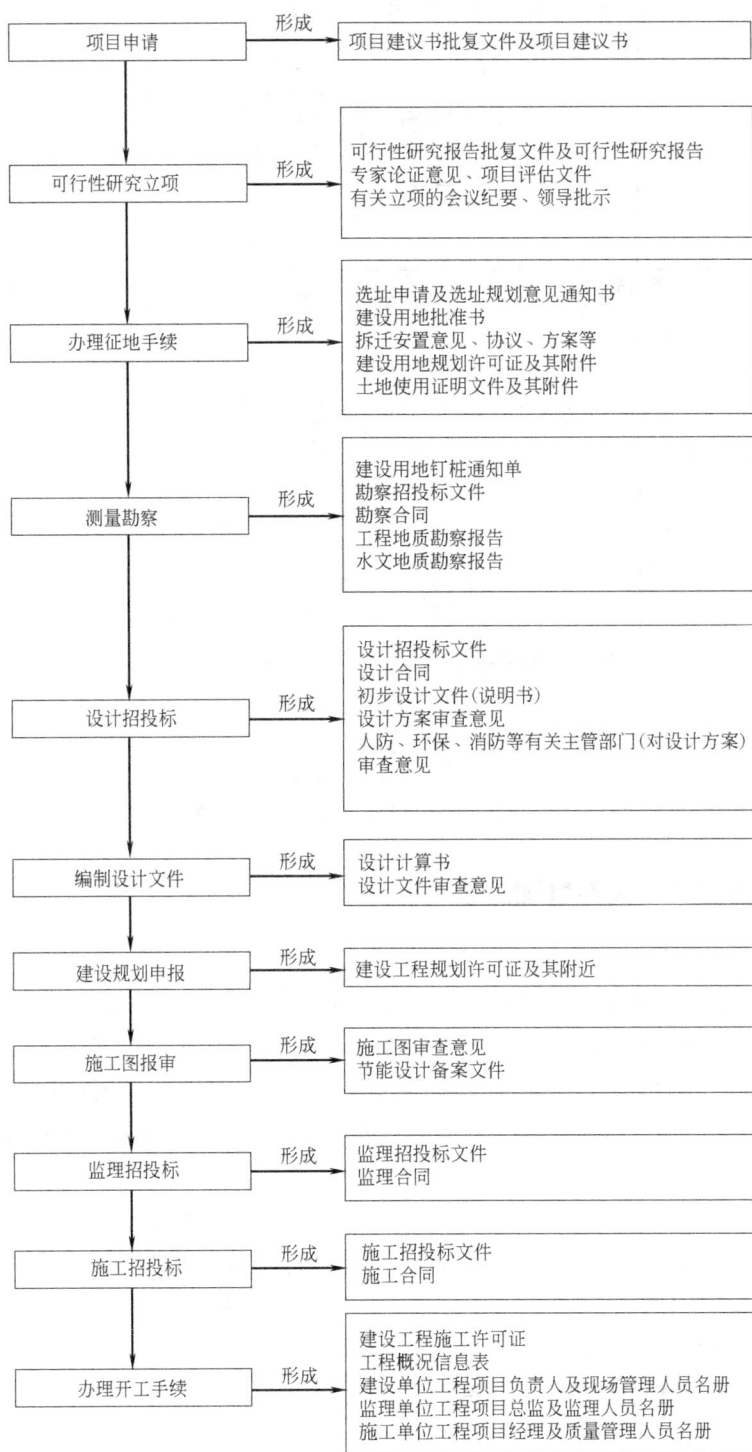

图 1-3 工程准备阶段文件形成流程图

在工程竣工验收阶段的各个工作环节中,要形成下列文件,如图1-4所示。

```
工程报竣 ──形成──▶ 施工单位工程竣工报告

竣工预验收 ──形成──▶ 勘察单位工程质量检查报告
                    设计单位工程质量验查报告
                    监理单位工程质量评估报告

工程档案预验收 ──形成──▶ 建设工程档案预验收意见

工程竣工质量验收 ──形成──▶ 工程竣工验收报告
                       工程竣工验收会议纪要
                       专家组竣工验收意见
                       工程竣工验收证书

工程竣工备案 ──形成──▶ 规划、消防、环保、民防、防雷等部分
                    出具的认可文件或准许使用文件
                    房屋建筑工程质量保修书
                    住宅质量保证书、住宅使用说明书
                    建设工程竣工验收备案表
                    城市建设档案移交书
                    施工决算文件、监理决算文件
                    开工前原貌、施工阶段、竣工新貌照片
                    工程建设过程的录音、录像资料(重大
                    工程)其他工程文件
```

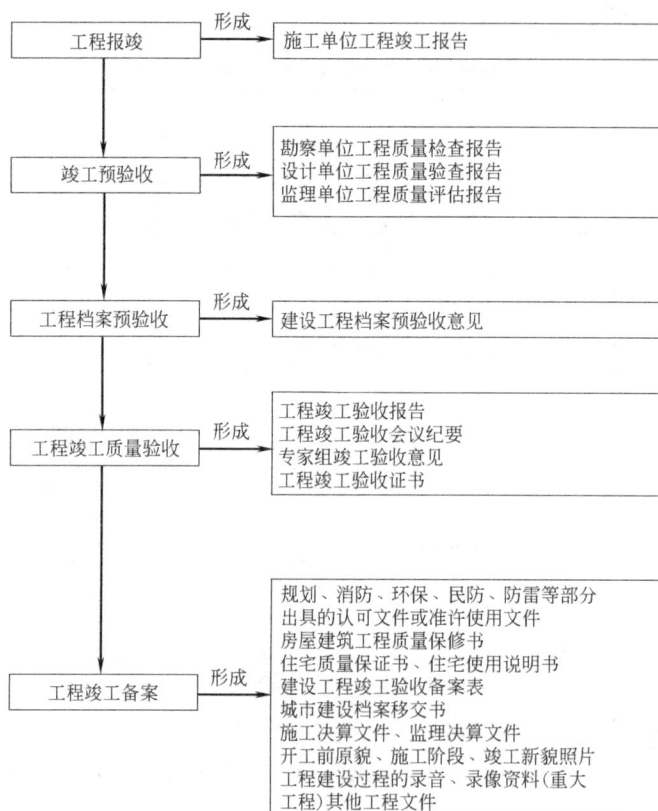

图 1-4　工程竣工验收阶段文件形成流程图

1.3.3　监理单位文件管理流程

1. 监理文件的基本内容

监理文件是工程监理单位在履行建设工程监理合同过程中形成或获取的，以一定形式记录、保存的文件资料。工程监理单位受建设单位委托，根据法律法规、工程建设标准、勘察设计文件及合同，在施工阶段对建设工程质量、造价、进度进行控制，对合同、信息进行管理，对工程建设相关方的关系进行协调，并履行建设工程安全生产管理法定职责的服务活动。

工程监理单位受建设单位委托，按照建设工程监理合同约定，在建设工程勘察、设计、保修等阶段提供的服务活动所形成的文件，就是监理文件。监理文件资料从形式上可分为文字、图表、数据、声像、电子文档等文件资料，从来源上可分为监理工作依据性、记录性、编审性等文件资料。

2. 监理文件管理是监理单位的职责

负责监理文件的形成、收集、整理、立卷、归档工作。

我国的建设工程监理制度自 1988 年开始实施以来，对于实现建设工程质量、进度、投资目标控制和加强建设工程安全生产管理发挥了重要作用。监理文件是实施监理过程的真实反映，既是监理工作成效的根本体现，也是工程质量、生产安全事故责任划分的

重要依据。《建设工程监理规范》GB/T 50319—2013 明确规定："项目监理机构应建立完善监理文件资料管理制度，宜设专人管理监理文件资料。项目监理机构应及时、准确、完整地收集、整理、编制、传递监理文件资料。"因此，监理文件的形成、收集、整理、立卷、归档工作，既是监理单位的工作内容，更是监理单位的应尽的职责。监理单位应做到"明确责任，专人负责"。

3. 监理文件形成与管理流程

《建设工程监理规范》GB/T 50319—2013 规定监理文件资料应包括下列主要内容：

（1）勘察设计文件、建设工程监理合同及其他合同文件。

（2）监理规划、监理实施细则。

（3）设计交底和图纸会审会议纪要。

（4）施工组织设计、（专项）施工方案、施工进度计划报审文件资料。

（5）分包单位资格报审文件资料。

（6）施工控制测量成果报验文件资料。

（7）总监理工程师任命书，开工令、暂停令、复工令，工程开工或复工报审文件资料。

（8）工程材料、构配件、设备报验文件资料。

（9）见证取样和平行检验文件资料。

（10）工程质量检查报验资料及工程有关验收资料。

（11）工程变更、费用索赔及工程延期文件资料。

（12）工程计量、工程款支付文件资料。

（13）监理通知单、工作联系单与监理报告。

（14）第一次工地会议、监理例会、专题会议等会议纪要。

（15）监理月报、监理日志、旁站记录。

（16）工程质量或生产安全事故处理文件资料。

（17）工程质量评估报告及竣工验收监理文件资料。

（18）监理工作总结。

以房屋建筑工程为例，监理文件按下列流程的形成，如图 1-5 所示，并应同步进行文件管理。

1.3.4 施工单位文件管理流程

1. 施工文件的基本内容

施工文件是指施工单位在施工过程中形成的文件。按其性质，可分为：施工管理、施工技术、进度造价、施工物资出厂质量证明及进场检测文件、施工记录、施工试验记录及检测文件、施工验收文件。

2. 施工单位对施工文件的管理职责

《建设工程文件归档规范》GB/T 50328—2014 规定："勘察、设计、施工、监理等单位应将本单位形成的工程文件立卷后向建设单位移交。建设工程项目实行总承包管理

| 项目承接阶段 | 形成 | 监理合同 |

| 项目策划阶段 | 形成 | 监理规划《包括旁站监理方案》 |

| 施工准备阶段 | 形成 | 第一次工地会议纪要
施工监理交底会议纪要 |

工程复工报审表
工程开工报审表
施工进度计划报审表
工程技术文件报审表
工程变更费用报审表
费用索赔申请表
工程延期申请表
审批 → 施工阶段 形成 →
监理规划
监量实施细则
监理月报
监理会议纪要
监理工作日志
监理工作总结
工作联系单
监理工程师通知
监理工程师通知回复单
工程暂停令
质量事故报告及处理资料
旁站整理记录
见证取样和送检人员备案表
见证记录
工程款支付申请书
工程款支付证书
费用索赔审批表
工程延期审批表

单位(子单位)工程质量控制资料核查记录
单位(子单位)工程安全和功能检验资料核查及主要功能抽查记录
单位(子单位)工程观感质量检查记录
审批 → 竣工预验收 形成 → 监理单位工程质量评估报告

单位(子单位)工程质量竣工验收记录
审批 → 工程竣工验收 形成 → 竣工移交证书
监理资料移交书

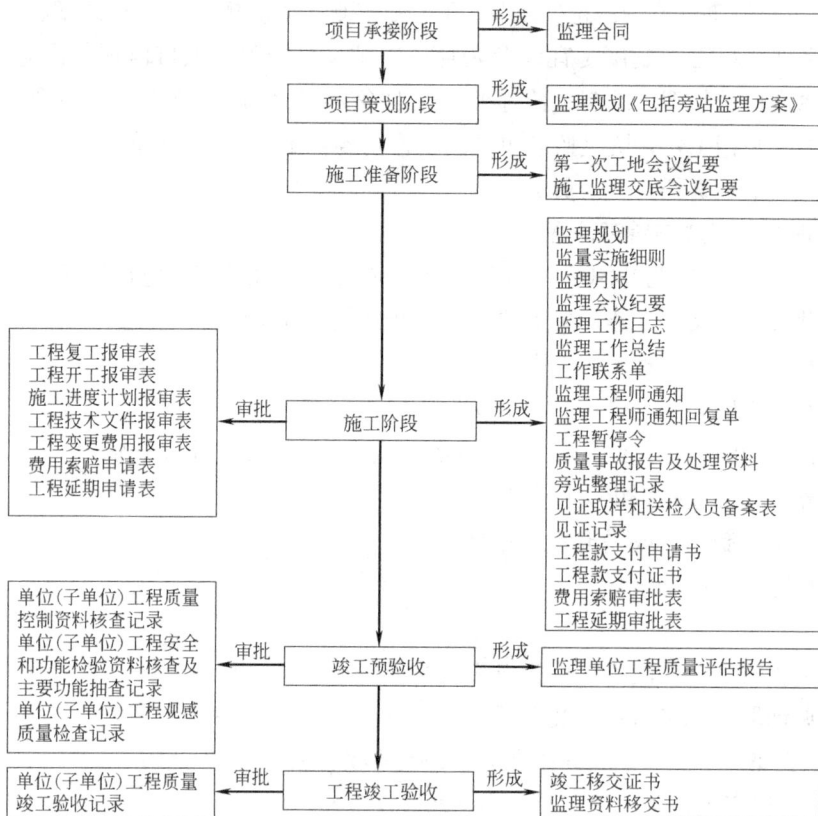

图 1-5　监理文件形成与管理流程图

的，总包单位应负责收集、汇总各分包单位形成的工程档案，并应及时向建设单位移交；各分包单位应将本单位形成的工程文件整理、立卷后及时移交总包单位。建设工程项目由几个单位承包的，各承包单位应负责收集、整理立卷其承包项目的工程文件，并应及时向建设单位移交。"因此，施工单位负责施工文件的形成、收集、整理、立卷、归档工作。分包单位负责本单位施工部分文件的管理，并在完工验收后向总包单位移交。

3. 施工文件的形成与管理流程

以房屋建筑工程为例，施工文件按下列流程的形成，并应同步进行文件管理：

（1）施工技术及管理资料的形成

施工技术资料是在施工过程中形成的，用以指导正确、规范、科学施工的技术文件及反映工程变更情况的各种资料的总称。主要内容有：施工组织设计及施工方案、技术交底记录、图纸会审记录、设计变更通知单、工程变更洽商记录等。施工管理资料是在施工过程中形成的反映施工组织及监理审批等情况资料的统称。主要内容有：施工现场质量管理检查记录、施工过程中报监理审批的各种报验报表、施工试验计划及施工日志等。施工技术及管理资料的形成流程，如图 1-6 所示。

（2）施工物资出厂质量证明及进场检测文件的形成

补充修改

施工单位根据图纸、合同文件等要求编制施工组织设计、施工方案等

施工单位进行内部审批手续齐全　　形成　　施工组织设计施工方案

施工单位进行施工技术文件报审

建设(监理)单位批复单见
未获批准
批准，形成　　工程技术文件报审表

施工单位依据批复意见与技术文件进行技术交底　　形成　　施工组织设计交底施工方案技术交底分项工程施工技术交底

进入施工质量验收报验流程

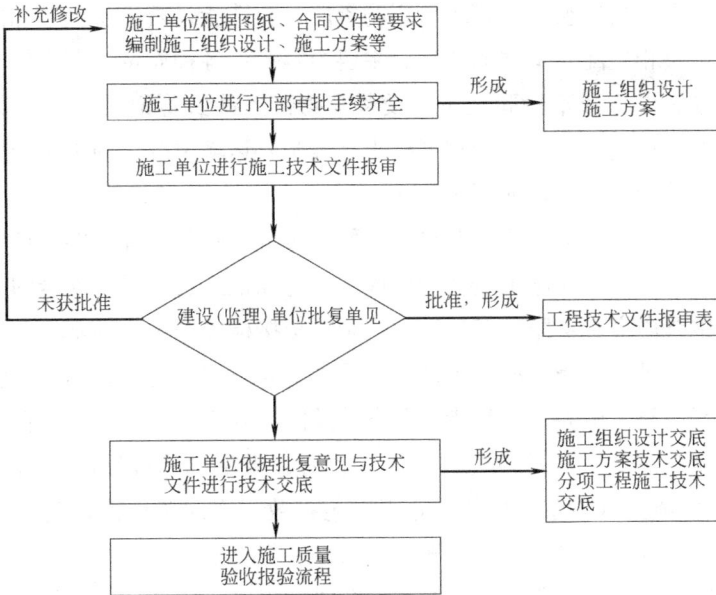

图 1-6　施工技术及管理资料形成流程图

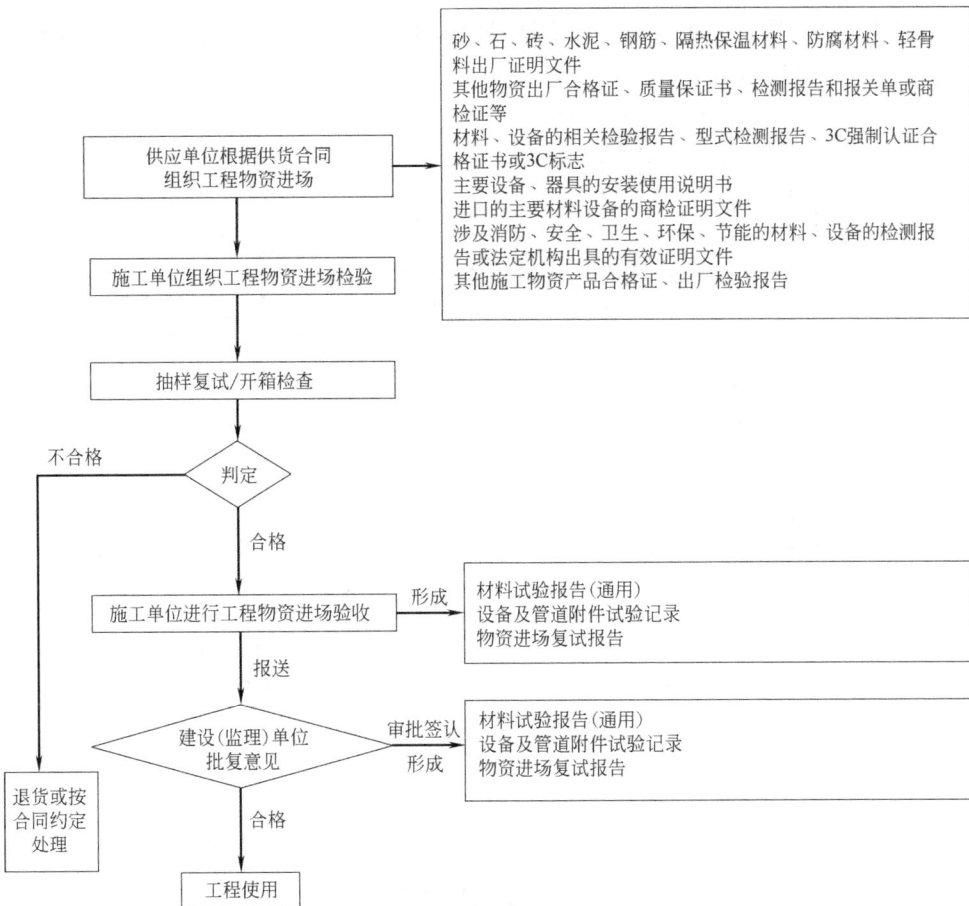

供应单位根据供货合同组织工程物资进场

施工单位组织工程物资进场检验

抽样复试/开箱检查

砂、石、砖、水泥、钢筋、隔热保温材料、防腐材料、轻骨料出厂证明文件
其他物资出厂合格证、质量保证书、检测报告和报关单或商检证等
材料、设备的相关检验报告、型式检测报告、3C强制认证合格证书或3C标志
主要设备、器具的安装使用说明书
进口的主要材料设备的商检证明文件
涉及消防、安全、卫生、环保、节能的材料、设备的检测报告或法定机构出具的有效证明文件
其他施工物资产品合格证、出厂检验报告

判定
不合格
合格

施工单位进行工程物资进场验收　　形成　　材料试验报告(通用)设备及管道附件试验记录物资进场复试报告

报送

建设(监理)单位批复意见　　审批签认形成　　材料试验报告(通用)设备及管道附件试验记录物资进场复试报告

合格

退货或按合同约定处理

工程使用

图 1-7　施工物资出厂质量证明及进场检测文件形成流程图

施工物资资料是指反映工程施工所用物资质量和性能是否满足设计和使用要求的各种质量证明文件及相关配套文件的统称。主要内容有：各种质量证明文件、材料及构配件进场检验记录、设备开箱检验记录、设备及管道附件试验记录、设备安装使用说明书、各种材料的进场复试报告、预拌混凝土（砂浆）运输单等。施工物资出厂质量证明及进场检测文件的形成流程，如图 1-7 所示。

（3）施工记录、施工试验记录及检测文件、过程验收及管理资料的形成

施工记录是施工单位在施工过程中形成的，为保证工程质量和安全的各种内部检查记录的统称。主要内容有：隐蔽工程验收记录、交接检查记录、地基验槽记录、地基处理记录、桩施工记录、混凝土浇灌申请书、混凝土养护测温记录、构件吊装记录、预应力筋张拉记录等。施工试验资料是指按照设计及国家规范标准的要求，在施工过程中所进行的各种检测及测试资料的统称。主要内容有：土工、基桩性能、钢筋连接、埋件（植筋）拉拔、混凝土（砂浆）性能、施工工艺参数、饰面砖拉拔、钢结构焊缝质量检测及水暖、机电系统运转测试报告或测试记录。过程验收资料指参与工程建设的有关单位根据相关标准、规范对工程质量是否达到合格做出确认的各种文件的统称。主要内容有：检验批质量验收记录、分项工程质量验收记录、分部（子分部）工程质量验收记录、结构实体检验等。施工记录、施工试验记录及检测文件、过程验收及管理资料的形成流程，如图 1-8 所示。

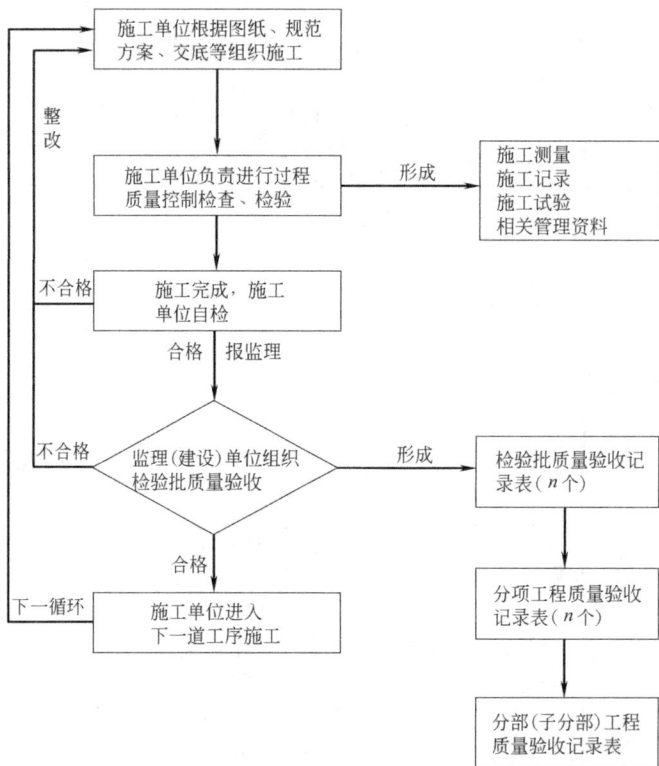

图 1-8　施工记录、施工试验记录及检测文件、
过程验收及管理资料形成流程图

（4）单位工程竣工质量验收资料的形成

单位工程竣工质量验收资料是指工程竣工时必须具备的各种质量验收资料。主要内容有：单位工程竣工预验收报验表、单位（子单位）工程质量竣工验收记录、单位（子单位）工程质量控制资料核查记录、单位（子单位）工程安全和功能检查资料核查及主要功能抽查记录、单位（子单位）工程观感质量检查记录、室内环境检测报告、建筑节能工程现场实体检验报告、工程竣工质量报告、工程概况表等。工程竣工质量验收资料的形成流程，如图 1-9 所示。

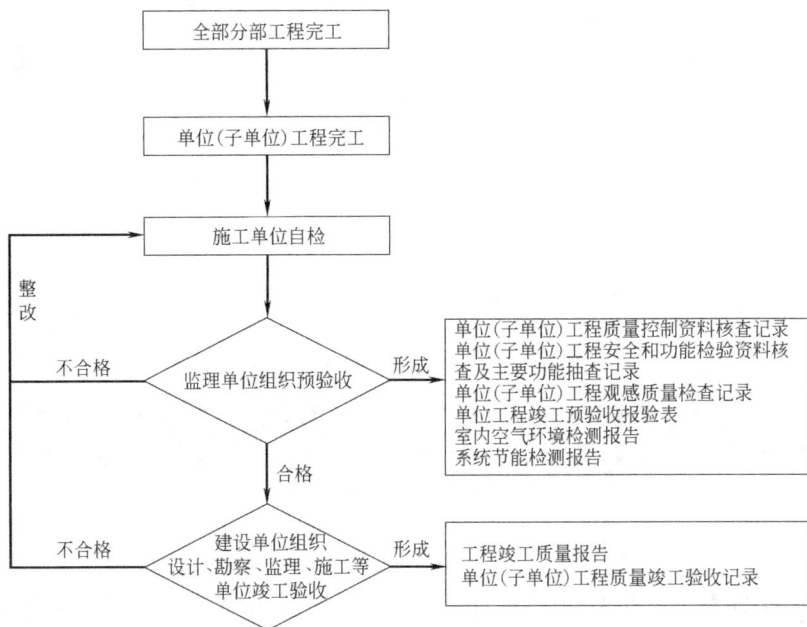

图 1-9 单位工程竣工质量验收资料形成流程图

复习思考题

1. 何谓建设工程资料？
2. 简述工程技术资料包括哪些内容？
3. 建设工程技术资料管理有何意义？

建筑工程施工质量验收的划分

【**教学目标**】 通过本单元的学习，让学生掌握建筑工程施工质量验收的划分依据；掌握单位工程、分部工程、分项工程和检验批的划分方法，并熟悉单位工程、分部工程、分项工程和检验批的划分的内容。

建筑工程施工是经过若干道工序和多工种的配合完成的，工程最终的质量状况取决于各工序和各工种的操作技术能力，为了便于控制、检查和验收施工质量，根据《建筑工程施工质量验收统一标准》GB 50300—2013（以下简称《统一标准》）的规定，将建筑工程施工质量验收划分为单位（子单位）工程、分部（子分部）工程、分项工程和检验批，并按规定的顺序进行检查验收，图 2-1 为建筑工程验收单元的划分。

| 单位工程 | 划分 | 分部工程 | 划分 | 分项工程 | 划分 | 检验批 |

图 2-1　建筑工程施工质量验收的划分

2.1　单位工程的划分

具备独立施工条件并能形成独立使用功能的建筑物或构筑物为一个单位工程。

建筑规模较大的单位工程，可将其能形成独立使用功能的部分划为一个子单位工程。

室外工程可根据专业类别和工程规模划分子单位工程、分部工程和分项工程。室外工程划分为室外设施和附属建筑及室外环境两个单位工程，同时可划分为通道、边坡、附属建筑室外环境 4 个子单位工程，见表 2-1 。

室外工程的划分　　　　　　　　　　　　　表 2-1

单位工程	子单位工程	分 部 工 程
室外设施	通道	跨基、基层、面层、广场与停车场、人行道、人行地道、挡土墙、附属构筑物
	边坡	土石方、挡土墙、支护
附属建筑及室外环境	附属建筑	车棚、围墙、大门、挡土墙
	室外环境	建筑小品、亭台、水景、连廊、花坛、场坪绿化、景观桥

2.2　分部工程的划分

分部工程的划分应按专业性质、建筑部位确定。

《统一标准》将单位工程划分为地基与基础、主体结构、建筑装饰装修、屋面、建筑给水排水及供暖、通风与空调、建筑电气、智能建筑、建筑节能电梯 10 个分部工程。有的单位工程可能没有某些分部工程，但大型工程可能包含全部分部工程。

当分部工程较大或较复杂时，可按材料种类、施工特点、施工程序、专业系统及类别等划分为若干子分部工程。《统一标准》将 10 个分部工程中按材料种类、施工特点等划分了 99 个子分部工程。

建筑工程分部（子分部）工程的划分见表 2-2。

室外工程根据其配置复杂程度可划分 22 个分部（子分部）工程（表 2-1）。

建筑工程分部（子分部）、分项工程的划分　　　　　表 2-2

分部工程代号	分部工程	子分部工程	分 项 工 程
01	地基与基础	地基(01)	素土、灰土地基(01)，砂和砂石地基(02)，土工合成材料地基(03)，粉煤灰地基(04)，强夯地基(05)，注浆地基(06)，预压地基(07)，砂石桩复合地基(08)，高压旋喷注浆地基(09)，水泥土搅拌桩地基(10)，土和灰土挤密桩复合地基(11)，水泥粉煤灰碎石桩复合地基(12)，夯实水泥土桩复合地基(13)
		基础(02)	无筋扩展基础(01)，钢筋混凝土扩展基础(02)，筏形与箱形基础(03)，钢结构基础(04)，钢管混凝土结构基础(05)，型钢混凝土结构基础(06)，钢筋混凝土预制桩基础(07)，泥浆护壁成孔灌注桩基础(08)，干作业成孔桩基础(09)，长螺旋钻孔压灌桩基础(10)，沉管灌注桩基础(11)，钢桩基础(12)，锚杆静压桩基础(13)，岩石锚杆基础(14)，沉井与沉箱基础(15)
		基坑支护(03)	灌注桩排桩围护墙(01)，板桩围护墙(02)，咬合桩围护墙(03)，型钢水泥土搅拌墙(04)，土钉墙(05)，地下连续墙(06)，水泥土重力式挡墙(07)，内支撑(08)，锚杆(09)，与主体结构相结合的基坑支护(10)
		地下水控制(04)	降水与排水(01)，回灌(02)
		土方(05)	土方开挖(01)，土方回填(02)，场地平整(03)
		边坡(06)	喷锚支护(01)，挡土墙(02)，边坡开挖(03)
		地下防水(07)	主体结构防水(01)，细部构造防水(02)，特殊施工法结构防水(03)，排水(04)，注浆(05)
02	主体结构	混凝土结构(01)	模板(01)，钢筋(02)，混凝土(03)，预应力(04)，现浇结构(05)，装配式结构(06)
		砌体结构(02)	砖砌体(01)，混凝土小型空心砌块砌体(02)，石砌体(03)，配筋砌体(04)，填充墙砌体(05)
		钢结构(03)	钢结构焊接(01)，紧固件连接(02)，钢零部件加工(03)，钢构件组装及预拼装(04)，单层钢结构安装(05)，多层及高层钢结构安装(06)，钢管结构安装(07)，预应力钢索和膜结构(08)，压型金属板(09)，防腐涂料涂装(10)，防火涂料涂装(11)
		钢管混凝土结构(04)	构件现场拼装(01)，构件安装(02)，钢管焊接(03)，构件连接(04)，钢管内钢筋骨架(05)，混凝土(06)
		型钢混凝土结构(05)	型钢焊接(01)，紧固件连接(02)，型钢与钢筋连接(03)，型钢构件组装及预拼装(04)，型钢安装(05)，模板(06)，混凝土(07)
		铝合金结构(06)	铝合金焊接(01)，紧固件连接(02)，铝合金零部件加工(03)，铝合金构件组装(04)，铝合金构件预拼装(05)，铝合金框架结构安装(06)，铝合金空间网格结构安装(07)，铝合金面板(08)，铝合金幕墙结构安装(09)，防腐处理(10)
		木结构(07)	方木与原木结构(01)，胶合木结构(02)，轻型木结构(03)，木结构的防护(04)

续表

分部工程代号	分部工程	子分部工程	分 项 工 程
03	建筑装饰装修	建筑地面(01)	基层铺设(01),整体面层铺设(02),板块面层铺设(03),木、竹面层铺设(04)
		抹灰(02)	一般抹灰(01),保温层薄抹灰(02),装饰抹灰(03),清水砌体勾缝(04)
		外墙防水(03)	外墙砂浆防水(01),涂膜防水(02),透气膜防水(03)
		门窗(04)	木门窗安装(01),金属门窗安装(02),塑料门窗安装(03),特种门安装(04),门窗玻璃安装(05)
		吊顶(05)	整体面层吊顶(01),板块面层吊顶(02),格栅吊顶(03)
		轻质隔墙(06)	板材隔墙(01),骨架隔墙(02),活动隔墙(03),玻璃隔墙(04)
		饰面板(07)	石板安装(01),陶瓷板安装(02),木板安装(03),金属板安装(04),塑料板安装(05)
		饰面砖(08)	外墙饰面砖粘贴(01),内墙饰面砖粘贴(02)
		幕墙(09)	玻璃幕墙安装(01),金属幕墙安装(02),石材幕墙安装(03),陶板幕墙安装(04)
		涂饰(10)	水性涂料涂饰(01),溶剂型涂料涂饰(02),美术涂饰(03)
		裱糊与软包(11)	裱糊(01),软包(02)
		细部(12)	橱柜制作与安装(01),窗帘盒和窗台板制作与安装(02),门窗套制作与安装(03),护栏和扶手制作与安装(04),花饰制作与安装(05)
04	屋面	基层与保护(01)	找坡层和找平层(01),隔汽层(02),隔离层(03),保护层(04)
		保温与隔热(02)	板状材料保温层(01),纤维材料保温层(02),喷涂硬泡聚氨酯保温层(03),现浇泡沫混凝土保温层(04),种植隔热层(05),架空隔热层(06),蓄水隔热层(07)
		防水与密封(03)	卷材防水层(01),涂膜防水层(02),复合防水层(03),接缝密封防水(04)
		瓦面与板面(04)	烧结瓦和混凝土瓦铺装(01),沥青瓦铺装(02),金属板铺装(03),玻璃采光顶铺装(04)
		细部构造(05)	檐口(01),檐沟和天沟(02),女儿墙和山墙(03),水落口(04),变形缝(05),伸出屋面管道(06),屋面出入口(07),反梁过水孔(08),设施基座(09),屋脊(10),屋顶窗(11)
05	建筑给水排水及供暖	室内给水系统(01)	给水管道及配件安装(01),给水设备安装(02),室内消火栓系统安装(03),消防喷淋系统安装(04),防腐(05),绝热(06),管道冲洗、消毒(07),试验与调试(08)
		室内排水系统(02)	排水管道及配件安装(01),雨水管道及配件安装(02),防腐(03),试验与调试(04)
		室内热水系统(03)	管道及配件安装(01),辅助设备安装(02),防腐(03),绝热(04),试验与调试(05)
		卫生器具(04)	卫生器具安装(01),卫生器具给水配件安装(02),卫生器具排水管道安装(03),试验与调试(04)
		室内供暖系统(05)	管道及配件安装(01),辅助设备安装(02),散热器安装(03),低温热水地板辐射供暖系统安装(04),电加热供暖系统安装(05),燃气红外辐射供暖系统安装(06),热风供暖系统安装(07),热计量及调控装置安装(08),试验与调试(09),防腐(10),绝热(11)

续表

分部工程代号	分部工程	子分部工程	分 项 工 程
05	建筑给水排水及供暖	室外给水管网(06)	给水管道安装(01)，室外消火栓系统安装(02)，试验与调试(03)
		室外排水管网(07)	排水管道安装(01)，排水管沟与井池(02)，试验与调试(03)
		室外供热管网(08)	管道及配件安装(01)，系统水压试验(02)，土建结构(03)，防腐(04)，绝热(05)，试验与调试(06)
		建筑饮用水供应系统(09)	管道及配件安装(01)，水处理设备及控制设施安装(02)，防腐(03)，绝热(04)，试验与调试(05)
		建筑中水系统及雨水利用系统(10)	建筑中水系统、雨水利用系统管道及配件安装(01)，水处理设备及控制设施安装(02)，防腐(03)，绝热(04)，试验与调试(05)
		游泳池及公共浴池水系统(11)	管道及配件系统安装(01)，水处理设备及控制设施安装(02)，防腐(03)，绝热(04)，试验与调试(05)
		水景喷泉系统(12)	管道系统及配件安装(01)，防腐(02)，绝热(03)，试验与调试(04)
		热源及辅助设备(13)	锅炉安装(01)，辅助设备及管道安装(02)，安全附件安装(03)，换热站安装(04)，防腐(05)，绝热(06)，试验与调试(07)
		监测与控制仪表(14)	检测仪器及仪表安装(01)，试验与调试(02)
06	通风与空调	送风系统(01)	风管与配件制作(01)，部件制作(02)，风管系统安装(03)，风机与空气处理设备安装(04)，风管与设备防腐(05)，旋流风口、岗位送风口、织物(布)风管安装(06)，系统调试(07)
		排风系统(02)	风管与配件制作(01)，部件制作(02)，风管系统安装(03)，风机与空气处理设备安装(04)，风管与设备防腐(05)，吸风罩及其他空气处理设备安装(06)，厨房、卫生间排风系统安装(07)，系统调试(08)
		防排烟系统(03)	风管与配件制作(01)，部件制作(02)，风管系统安装(03)，风机与空气处理设备安装(04)，风管与设备防腐(05)，排烟风阀(口)、常闭正压风口、防火风管安装(06)，系统调试(07)
		除尘系统(04)	风管与配件制作(01)，部件制作(02)，风管系统安装(03)，风机与空气处理设备安装(04)，风管与设备防腐(05)，除尘器与排污设备安装(06)，吸尘罩安装(07)，高温风管绝热(08)，系统调试(09)
		舒适性空调系统(05)	风管与配件制作(01)，部件制作(02)，风管系统安装(03)，风机与空气处理设备安装(04)，风管与设备防腐(05)，组合式空调机组安装(06)，消声器、静电除尘器、换热器、紫外线灭菌器等设备安装(07)，风机盘管、变风量与定风量送风装置、射流喷口等末端设备安装(08)，风管与设备绝热(09)，系统调试(10)
		恒温恒湿空调系统(06)	风管与配件制作(01)，部件制作(02)，风管系统安装(03)，风机与空气处理设备安装(04)，风管与设备防腐(05)，组合式空调机组安装(06)，电加热器、加湿器等设备安装(07)，精密空调机组安装(08)，风管与设备绝热(09)，系统调试(10)
		净化空调系统(07)	风管与配件制作(01)，部件制作(02)，风管系统安装(03)，风机与空气处理设备安装(04)，风管与设备防腐(05)，净化空调机组安装(06)，消声器、静电除尘器、换热器、紫外线灭菌器等设备安装(07)，中、高效过滤器及风机过滤器单元等末端设备清洗与安装(08)，洁净度测试(09)，风管与设备绝热(10)，系统调试(11)

018

分部工程代号	分部工程	子分部工程	分项工程
06	通风与空调	地下人防通风系统(08)	风管与配件制作(01),部件制作(02),风管系统安装(03),风机与空气处理设备安装(04),风管与设备防腐(05),过滤吸收器、防爆波活门、防爆超压排气活门等专用设备安装(06),系统调试(07)
		真空吸尘系统(09)	风管与配件制作(01),部件制作(02),风管系统安装(03),风机与空气处理设备安装(04),风管与设备防腐(05),管道安装(06),快速接口安装(07),风机与滤尘设备安装(08),系统压力试验及调试(09)
		冷凝水系统(10)	管道系统及部件安装(01),水泵及附属设备安装(02),管道冲洗(03),管道、设备防腐(04),板式热交换器(05),辐射板及辐射供热、供冷地埋管(06),热泵机组设备安装(07),管道、设备绝热(08),系统压力试验及调试(09)
		空调(冷、热)水系统(11)	管道系统及部件安装(01),水泵及附属设备安装(02),管道冲洗(03),管道、设备防腐(04),冷却塔与水处理设备安装(05),防冻伴热设备安装(06),管道、设备绝热(07),系统压力试验及调试(08)
		冷却水系统(12)	管道系统及部件安装(01),水泵及附属设备安装(02),管道冲洗(03),管道、设备防腐(04),系统灌水渗漏及排放试验(05),管道、设备绝热(06),系统压力试验及调试(07)
		土壤源热泵换热系统(13)	管道系统及部件安装(01),水泵及附属设备安装(02),管道冲洗(03),管道、设备防腐(04),埋地换热系统与管网安装(05),管道、设备绝热(06),系统压力试验及调试(07)
		水源热泵换热系统(14)	管道系统及部件安装(01),水泵及附属设备安装(02),管道冲洗(03),管道、设备防腐(04),地表水源换热管与管网安装(05),除垢设备安装(06),管道、设备绝热(07),系统压力试验及调试(08)
		蓄能系统(15)	管道系统及部件安装(01),水泵及附属设备安装(02),管道冲洗(03),管道、设备防腐(04),蓄水罐与蓄冰槽、罐安装(05),管道、设备绝热(06),系统压力试验及调试(07)
		压缩式制冷(热)设备系统(16)	制冷机组及附属设备安装(01),管道、设备防腐(02),制冷剂管道及部件安装(03),制冷剂灌注(04),管道、设备绝热(05),系统压力试验及调试(06)
		吸收式制冷设备系统(17)	制冷机组及附属设备安装(01),管道、设备防腐(02),系统真空试验(03),溴化锂溶液加灌(04),蒸汽管道系统安装(05),燃气或燃油设备安装(06),管道、设备绝热(07),试验及调试(08)
		多联机(热泵)空调系统(18)	室外机组安装(01),室内机组安装(02),制冷剂管路连接及控制开关安装(03),风管安装(04),冷凝水管道安装(05),制冷剂灌注(06),系统压力试验及调试(07)
		太阳能供暖空调系统(19)	太阳能集热器安装(01),其他辅助能源、换热设备安装(02),蓄能水箱、管道及配件安装(03),防腐(04),绝热(05),低温热水地板辐射采暖系统安装(06),系统压力试验及调试(07)
		设备自控系统(20)	温度、压力与流量传感器安装(01),执行机构安装调试(02),防排烟系统功能测试(03),自动控制及系统智能控制软件调试(04)

分部工程代号	分部工程	子分部工程	分项工程
020	07 建筑电气	室外电气(01)	变压器、箱式变电所安装(01)，成套配电柜、控制柜(屏、台)和动力、照明配电箱(盘)及控制柜安装(02)，梯架、支架、托盘和槽盒安装(03)，导管敷设(04)，电缆敷设(05)，管内穿线和槽盒内敷线(06)，电缆头制作、导线连接和线路绝缘测试(07)，普通灯具安装(08)，专用灯具安装(09)，建筑照明通电试运行(10)，接地装置安装(11)
		变配电室(02)	变压器、箱式变电所安装(01)，成套配电柜、控制柜(屏、台)和动力、照明配电箱(盘)安装(02)，母线槽安装(03)，梯架、支架、托盘和槽盒安装(04)，电缆敷设(05)，电缆头制作、导线连接和线路绝缘测试(06)，接地装置安装(07)，接地干线敷设(08)
		供电干线(03)	电气设备试验和试运行(01)，母线槽安装(02)，梯架、支架、托盘和槽盒安装(03)，导管敷设(04)，电缆敷设(05)，管内穿线和槽盒内敷线(06)，电缆头制作、导线连接和线路绝缘测试(07)，接地干线敷设(08)
		电气动力(04)	成套配电柜、控制柜(屏、台)和动力配电箱(盘)安装(01)，电动机、电加热器及电动执行机构检查接线(02)，电气设备试验和试运行(03)，梯架、支架、托盘和槽盒安装(04)，导管敷设(05)，电缆敷设(06)，管内穿线和槽盒内敷线(07)，电缆头制作、导线连接和线路绝缘测试(08)
		电气照明(05)	成套配电柜、控制柜(屏、台)和照明配电箱(盘)安装(01)，梯架、支架、托盘和槽盒安装(02)，导管敷设(03)，管内穿线和槽盒内敷线(04)，塑料护套线直敷布线(05)，钢索配线(06)，电缆头制作、导线连接和线路绝缘测试(07)，普通灯具安装(08)，专用灯具安装(09)，开关、插座、风扇安装(10)，建筑照明通电试运行(11)
		备用和不间断电源(06)	成套配电柜、控制柜(屏、台)和动力、照明配电箱(盘)安装(01)，柴油发电机组安装(02)，不间断电源装置及应急电源装置安装(03)，母线槽安装(04)，导管敷设(05)，电缆敷设(06)，管内穿线和槽盒内敷线(07)，电缆头制作、导线连接和线路绝缘测试(08)，接地装置安装(09)
		防雷及接地(07)	接地装置安装(01)，防雷引下线及接闪器安装(02)，建筑物等电位连接(03)，浪涌保护器安装(04)
	08 智能建筑	智能化集成系统(01)	设备安装(01)，软件安装(02)，接口及系统调试(03)，试运行(04)
		信息接入系统(02)	安装场地检查(01)
		用户电话交换系统(03)	线缆敷设(01)，设备安装(02)，软件安装(03)，接口及系统调试(04)，试运行(05)
		信息网络系统(04)	计算机网络设备安装(01)，计算机网络软件安装(02)，网络安全设备安装(03)，网络安全软件安装(04)，系统调试(05)，试运行(06)
		综合布线系统(05)	梯架、托盘、槽盒和导管安装(01)，线缆敷设(02)，机柜、机架、配线架安装(03)，信息插座安装(04)，链路或信道测试(05)，软件安装(06)，系统调试(07)，试运行(08)
		移动通信室内信号覆盖系统(06)	安装场地检查(01)
		卫星通信系统(07)	安装场地检查(01)
		有线电视及卫星电视接收系统(08)	梯架、托盘、槽盒和导管安装(01)，线缆敷设(02)，设备安装(03)，软件安装(04)，系统调试(05)，试运行(06)

分部工程代号	分部工程	子分部工程	分 项 工 程
08	智能建筑	公共广播系统(09)	梯架、托盘、槽盒和导管安装(01)、线缆敷设(02)、设备安装(03)、软件安装(04)、系统调试(05)、试运行(06)
		会议系统(10)	梯架、托盘、槽盒和导管安装(01)、线缆敷设(02)、设备安装(03)、软件安装(04)、系统调试(05)、试运行(06)
		信息导引及发布系统(11)	梯架、托盘、槽盒和导管安装(01)、线缆敷设(02)、显示设备安装(03)、机房设备安装(04)、软件安装(05)、系统调试(06)、试运行(07)
		时钟系统(12)	梯架、托盘、槽盒和导管安装(01)、线缆敷设(02)、设备安装(03)、软件安装(04)、系统调试(05)、试运行(06)
		信息化应用系统(13)	梯架、托盘、槽盒和导管安装(01)、线缆敷设(02)、设备安装(03)、软件安装(04)、系统调试(07)
		建筑设备监控系统(14)	梯架、托盘、槽盒和导管安装(01)、线缆敷设(02)、传感器安装(03)、执行器安装(04)、控制器、箱安装(05)、中央管理工作站和操作分站设备安装(06)、软件安装(07)、系统调试(08)、试运行(09)
		火灾自动报警系统(15)	梯架、托盘、槽盒和导管安装(01)、线缆敷设(02)、探测器类设备安装(03)、控制器类设备安装(04)、其他设备安装(05)、软件安装(06)、系统调试(07)、试运行(08)
		安全技术防范系统(16)	梯架、托盘、槽盒和导管安装(01)、线缆敷设(02)、设备安装(03)、软件安装(04)、系统调试(05)、试运行(06)
		应急响应系统(17)	设备安装(01)、软件安装(02)、系统调试(03)、试运行(04)
		机房(18)	供配电系统(01)、防雷与接地系统(02)、空气调节系统(03)、给水排水系统(04)、综合布线系统(05)、监控与安全防范系统(06)、消防系统(07)、室内装饰装修(08)、电磁屏蔽(09)、系统调试(10)、试运行(11)
		防雷与接地(19)	接地装置(01)、接地线(02)、等电位联接(03)、屏蔽设施(04)、电涌保护器(05)、线缆敷设(06)、系统调试(07)、试运行(08)
09	建筑节能	围护系统节能(01)	墙体节能(01)、幕墙节能(02)、门窗节能(03)、屋面节能(04)、地面节能(05)
		供暖空调设备及管网节能(02)	供暖节能(01)、通风与空调设备节能(02)、空调与供暖系统冷热源能(03)、空调与供暖系统管网节能(04)
		电气动力节能(03)	配电节能(01)、照明节能(02)
		监控系统节能(04)	监测系统节能(01)、控制系统节能(02)
		可再生能源(05)	地源热泵系统节能(01)、太阳能光热系统节能(02)、太阳能光伏节能(03)
10	电梯	电力驱动的曳引式或强制式电梯(01)	设备进场验收(01)、土建交接检验(02)、驱动主机(03)、导轨(04)、门系统(05)、轿厢(06)、对重(07)、安全部件(08)、悬挂装置(09)、随行电缆(10)、补偿装置(11)、电气装置(12)、整机安装验收(13)
		液压电梯(02)	设备进场验收(01)、土建交接检验(02)、液压系统(03)、导轨(04)、门系统(05)、轿厢(06)、对重(07)、安全部件(08)、悬挂装置(09)、随行电缆(10)、电气装置(11)、整机安装验收(12)
		自动扶梯、自动人行道(03)	设备进场验收(01)、土建交接检验(02)、整机安装验收(03)

2.3 分项工程的划分

分项工程应按主要工种、材料、施工工艺、设备类别等进行划分。分项工程划分数量不宜太多，工程量也不宜太大，但一定能反映出项目的特征，便于检查验收，及时发现问题及时纠正。

地基基础中的土方工程、基坑支护工程及混凝土结构工程中的模板工程，虽不构成建筑工程实体，但因其是建筑工程施工中不可缺少的重要环节和必要条件，其质量关系到建筑工程的质量和施工安全，因此将其列入施工验收的内容。

《统一标准》将单位工程划分为分项工程（表 2-2）。

2.4 检验批的划分

分项工程可由一个或若干检验批组成。分项工程划分成检验批进行验收有助于及时纠正施工中出现的质量问题，确保工程质量，也符合施工实际需要。

检验批可根据施工及质量控制和专业验收需要按楼层、施工段、变形缝等进行划分。

多层及高层建筑工程中主体分部的分项工程可按楼层或施工段划分检验批，单层建筑中主体分部的分项工程按变形缝等划分检验批。

地基基础分部工程中的分项工程一般划分为一个检验批，有地下层的基础工程可按不同地下层划分检验批。

屋面工程中的分项工程按不同楼层屋面划分为不同的检验批。

其他分部工程中的分项工程一般按楼层划分检验批。

工程量较小的分项工程可统一划为一个检验批。

安装工程一般按一个设计系统或设备组别划分为一个检验批。

室外工程一般划分为一个检验批。散水、台阶、明沟等含在地面检验批中。

复习思考题

1. 单位工程如何划分？
2. 分部工程如何划分？《统一标准》将单位工程划分为哪些分部工程？
3. 分项工程如何划分？《统一标准》将单位工程划分为多少个分项工程？
4. 检验批如何划分？

教学单元 3

建筑工程技术资料编制

【教学目标】 通过本单元的学习，让学生掌握建筑工程资料编制的总体要求，掌握建设单位技术资料编制的方法并熟悉其内容；掌握勘察、设计单位技术资料编制的方法并熟悉其内容；掌握施工单位技术资料编制的方法并熟悉其内容和填写；掌握监理单位技术资料编制的方法并熟悉其内容和填写；掌握检测单位技术资料编制的方法并熟悉其内容；掌握监督单位技术资料编制的方法并熟悉其内容。

3.1 概　　述

3.1.1　建筑工程资料编制的意义

建筑工程资料是参与工程建设的各方责任主体和职能部门随着建设项目的进行而依序在实施过程中形成的，是建设项目实施过程中各个环节工程内在质量状况的基础数据和原始记录；它既是工程质量的客观见证和评价工程质量的主要依据，又是工程的"合格证"和技术说明书，同时还是工程竣工后使用、维修、改建、扩建的重要依据。因此，建筑工程资料的编制对建设项目的竣工验收、维护使用及日后可能的项目改造都有着十分重要的意义。

3.1.2　建筑工程资料编制的总体要求

所谓建筑工程资料的编制是指与建筑工程相关的各种资料的收集、整理、数据采集、编制、汇总的过程。并不是指"编制"所有的与建筑工程相关的各种资料。如有关行政主管部门（人防、环保、消防、交通、园林、市政、文物、通讯、保密、河湖、教育、白蚁防治、卫生等）的批准文件及构件、产品的出厂合格证等，只需要收集、整理、汇总即可；检测单位出具的各种检测报告等，只需要收集、整理、数据采集、汇总即可；而诸如技术交底、检验批验收资料等，是要根据工程实体和工程实际进展情况进行编制的。

建筑工程资料编制的总体要求是：

（1）资料的收集、整理必须及时，资料来源必须真实、可信，并坚持同步收集、整理，不得后补。资料填报必须子项齐全，应填子项不得缺漏，完工后按规定归档保存。

（2）检查验收资料应在按要求内容进行自检的基础上，按规定程序经有关单位审核签章。

（3）标准规定的检查项目，应逐一进行检查，记录应真实、齐全，原始记录上应有检查人签字，并作为原始资料保存、备查。

（4）材料、半成品、构配件等以及工程实体的检验应符合以下规定：材料必须先试后用，工程实体必须先检后交。违背此规定须对已用材料、已交工程进行重新检测，确定是否满足设计要求，否则应视为资料不符合要求。

（5）国家标准或地方法规规定，实行见证取样的材料、构配件、工程实体检验等均必须实行见证取样、送样并签字及盖章。

（6）专业标准或规范对某项试验提出的试验要求，其试验方法必须按专业标准或规范规定的试验方法进行，否则该项试（检）验应为无效试（检）验。

（7）归档的纸质工程文件应为原件。工程文件的内容及其深度应符合国家现行有关工程勘察、设计、施工、监理等标准的规定。工程文件的内容必须真实、准确，应与工程实际相符合。工程文件应采用碳素墨水、蓝黑墨水等耐久性强的书写材料，不得使用红色墨水、纯蓝墨水、圆珠笔、复写纸、铅笔等易褪色的书写材料。计算机输出文字和图件应使用激光打印机，不应使用色带式打印机、水性墨打印机和热敏打印机。工程文件应字迹清楚，图样清晰，图表整洁，签字盖章手续应完备。工程文件的纸张应采用能长期保存的韧力大、耐久性强的纸张。

归档的建设工程电子文件应采用表 3-1 所列开放式文件格式或通用格式进行存储。专用软件产生的非通用格式的电子文件应转换成通用格式。归档的建设工程电子文件应包含元数据，保证文件的完整性和有效性。元数据应符合现行行业标准《建设电子档案元数据标准》CJJ/T 187 的规定。归档的建设工程电子文件应采用电子签名等手段，所载内容应真实和可靠。归档的建设工程电子文件的内容必须与其纸质档案一致。离线归档的建设工程电子档案载体，应采用一次性写入光盘，光盘不应有磨损、划伤。存储移交电子档案的载体应经过检测，应无病毒、无数据读写故障，并应确保接收方能通过适当设备读出数据。

工程电子文件存储格式表　　　　　表 3-1

文件格式	格式
文本（表格）文件	PDF 、XML 、TXT
图像文件	JPEG、TIFF
图形文件	DWG 、PDF 、SVG
影像文件	MPEG2、MPEG4、AVI
声音文件	MP3、WAV

（8）各种材料合格证或质量证明文件，一般应为原件；如果是复印件或抄件，应符合以下要求：

1）复印件：供货商提供的复印件，应加盖供货商单位公章（鲜章）及标明品种、规格、供货日期和数量等，并注明原件存放地点；施工单位提供的复印件，应加盖施工单位公章（鲜章），并注明原件存放地点。

2）抄件：供货商提供的抄件，应有供货商单位公章（鲜章），应标明品种、规格、供货日期和数量及抄件人姓名，并注明原件存放地点。

（9）资料表式中规定的责任制度，必须按规定要求加盖公章和签字。签字一律不准代签，否则为虚假资料、无效资料。

3.1.3　建筑工程技术资料编制系统

建筑工程资料繁多，不但涵盖一个建设项目要依次经过的项目可行性研究、立项报批、建设用地和城市规划许可、工程勘察、工程设计、工程施工、竣工验收、交付使用等不同阶段，而且也涉及与建设项目相关的建设单位、勘察设计单位、施工单位、监理单位、检测单位、监督单位等不同责任主体和职能部门。因此，建筑工程资料编制是一个十分复杂的系统工程。

建筑工程资料编制的复杂程度与工程本身的规模、性质等也有密切的关系。一般工业与民用建筑的单位（子单位）工程施工技术资料编制系统，详见附录二。

为贯彻实施《建筑工程施工质量验收统一标准》GB 50300—2013（以下简称《统一标准》）和配套的建筑工程专业施工质量验收规范及《归档整理规范》等技术标准，统一和规范建筑工程施工质量验收及资料整理归档行为，各省、市、自治区及直辖市在《统一标准》附表的基础上，都制订了相对统一的各种用表。各相关单位只需在施工过程中按工程的进展情况和填表要求，如实填报即可。

施工单位是建设项目施工任务的最终完成者，工程施工是使工程设计意图最终实现并形成工程实体的阶段，也是最终形成工程质量、工程产品功能和使用价值的关键阶段。因此，施工单位的技术资料是整个工程资料的主体，必须完整、准确地记录建设项目施工过程中各个环节工程质量状况的原始数据。

由于与建设项目相关的各责任主体和职能部门本身性质不同，在建设项目实施过程中的地位与作用也不同，因而各自的工程资料的范围、性质、表式及编制方法都有很大不同。限于篇幅，本章着重选取施工单位和监理单位一些常用的、有代表性的表式，介绍其编制方法和填报要求等，并给出了表式与例表。其他单位的工程资料，仅限于对工程项目施工阶段资料作简要介绍，具体编制方法参见相关资料。

3.2　建设单位技术资料编制

3.2.1　建设工程质量监督报监登记书

"建设工程质量监督报监登记书"是建设单位在领取施工许可证前持有关手续向当地建设行政主管部门委托的工程质量监督部门申报监督备案的登记资料。内容包括：工程概况、呈报资料、建设单位质量管理人员情况、勘察设计单位质量管理人员情况、监理单位派驻现场人员情况、施工单位质量管理人员情况、预缴监督费额以及建设单位、勘察设计单位、监理单位、施工单位、监督部门联系人电话等。

质量监督机构对呈报的资料进行审查，并应查看施工总承包单位项目负责人、项目总监理工程师及主要工程技术人员的资质证书，经审查合格后，按有关规定收取监督费用，办理报监登记证书，对工程实施质量监督。

3.2.2　见证取样送检见证人授权书

"见证取样送检见证人授权书"是建设单位授权某人为某工程见证人的书面授权资料。

送检见证人应由建设单位或监理单位具备建筑施工试验知识、并经过见证取样送检培训合格的专业技术人员担任。见证取样送检见证人应由建设单位以书面形式通知施工单位、检测单位和负责该工程的质量监督机构。

见证取样必须采取相应措施以保证见证取样具有公正性和真实性。施工过程中，见证取样人员应按照见证取样和送检计划，对施工现场进行的各种取样和送检进行见证，并由见证人、取样人签字。见证人应制作见证记录，并归入工程档案。

3.2.3 工程竣工验收告知单

"工程竣工验收告知单"是建设单位告知有关部门和质量监督机构，申请竣工验收及备案的资料。内容包括：工程概况（工程名称、结构类型、层数、工程地点、验收部位、验收时间等）、项目内容（完成工程设计和合同约定的情况、技术档案和施工管理资料、消防验收合格手续、工程施工安全评价、监督机构责令整改问题的执行情况等）、施工单位意见、监理单位意见、建设单位意见等。

填写"工程竣工验收告知单"前，建设单位应组织勘察、设计、施工、监理、消防等单位对工程进行预验收，确认已完成所有设计文件和合同约定的各项工程内容，工程质量技术管理资料完整。

工程预验收合格后，填写"工程竣工验收告知单"，并提前5个工作日告知有关部门和质量监督机构，申请竣工验收及备案。

3.2.4 建设工程竣工验收报告

"建设工程竣工验收报告"是建设工程竣工验收的综合资料。内容包括：工程概况、竣工验收内容、竣工验收组织形式和验收程序、竣工验收条件及检查情况、工程验收结论、验收组人员组成情况等。

填写"建设工程竣工验收报告"前，建设单位应组织勘察、设计、施工、监理、消防等单位的相关人员组成工程验收小组对工程资料及实体进行检查验收。

工程质量监督机构对验收工作中的组织形式、程序、验评标准的执行情况及评定结果进行监督。

参加验收的各方对工程质量验收结论意见不一致时，建设（监理）单位向负责该建设工程的质量监督机构申请仲裁。

参加验收的各方形成统一的工程质量验收结论后，由建设单位组织填写"建设工程竣工验收报告"，要求内容详实、准确，验收结论明确，相关资料完整。

"建设工程竣工验收报告"须经建设、勘察、设计、施工、监理等单位负责人签字，并加盖单位公章后方为生效。

3.2.5 建设工程竣工验收备案书

"建设工程竣工验收备案书"是建设工程质量备案部门出具的建设工程竣工验收备案认可文件。内容包括：工程基本情况、竣工验收备案文件清单、竣工验收备案部门处理意见等。

填写"建设工程竣工验收备案书"前，建设工程质量备案部门需核实工程基本情况，核查竣工验收备案文件。无误后，填写明确备案处理意见并签发本备案书。

"建设工程竣工验收备案书"须加盖工程备案专用章方为生效。

3.3 勘察、设计单位技术资料编制

3.3.1 勘察质量检查报告

"勘察质量检查报告"是勘察单位对建设工程（地基基础部分）的质量做出的检查报告。内容包括：工程概括、勘察文件检查情况、工程建设过程中质量控制情况（勘察文件是否与实际情况相符、勘察文件变更情况、发现问题的处理情况、履行责任情况、参与现场检查人员的执业资格及质量文件的签署情况等）、其他需要说明的问题、验收结论等。

"验收结论"中，需对勘察文件是否资料完整、评价正确；是否与场地条件吻合；是否满足上部结构要求等方面给出明确的结论。

"勘察质量检查报告"应有相关专业负责人签字，并加盖单位公章方为有效。

3.3.2 设计质量检查报告

"设计质量检查报告"是设计单位对建设工程的质量做出的检查报告。内容包括：工程概括、设计文件检查情况、工程建设过程中质量控制情况（涉及重大变更的设计文件是否重新报审、发现问题的处理情况、履行责任情况、参与现场检查人员的执业资格及质量文件的签署情况等）、其他需要说明的问题、验收结论等。

"验收结论"中，需对设计文件的深度是否符合国家规范的要求；有无违反强制性条文的情况；是否参与建设工程质量事故的分析；是否按图施工；能否满足设计要求等方面给出明确的结论。

"设计质量检查报告"应有相关专业负责人签字，并加盖单位公章方为有效。

3.4 施工单位技术资料编制

3.4.1 施工单位技术资料编制方法

1. 施工质量管理资料

（1）工程概况表

工程概况表是对工程基本情况的描述，应包括单位工程的一般情况。施工单位填写的工程概况表应一式四份，并应由建设单位、监理单位、施工单位、城建档案馆各保存一份。工程概况表可采用附表 3-1 的格式示例。

（2）开工报告

开工报告是建设单位与施工单位共同履行基本建设程序的证明文件，是施工单位承建单位工程施工工期的证明文件。资料表格形式见附表 3-2 示例。

开工报告一般由施工总承包单位填写，分包单位只填写工程开工报审表（见附表 3-3 示例），并报监理单位审批。

工程开工报审表应符合现行国家标准《建设工程监理规范》GB 50319—2013 的有关规定。施工单位填报的工程开工报审表应一式四份，并应由建设单位、监理单位、施工单位、城建档案馆各保存一份。

（3）危险性较大分部分项工程施工方案专家论证表

当工程中存在危险性较大分部分项工程时，为确保工程质量安全，应组织相关专家充分论证相应施工方案。施工单位填报危险性较大分部分项工程施工方案专家论证表应一式两份，并应由监理单位、施工单位各保存一份。危险性较大分部分项工程施工方案专家论证表详见附表 3-4 示例。

（4）技术交底记录

"技术交底"就是向参与建设项目施工的人员就施工中涉及的某些工作内容（包括组织、操作、质量、安全等）的要求、标准、方法、计划、措施等进行讲解和交代。使其熟悉和了解所承担工程项目的特点、设计意图、技术要求、施工工艺及应注意的问题。

1）技术交底有两种情况：一是由设计人员向施工人员进行；二是由施工单位的上级向下级进行。

2）技术交底一般是按照工程施工的难易程度、建筑物的规模、结构复杂程度等，在不同层次的施工人员范围内进行。

3）技术交底应按设计图纸、标准图集、现行施工及验收规范、施工组织设计等的要求进行。

4）技术交底的主要内容是：主要的施工方法、关键性的施工技术及对实施存在问题的解决方法；特殊工程部位的技术处理细节及其注意事项；新技术、新工艺、新材料、新结构施工技术要求与实施方案及其注意事项；进度要求、施工部署、施工机械、劳动力安排与组织；总包与分包单位之间相互协作配合关系及其有关问题、施工质量标准和安全技术等。

5）技术交底的内容与深度要有针对性，力求全面、明确、及时，并突出重点。重点工程、大型工程、技术复杂的工程，应由企业技术负责人对有关科室工程技术负责人进行技术交底；工程技术负责人对项目经理部技术负责人进行技术交底；技术负责人对专业工长交底；专业工长对班组长按工种进行分部、分项工程技术交底；班组长对工人进行技术交底。这样技术交底就会得到层层贯彻与落实，具有针对性。

技术交底是施工企业管理的一项重要环节和制度，是把设计要求、施工措施、安全技术措施贯彻到基层实际操作人员的一项技术管理方法。施工单位填写的技术交底记录应一式一份，并由施工单位自行保存。技术交底记录资料详见附表 3-5 示例。

（5）施工日志

"施工日志"是对施工过程中有关技术管理、质量管理及施工活动的原始记录。

1）本表由施工单位项目部资料员或施工员填写。

2）由于施工日志是每个施工日的原始记录，因此必须及时、准确、完整地记录当日施工活动的情况（包括写明当日施工的部位、施工内容、施工进度、作业动态、隐蔽工程验收、材料进出场情况、取样情况、设计变更、技术经济签证情况、交底情况、质量、安全施工情况、材料检验、试验情况、上级或政府有关职能部门来现场检查施工生产情况、劳动力安排情况等）。

3）施工日志应具有"连续性"和"可追溯性"。连续性是指记录从工程开工到竣工之间的所有活动不得间断。如"下雨停工"、"春节放假"等均应有所表述，而不应出现日期的间断。可追溯性是对日志中由于条件或技术原因当天不能解决或遗留的问题，后面的记录中应有交代，而不能出现"悬而不决"的情况。

施工单位填写的施工日志应一式一份，并自行保存。"施工日志"详见附表 3-6 示例。

（6）工程质量事故报告

"工程质量事故报告"是当工程出现质量事故（如质量不符合规定的质量标准、影响使用功能或设计要求等）时，向相关部门及时报告的汇报文件。

1）施工单位发生工程质量事故后应及时填写"建设工程质量事故报告书"（见附表 3-7 示例），向建设、监理、质量监督机构等报告，不得隐瞒，并采取必要措施，防止事故进一步扩大。

2）事故发生的时间及部位应详细准确，估计经济损失为初步估计的直接经济损失。

3）发生人员伤亡，应按一般、较大、重大和特别重大事故人数分别填写，还应按安全事故相关程序进行报告。

调查单位填写的建设工程质量事故调查、勘察记录应一式五份，并应由调查单位、建设单位、监理单位、施工单位、城建档案馆各保存一份。建设工程质量事故调查、勘察记录宜采用附表 3-8 示例。

2. 施工质量控制资料

（1）图纸会审记录

"图纸会审"就是参与工程建设的各方对设计图纸进行审查，由设计单位对提出的问题进行澄清。

"图纸会审记录"是图纸会审过程中各方达成一致的意见、决定、标准、变更等的原始记录。经各方签字认可的图纸会审记录应视为设计文件的一部分或补充，与正式设计文件具有同等效力。

1）图纸会审会议应在工程正式开工前，由建设单位组织，设计、监理、施工、监督等部门参加。

2）图纸会审的目的一是通过事先熟悉设计图纸，达到领会设计意图、工程质量标准，以及新结构、新技术、新材料、新工艺的技术要求，了解图纸间的尺寸关系、相互要求与配合等内在的联系，更要采取正确的施工方法去实现设计意图；二是在熟悉设计图纸的基础上，通过有设计、建设、监理、施工等单位土建、安装等专业人员的会审，将有关问题解决在施工之前，给施工创造良好的条件。

3）图纸会审之前，各方（特别是施工、监理单位）应先进行内部预审，一是熟悉施工图纸；二是将提出的问题整理归类，以便会审时一并提出。

4）图纸会审一般先由设计单位进行设计交底，然后各单位相关技术人员按工种分组进行图纸会审，对提出的问题应记录准确、详细，分组会审完后再进行各工种间的综合协调，避免出现矛盾与遗漏的问题。

5）图纸会审记录应由专人负责协调整理，并打印成文，经参与会审的各方确认无误后，签字、盖章方为有效。

6）图纸会审后，发生的一系列需修改施工图的问题，可采用技术核定单或工程变更单的形式进行。

施工单位整理汇总的图纸会审记录应一式五份，并应由建设单位、设计单位、监理单位、施工单位、城建档案馆各保存一份。图纸会审记录宜采用附表 3-9 的格式示例。表中设计单位签字栏应为项目专业设计负责人的签字，建设单位、监理单位、施工单位签字栏应为项目技术负责人或相关专业负责人的签字。

（2）工程变更单与工程洽商记录

"工程变更单""工程洽商记录（技术核定单）"都是在图纸会审后，由于各种原因需要对设计文件部分内容进行修改而办理的变更设计文件。

1）图纸会审后对设计文件的变更要求，可能来自建设单位（如对建筑构造、细部做法、使用功能等方面提出修改）、设计单位（如原设计有错误、做法改变、尺寸矛盾、结构变更等）或施工单位（如钢筋代换、发现图纸有差错、做法或尺寸有矛盾、合理化建议等）。

2）对不同情况下工程变更的实施，具有不同的工作程序。

A.《建设工程监理规范》GB 50319—2013（以下简称《监理规范》）对项目监理机构可按下列程序处理施工单位提出的工程变更：总监理工程师组织专业监理工程师审查施工单位提出的工程变更申请，提出审查意见。对涉及工程设计文件修改的工程变更，应由建设单位转交原设计单位修改工程设计文件。必要时，项目监理机构应建议建设单位组织设计、施工等单位召开论证工程设计文件的修改方案的专题会议；总监理工程师组织专业监理工程师对工程变更费用及工期影响作出评估；总监理工程师组织建设单位、施工单位等共同协商确定工程变更费用及工期变化，会签工程变更单；项目监理机构根据批准的工程变更文件监督施工单位实施工程变更。

B. 一般地，由施工单位提出的技术修改或工程变更，采用"技术核定单"；由设计单位或建设单位提出的技术修改或工程变更，采用"工程变更单"。

3）凡涉及工程变更后的变更价款，施工单位必须在变更确定后 14 日内提交项目监理机构，项目监理机构在收到工程变更费用申请表后 14 日内必须审查完变更费用申请，并确认变更价款。当项目监理机构不同意承包单位提出的变更费用时，按合同争议的方式解决。

4）工程变更的实施应先变更后实施。特殊情况应先征得设计单位的口头同意，施工后，再及时补办书面变更手续。

5）工程变更，必须有设计单位盖章方为有效。

"工程变更单"应一式四份，建设单位、项目监理机构、设计单位、施工单位各一份。"工程变更单"详见附表 3-10 格式。

工程洽商提出单位填写的工程洽商记录应一式五份，并应由建设单位、设计单位、监理单位、施工单位、城建档案馆各保存一份。工程洽商记录（技术核定单）宜采用附表 3-11 的格式示例。

（3）建筑物（构筑物）定位（放线）测量记录

"建筑物（构筑物）定位（放线）测量记录"是施工单位进行的定位或放线测量的原始记录资料。

工程测量包括工程定位测量和工程施工测量。

工程定位测量是指根据当地建设行政主管部门给定总图范围内的建筑物、构筑物及其他建筑物的位置、标高进行的测量与复测，以保证建筑物等的标高、位置正确。

工程施工测量贯穿于施工各个阶段，包括场地平整、土方开挖、基础及墙体砌筑、构件安装、烟囱、水塔、道路铺设、管道敷设、沉降观测等，并做记录。鉴于工程测量的重要性，规定凡工程测量均必须进行复测，以确保工程测量正确无误。

1）工程定位测量要求

A. 建设单位应提供测量定位基点的依据点、位置、数据，并应现场交底，如导线点、三角点、水准点和水准点的级别。

B. 测量定位、闭合差符合工程测量规范要求。

C. 定向应取两个以上后视点（避免算错、测错）。

D. 定位量距离时，量往返距离误差一般在万分之一以内，或符合设计要求。

E. 应符合设计对坐标、标高等精度的要求。

F. 重点工程或大型工业厂房应有测量原始记录。

G. 建设单位（甲方）定的相对标高应和城市绝对标高相一致，由建设单位（甲方）认证盖章。

H. 无建设单位（甲方）提供定位放线依据手续证明的，不符合要求。

I. 无城建部门核准的验线、定位、±0.000 标高签字的文件资料，不符合要求。

2）工程定位测量内容

工程测量记录包括平面位置定位、标高定位、测设点位和提供竣工技术资料。

施工单位填写的工程定位测量记录应一式四份，并应由建设单位、监理单位、施工单位、城建档案馆各保存一份。工程定位测量记录宜采用附表 3-12 示例。

施工单位填写的建筑物垂直度、标高观测记录应一式三份，并应由建设单位、监理单位、施工单位各保存一份。建筑物垂直度、标高观测记录宜采用附表 3-13 的格式示例。

（4）隐蔽工程验收记录

隐蔽工程项目是指本工序操作完毕，将被下道工序所掩盖、包裹而完工后无法检查的工序项目。

"隐蔽工程验收记录"是对隐蔽工程项目，特别是关系到结构安全性能和使用功能的重要部位或项目在隐蔽前进行检查，确认是否达到隐蔽条件而做出的记录资料。

1）所有隐蔽工程项目在隐蔽前都必须进行隐蔽工程验收。

2）隐蔽工程验收需按相应专业规范规定执行，隐蔽内容应符合设计图纸及规范要求。

3）隐蔽工程验收由施工项目部的技术负责人提出，并提前向项目监理部报验。验收后由参验人员签字盖章后方为有效。

4）常见隐蔽工程项目

A. 定位抄测放线记录

建筑物定位检测记录；土方开挖检测记录；基础施工检测记录；预制柱杯口底标高检测记录；每层平口检测放线记录；地面标高检测记录；柱子检测放线记录和牛腿标高检测记录。

B. 土方工程

基坑（槽）或管沟开挖；排水盲沟设置；填方土料、冻土块含量及填土压实记录。

C. 地基基础

基坑（槽）底的土质情况；基槽几何尺寸、标高；基础钢筋的品种、规格、数量、接头位置及除锈、代用情况；基础混凝土浇灌；防潮层做法、标高；砖石基础的组砌方法、砌体强度。

D. 砖石工程

主体结构砌体的组砌方法、砌体强度、砌体配筋；沉降缝、伸缩缝、防震缝的构造做法。

E. 钢筋混凝土工程

纵向、横向及箍筋的品种、规格、形状尺寸、数量及位置；钢筋连接方式的数量、接头百分率情况；钢筋除锈、钢筋代用情况；预埋件数量及位置；绑扎及保护层情况；墙板销子铁、阳台尾部处理；板缝灌注及胡子筋处理。

F. 焊接工程

焊接强度试验报告；焊条型号、规格、厚度；外观清渣按级别进行外观检查；超声波、X 光射线检查的主要部位（墙板、梁柱、阳台、楼板、屋面板、楼梯、钢结构等结构的焊接部位）。

G. 屋面工程

保温隔热层、找平层、防水层的施工。

H. 防水工程

卷材防水层及沥青胶结材料防水层的基层、防水材料配比、防水构造、防水细部；防水层被土、水、砌体掩蔽的部位；管道设备穿过防水层的封固处；墙板空腔立缝、平缝、十字缝接头及阳台、雨篷接缝。

I. 地面工程

地面下的基土；各防护层及经过防腐处理的结构或连接件。

J. 装饰工程

各类装饰工程基层；暗龙骨吊顶与防腐、吊顶内填充吸声材料及铺设厚度；轻质隔墙的材料防腐；预埋接结；玻璃砖隔墙的埋设与接结。

K. 保温隔热工程

被覆盖的保温层、隔热层是否满足设计对导热系数的要求及保温材料的厚度。

L. 门窗工程

门窗框脚头埋设；门窗框与墙体之间的缝隙；填嵌饱满度。

M. 幕墙工程

幕墙与主体结构连接的预埋件、后置埋件（接拔力）；连接件、紧固件、吊夹具、吊挂；连接件与紧固件螺栓防松；墙角连接点等数量、位置、焊接；各种变形缝、防火保温材料填充、防腐处理及防雷装置。

N. 建筑电气工程

分层、分段、分部位的暗配线（包括埋地、墙内、板子孔内、密封桥架、板缝及混凝土内）暗配线路的走向与位置、规格、标高、弯度接头及焊接地线，防腐，管盒固定和管口处理；利用结构钢筋做避雷引下线、暗敷避雷引下线及屋面暗设接闪器的材质、规格、型号、焊接情况及相对位置（应附平、剖面图及文字说明）；接地体的埋设与焊接搭接长度、焊面、焊接质量、防腐及其材料种类、遍数、埋设位置、埋深材质（应附图说明）；不能进入吊顶内敷设的管线的位置、标高、材质、规格、固定方法等；地基基础的暗引电缆的钢管埋设、地线引入、利用基础钢筋接地极的钢筋与引线焊接。

O. 通风与空调

敷设于暗井道及不通行吊顶内的设备、外砌墙、管道及附件外保温隔热；吊顶、埋地、管井内的暗配路的走向、规格、标高、坡度、坡向、弯度接头、软接头、节点处理、保温、防渗漏功能、支托架的位置及固定焊接质量等。

P. 电梯

承重梁及其起重吊钩的埋设入承重墙内的长度、梁垫的尺寸、焊接、防腐；钢丝绳绳头巴氏合金的制作与浇注；暗设的电气管线的规格、位置、弯度、接头、跨接地线、防腐、管口处理；地极制作与安装导轨支架的埋设；厅门地坎及钢牛腿的埋设、焊接与防腐。

隐蔽工程项目施工完毕后，施工单位应进行自检，自检合格后，申报建设（监理）单位会同施工单位共同对隐蔽工程项目进行检查验收。

隐蔽工程验收记录应符合国家相关标准的规定。施工单位填写的隐蔽工程验收记录应一式四份，并应由建设单位、监理单位、施工单位、城建档案馆各保存一份。隐蔽工程验收记录宜采用附表 3-14 的格式示例。

（5）地基验槽记录

"地基验槽记录"是现场确认地基持力层的各项物理力学指标是否满足勘察、设计的要求，并对不符合设计要求的部位提出处理意见的原始记录资料。

1）地基验槽应当由地勘单位、设计单位、施工单位、监理单位、建设单位参加（有地基处理的，检测单位应当参加），工程质量监督机构现场监督。

2）表中"基壁土层分布情况及走向"栏由施工单位填写，并应有附图，标明具体部位和尺寸；"槽底土质或岩层情况"由勘察单位填写，应对槽底土质或岩层进行简单描述，如土质或岩层名称、特征，有无影响地基承载力的因素，基土是否被扰动等；"地基处理后的情况"栏是在需对地基处理时，由专业施工单位填写，应写明处理的部位、方法、主要参数，并附检测报告。

3）"验收情况及结论意见"栏，勘察单位应对地基承载力做出明确的结论，对有异常情况或不符合设计要求的部位提出处理意见或建议调整等；设计单位应根据现场验槽情况和勘察单位签署的验收情况及结论意见对地基土质能否达到设计要求做出明确结论。

4）地基验槽记录应由参加验槽的相关单位技术人员签字盖章方为有效。

地基验槽记录应符合现行国家标准《建筑地基基础工程施工质量验收规范》GB50202 的有关规定。施工单位填写的地基验槽记录应一式六份，并应由建设单位、监理单位、勘察单位、设计单位、施工单位、城建档案馆各保存一份。地基验槽记录宜采用附表 3-15 的格式示例。

（6）砌筑砂浆试块强度统计、评定记录

"砌筑砂浆试块强度统计、评定记录"是对单位工程砌筑砂浆强度进行综合核查的评定用表。

1）砌筑砂浆试块强度统计、评定记录应按不同设计强度等级、不同部位（如地基基础、主体工程等）分别统计（全部汇总，不得缺漏）和评定。

2）砂浆的品种、强度等级、规格应满足设计要求。

3）砂浆强度必须符合下列规定：

A. 同一验收批砂浆试块抗压强度平均值必须大于或等于设计强度等级所对应的立方体抗压强度；

B. 同一验收批砂浆试块抗压强度的最小一组平均值必须大于或等于设计强度等级所对应的立方体抗压强度的 0.75 倍。

施工单位填写的砌筑砂浆试块强度统计、评定记录应一式三份，并应由建设单位、施工单位、城建档案馆各保存一份。砌筑砂浆试块强度统计、评定记录宜采用附表 3-16的格式示例。

（7）混凝土试块强度统计

"混凝土强度合格评定"是对单位工程混凝土强度进行综合核查的评定用表。

1）混凝土强度评定应按不同设计强度等级、不同部位（如地基基础、主体工程等）分别统计（全部汇总，不得缺漏）和评定。

2）评定结构构件的混凝土强度应采用标准试件和同条件养护试块共同判定混凝土强度的方法。

3）《混凝土强度检验评定标准》GB/T 50107—2010 规定，混凝土的强度评定根据混凝土生产条件的稳定程度，按统计方法和非统计方法分别进行。

A. 标准差已知的统计方法

（A）混凝土强度应分批进行验收。同一验收批的混凝土应由强度等级相同、生产工艺和配合比基本相同的混凝土组成，对现浇混凝土应按现行国家标准《统一标准》确定。对同一验收批的混凝土强度，应经同批内标准试件的全部强度代表值来评定。

（B）当混凝土的生产条件在较长时间内能保持一致，且同一品种混凝土的强度变异性能保持稳定时，应由连续的 10 组试件代表一个验收批，其强度应同时符合下列要求：

$$m_{fcu} \geqslant f_{cu,k} + 0.7\delta_0 \tag{3-1}$$

$$f_{cu,min} \geqslant f_{cu,k} - 0.7\delta_0 \tag{3-2}$$

（C）当混凝土强度等级不高于 C20 时，尚应符合下式要求：

$$f_{cu,min} \geqslant 0.85 f_{cu,k} \tag{3-3}$$

（D）当混凝土强度等级高于 C20 时，尚应符合下式要求：

$$f_{cu,min} \geqslant 0.90 f_{cu,k} \tag{3-4}$$

式中　m_{fcu}——同一验收批混凝土强度的平均值，N/mm^2；

　　　$f_{cu,k}$——设计的混凝土强度标准值，N/mm^2；

　　　δ_0——验收批混凝土强度的标准差，N/mm^2；

　　　$f_{cu,min}$——同一验收批混凝土强度的最小值，N/mm^2。

（E）验收批混凝土强度的标准差，应根据前一检验期内同一品种混凝土试件的强度数据，按下列公式确定：

$$\delta_0 = \frac{0.59}{m} \sum_{i=1}^{m} \Delta f_{cu,k} \tag{3-5}$$

式中　$\Delta f_{cu,k}$——前一检验期内第 i 验收批混凝土试件中强度的最大值与最小值之差；

　　　m——前一检验期内验收批总数量。

注：每个检验期不应超过 3 个月，且在该期间内验收总批当选不得少于 15 组。批数不足 15 批或时间过长的情况下，用标准差统计法检验评定混凝土强度是不正确的。

B. 标准差未知的统计方法。

当混凝土的生产条件不能满足"在较长时间内保持一致，且同一品种混凝土的强度变异性保持稳定"的规定，或在前一检验期内同一品种混凝土没有足够的强度数据用以确定验收批混凝土强度标准时，应由不少于 10 组的试件代表一个验收批，其强度应同时符合下列要求：

$$m_{fcu} - \lambda_1 S_{fcu} \geqslant 0.9 f_{cu,k} \tag{3-6}$$

$$f_{cu,min} \geqslant \lambda_2 f_{cu,k} \tag{3-7}$$

式中　S_{fcu}——验收批混凝土强度的标准差（N/mm²），当 S_{fcu} 的计算值小于 $0.06 f_{cu,k}$ 时，取 $S_{fcu}=0.06 f_{cu,k}$；

　　　λ_1，λ_2——合格判定系数。

验收批混凝土强度的标准差 S_{fcu} 应按下式计算：

$$S_{fcu} = \sqrt{\sum_{i=1}^{n} \frac{f_{cu,i}^2 - nm^2 f_{cu}}{n-1}} \tag{3-8}$$

式中　$f_{cu,i}$——验收批内第 i 组混凝土试件的强度值（N/mm²）；

　　　n——验收批内混凝土试件的总组数。

合格判定系数，应按表 3-2 选用。

合格判定系数　　　　　　　　　　　　　　　　　　　表 3-2

试件组数	10～14	15～24	≥25
λ_1	1.70	1.65	1.60
λ_2	0.90	0.85	

注：试件组数不足 10 组时采用标准差未知统计法检验评定混凝土强度是不正确的。

C. 非统计方法评定

对零星生产的预制构件的混凝土或现场搅拌批量不大的混凝土（指一个验收批的试件不足 10 组时），可采用非统计法评定。其强度应同时符合下列要求：

$$m_{fcu} \geqslant 1.15 f_{cu,k} \tag{3-9}$$

$$f_{cu,min} \geqslant 0.95 f_{cu,k} \tag{3-10}$$

施工单位填写的混凝土试块强度统计、评定记录应一式三份，并应由建设单位、施工单位、城建档案馆各保存一份。混凝土试块强度统计、评定记录宜采用附表 3-17 的格式示例。

3. 安全及主要功能检验资料

（1）沉降观测记录

沉降观测是为保证建筑物质量满足建筑使用年限的要求，使施工过程中及竣工后的建筑物沉降值得到有效控制，设计必须标注工程竣工验收沉降值。无论何种结构类型的工程，施工单位都要对建筑构进行沉降观测。

"沉降观测记录"是为保证建（构）筑物的质量满足设计对建筑使用年限的要求而对该建筑物进行的沉降观测的记录资料。

1）水准基点的设置

A. 水准基点应引自城市固定水准点。基点的设置以保证其稳定、可靠、方便观测为原则。对于安全等级为一级的建筑物，宜设置在基岩上。安全等级为二级的建筑物，可设在压缩性较低的土层上。

B. 水准基点的位置应靠近观测对象，但必须在建筑物的地基变形影响范围以外，并避免交通车辆等因素对水准基点的影响。在一个观测区内，水准基点一般不少于 3 个。

C. 观测水准点是沉降观测的基本依据，应设置在沉降或振动影响范围之外，并符合工程测量规范的规定。

D. 沉降观测点的布设应根据建筑物的体型、结构、工程地质条件、沉降规律等因素综合考虑（单座建筑的端部及建筑平面变化处，观测点宜适当加密）。沉降观测点应避开障碍物，便于观测和长期保存，不易遭到损坏。标志应稳固、明显、结构合理，不影响建筑物和构筑物的美观和使用。沉降观测点一般可设在下列各处：

（A）建筑物的角点、中点及沿周边每隔 6～12m 设一点，建筑物宽度大于 15m 的内部承重墙（柱）上，圆形、多边形的构筑物宜沿纵横轴线对称布点；

（B）基础类型、埋深和荷载有明显不同处及沉降缝、新老建筑物连接处的两侧，伸缩缝的任意一侧；

（C）工业厂房各轴线的独立柱基上；

（D）箱形基础底板，除四角外还宜在中部设点；

（E）基础下有暗沟或地基局部加固处；

（F）重型设计基础和动力基础的四角。

2）一般需进行沉降观测的建（构）筑物：

A. 重要的工业与民用建筑物；

B. 高层建筑物和高耸构筑物；

C. 湿陷性黄土地基上建筑物、构筑物；

D. 对地基变形有特殊要求的建筑物；

E. 地下水位较高处的建筑物、构筑物；

F. 三类土地基上较重要建筑物、构筑物；

G. 不允许沉降的特殊设备基础；

H. 因地基变形或局部失稳使结构产生裂缝或损坏而需要研究处理的建筑物；

I. 单桩承受荷载在 400kN 以上的建筑物；

J. 使用灌注桩基础设计与施工人员经验不足的建筑物；

K. 因施工、使用或科研要求进行沉降观测的建筑物。

3）沉降观测的次数和时间

A. 荷载变化期间，沉降观测周期应符合下列要求：

（A）高层建筑施工期间每增加 1～2 层，电视塔、烟囱等每增高 10～15m 应观测一次；工业建筑应在不同荷载阶段分别进行观测，整个施工期间的观测不应少于 4 次；

（B）基础混凝土浇筑、回填土及结构安装等增加较大荷载前后应进行观测；

（C）基础周围大量积水、挖方、降水及暴雨后应进行观测；

（D）出现不均匀沉降时，根据情况应增加观测次数；

（E）施工期间因故暂停施工超过三个月，应在停工时及复工前进行观测。

B. 结构封顶至工程竣工，沉降观测周期应符合下列要求：

（A）均匀沉降且连续三个月内平均沉降量不超过 1mm 时，每三个月观测一次；

（B）连续两次每三个月平均沉降量不超过 2mm 时，每六个月观测一次；

（C）外界发生剧烈变化时应及时观测；

（D）交工前观测一次；

（E）交工后建设单位应每六个月观测一次，直至基本稳定（1mm/100d）为止。

C. 建筑物和构筑物全部竣工后的观测次数：

（A）第一年 4 次；

（B）第二年 2 次；

（C）第三年以后每年 1 次，直至下沉稳定（由沉降与时间的关系曲线判定）为止。

4）沉降观测资料应及时整理和妥善保存，并应附有下列各项资料：

A. 根据水准点测量得出的每个观测点高程和其逐次沉降量；

B. 根据建筑物和构筑物和平面图绘制的观测点的位置图，根据沉降观测结果绘制的沉降量，地基荷载与连续时间三者的关系曲线图及沉降图分布曲线图；

C. 计算出的建筑物和构筑物的平均沉降量，相对弯曲和相对倾斜值；

D. 水准点的平面布置图和构造图，测量沉降的全部原始资料；

E. 沉降观测分析报告。

5）沉降观测网应布设附合或闭合路线。

6）沉降观测的各项记录，应注明观测时的气象情况和荷载变化情况。

"沉降观测记录"详见附表 3-18。

（2）地下工程渗漏水检测记录

房屋建筑地下工程渗漏水检测应符合下列要求：

1）湿渍检测时，检查人员用干手触摸湿斑，无水分浸润感觉。用吸墨纸或报纸贴附，纸不变颜色；要用粉笔勾画出湿渍范围，然后用钢尺测量并计算面积，标示在"结构内表面的渗漏水展开图"上。

2）渗水检测时，检查人员用干手触摸可感觉到水分浸润，手上会沾有水分。用吸墨纸或报纸贴附，纸会浸润变颜色；要用粉笔勾画出渗水范围，然后用钢尺测量并计算面积，标示在"结构内表面的渗漏水展开图"上。

3）通过集水井积水，检测在设定时间内的水位上升数值，计算渗漏水量。

地下工程渗漏水调查与检测，应由施工单位项目技术负责人组织质量员、施工员实施。施工单位应填写地下工程渗漏水检测记录，并签字盖章；监理单位或建设单位应在记录上填写处理意见与结论，并签字盖章。地下工程渗漏水检测记录见附表 3-19 的格式。

（3）防水工程试水检查记录

"防水工程试水检查记录"是对屋面及有防水要求的地面等进行的蓄水、防水等试验过程的记录资料。

1）防水工程试水前应检查的施工技术资料

A. 原材料、半成品和成品的质量证明文件、分项工程质量验收资料以及试验报告和现场检验记录；

B. 应用沥青、卷材等防水材料、保温材料的防水工程的现场检查记录；

C. 混凝土自防水工程应检查混凝土试配、实际配合比、防水等级、试验结果等；

D. 施工过程中重大技术问题的处理记录和工程变更记录。

2）凡有防水要求的建设工程（部位），工程（部位）完成后均应有蓄水、淋水或浇水试验。就建筑工程而言，浴室、厕所等凡有防水要求的房间必须做蓄水试验；屋面防水工程均应进行浇水试验，对凸出屋面部分（管道根部、烟囱根部等）应重点进行检查；设计对混凝土有抗渗要求时，应提供混凝土抗渗试验报告单。

A. 蓄水试验

凡浴室、厕所等有防水要求的房间必须进行蓄水检验。同一房间应做两次蓄水试验，分别在室内防水完成后及单位工程竣工后 100％做蓄水试验。

做蓄水试验时，蓄水高度应能覆盖整个防水层，一般为 100mm 左右（最浅处不得低于 20mm），蓄水时间不得小于 24 小时，检查无渗漏为合格。检查数量应为全部此类房间。

有女儿墙的屋面防水工程，能做蓄水试验的宜做蓄水试验。

B. 浇水试验

屋面工程一般均应有全部屋面的浇水试验，浇水试验应全面地同时浇水，可在屋脊处设干管向两边喷淋至少 2 小时，浇水试验后检验屋面有否渗漏。检查的重点是管水根部、烟囱根部、女儿墙根等凸出屋面部分的泛水及下口等细部节点。浇水试验的方法和试验后的检验都必须做详细的记录。

C. 淋水试验

空腔防水外墙板竣工后都应做淋水试验。淋水试验是用花管在所有外墙上喷淋，淋水时间不得小于 2 小时，淋水后检查外墙壁有无渗漏现象。

3）防水工程验收记录应有检查结果，写明有无渗漏。

防水工程试水检查记录应符合现行国家标准《建筑地面工程施工质量验收规范》GB 50209、《屋面工程质量验收规范》GB 50207 的有关规定。由施工单位填写的防水工程试水检查记录应一式三份，并由建设单位、监理单位、施工单位各保存一份。防水工程试水检查记录宜采用附表 3-20 的示例。

（4）卫生器具蓄水试验记录

"卫生器具蓄水试验记录"是对已安装的卫生器具进行蓄水试验过程的记录资料。

已安装的卫生器具，交工前应按规定进行器具蓄水试验。蓄水后，各连接件在规定的时间内，不应出现渗漏现象。

"卫生器具蓄水试验记录"详见附表 3-21。

（5）避雷接地电阻测试记录

"避雷接地电阻测试记录"是对建（构）筑物、电气线路、设备等避雷装置接地电阻的测试记录资料。

测试时，应对被测点出锈，以确保被测点接触良好。电阻表的接地极钎子应打在与接地网垂直的方向。屋面及其他被测点应用导线引至地面测试仪表按要求连接进行测试。

"避雷接地电阻测试记录"详见附表 3-22。

（6）通风与空调工程系统风量测试记录

"通风与空调工程系统风量测试记录"是对已安装的通风与空调工程系统风量的测试记录资料。

1）通风与空调工程系统风量的测试，应在设备性能检测符合设计文件规定的前提下进行。

2）系统总风量测试结果与设计风量的偏差不应大于 10%。

"通风与空调工程系统风量测试记录"详见附表 3-23。

（7）电梯负荷运行试验记录

"电梯负荷运行试验记录"是对已安装的电梯进行负荷运行的试验记录资料。

1）轿厢以 0、25%、50%、75%、100%、110%六个工况荷重做上下行全程运行，当轿厢和对重运行至同一水平位置（中间层）时，分别记录电机定子的端电压、电流、转速及轿厢速度。

2）利用上述测量值分别绘制上、下行电流负荷曲线，以上、下行电流负荷曲线的交点所对应的负荷百分数即为平衡系数，平衡系数应在 40%～50%之间。

3）电力驱动电梯，当电源为额定频率和额定电压、轿厢载有 50%的额定荷载时，向下运行至全程中段时的速度，不应大于额定速度的 105%，且不应小于额定速度的 92%。

"电梯负荷运行试验记录"详见附表 3-24。

4. 检验批质量验收记录

检验批是指按同一的生产条件或按规定的方式汇总起来供抽样检验用的，由一定数量样本组成的检验体。它是工程验收的最小单位，也是分项工程乃至整个建筑工程质量验收的基础。

"检验批质量验收记录"是在分项工程划分确定的原则下，根据施工及质量控制和专业验收需要，按楼层、施工段、变形缝等划分施工的子项，并以此进行工程质量验收的记录资料。

（1）分项工程可由一个或若干个检验批组成。检验批应按《统一标准》中可按主要工种、材料、施工工艺、设备类别进行划分的分项工程的基础上，再按《统一标准》中检验批可根据施工、质量控制和专业验收的需要，按工程量、楼层、施工段、变形缝进行划分。以及各专业规范的有关要求进行划分。

（2）检验批的质量验收，其合格质量应符合《统一标准》第 5.0.1 条规定：主控项目的质量经抽样检验均应合格；一般项目的质量经抽样检验合格。当采用计数抽样时，合格点率应符合有关专业验收规范的规定，且不得存在严重缺陷。对于计数抽样的一般项目，正常检验一次、二次抽样可按《统一标准》附录 D 判定；具有完整的施工操作依据、质量验收记录。

（3）检验批的质量验收应由监理工程师（或建设单位项目技术负责人）组织项目专业质量检查员进行验收。

检验批质量验收记录应符合现行国家标准《统一标准》的有关规定。施工单位填写的检验批质量验收记录应一式三份，并应由建设单位、监理单位、施工单位各保存一份。检验批质量验收记录宜采用附表 3-25 的格式。

"检验批质量验收记录"详见附表 3-26～附表 3-34。

5. 分项工程质量验收记录

"分项工程质量验收记录"是对该分项所包含的检验批（一个或若干个）的质量验收记录进行汇总、核查的记录资料。

（1）分项工程质量验收由监理工程师组织项目专业技术负责人在检验批验收合格的基础上进行。

一般情况下，检验批和分项工程两者具有相同或相近的性质，只是批量的大小不同而已。因此，分项工程质量验收主要是起一个归纳整理的作用，是一个统计表，没有实质性的验收内容，只需先将相关的检验批汇集成一个分项工程，再行验收即可。

（2）检验批部位、区段按相应的检验批质量验收记录汇总。

（3）分项工程合格质量应符合《统一标准》第 5.0.2 条规定。

（4）分项工程质量验收由施工项目专业技术员填写检查结论，监理工程师填写验收结论。

分项工程质量验收记录应符合现行国家标准《统一标准》的有关规定。施工单位填写的分项工程质量验收记录应一式三份，并应由建设单位、监理单位、施工单位各保存一份。分项工程质量验收记录宜采用附表 3-35 的格式。

6. 分部工程质量验收记录

就房屋建筑工程而言，在所包含的十个分部工程中，参加验收的人员可有三种情况：第一，除地基基础、主体结构和建筑节能三个分部工程外，其他七个分部工程的验收组织相同，即由总监理工程师组织，施工单位项目负责人和项目技术负责人等参加；第二，由于地基与基础分部工程情况复杂，专业性强，且关系到整个工程的安全，为保证质量，严格把关，规定勘察、设计单位项目负责人应参加验收，并要求施工单位技术、质量部门负责人也应参加验收；第三，由于主体结构直接影响使用安全，建筑节能是基本国策，直接关系到国家资源战略、可持续发展等，故这两个分部工程，规定设计单位项目负责人应参加验收，并要求施工单位技术、质量部门负责人也应参加验收。

参加验收的人员，除指定的人员必须参加验收外，允许其他相关人员共同参加验收。

由于各施工单位的机构和岗位设置不同，施工单位技术、质量负责人允许是两位人员，也可以是一位人员。

勘察、设计单位项目负责人应为勘察、设计单位负责本工程项目的专业负责人，不应由与本项目无关或不了解本项目情况的其他人员、非专业人员代替。

（1）地基与基础分部工程质量验收记录

"地基与基础分部工程质量验收记录"是对已完成的地基与基础分部的质量进行检查和验收，并确认是否可以继续下一步施工的记录资料。

1) 实体质量检查情况：总监理工程师组织相关责任主体单位对地基与基础分部工程所涉及的分项工程作为实体质量和工程质量文件检查验收，形成统一意见后由总监理工程师填写，包括该分部所涉及的相关分项观感质量、主控项目、一般项目的检查情况。若曾经对某分项工程存在的安全隐患或质量缺陷进行过处理，也应写明（如某柱主筋出现移位，已由法定检测单位鉴定检测，设计单位复核认可等）。

2) 质量文件核查情况：相关责任主体单位对地基与基础分部工程质量文件汇总表所涉及的、应该有的内容逐一检查核对，项数为相关序号项数的累计，由总监理工程师填写。

3) 各相关责任主体单位的验收意见除施工单位评定意见由项目负责人填写外，其余均由相关签字人填写。填写的内容应根据各自单位职责，填明验收的结论性意见（如是否符合经审查批准的设计图纸和施工规范要求、质量合格与否、能否进入下道工序施工等），并且签字盖章。

4) 质量监督机构在地基与基础分部监督检查后也应签署监督意见，填明各责任主体单位是否参与相关检查验收，程序是否合法，是否同意验收。

（2）主体结构分部工程质量验收记录

"主体结构分部工程质量验收记录"是对已完成的主体结构分部的质量进行检查和验收，并确认是否可以继续下一步施工的记录资料。

1) 实体质量检查情况：总监理工程师组织相关责任主体单位对主体结构分部工程所涉及的分项工程实体质量和工程质量文件检查验收，形成统一意见后由总监理工程师填写。包括该分部所涉及的相关分项观感质量、主控项目、一般项目的检查情况。若曾经对某分项工程存在的安全隐患或质量缺陷进行过处理，也应写明（如现浇板负筋保护层偏大，已由法定检测单位鉴定检测，设计单位复核认可等）。

2) 质量文件核查情况：相关责任主体单位对主体结构工程质量文件汇总表所涉及的、应该有的内容逐一检查核对，项数为相关序号项数的累计，由总监理工程师填写。

3) 各相关责任主体单位的验收意见除施工单位评定意见由项目负责人填写外，其余均由相关人员签字填写。填写的内容应根据各自单位职责，填明结论性意见（如是否符合经审查批准的设计图纸和施工规范要求、质量合格与否、能否进入下道工序施工等），并且签字盖章。

4) 质量监督机构在主体结构分部监督检查后也应签署监督意见，填明各责任主体单位是否参与相关检查验收，程序是否合法，是否同意验收。

（3）分部（子分部）工程质量验收记录

"分部（子分部）工程质量验收记录"是对该分部工程所有分项工程的质量验收记录进行汇总、核查，并查验质量控制资料、安全和功能检验（检测）报告、观感质量是否满足要求的记录资料。

1) 由于各分项工程的性质不尽相同，因此作为分部工程质量验收，不是将其所包含的各分项工程简单地加以组合，而是进行综合验收。

A. 分项工程

按分项工程第一个检验批施工先后的顺序，将分项工程名称填写上，在第二格栏内分别填写各分项工程实际检验批数量，即分项工程验收表上的检验批数量，并将各分项工程评定表按顺序附在表后。

施工单位检查评定栏，填写施工单位自行检查评定结果。同时核查一下各分项工程是否都通过验收。

B. 质量控制资料

逐项进行核查单位工程质量控制资料，能基本反映工程质量情况，达到保证结构安全和使用功能的要求，即可通过验收。

质量控制资料，根据工程不同可按子分部工程进行资料验收，也可按分部工程进行资料验收，不强求统一。

C. 安全和功能检验（检测）记录

安全和功能检验（检测）记录包括屋面淋（防）水试验、给水管道通水试验、通电试验、排水立管球、泼水试验、接地电阻测试等报告。这部分是指竣工抽样检测的项目，但能在分部（子分部）工程检测的，尽量放在分部（子分部）工程中检测。涉及安全和使用功能的地基基础、主体结构、有关安全及重要使用功能的安装分部工程应进行有关见证取样、送样试验或抽样检测。

测试内容按《验收规范》附录 H 表 H. O. 1-3 单位（子单位）工程安全和功能检验资料检查及主要功能抽查记录中相关内容确定核查和抽查项目。

施工单位自检评定时要注意：

（A）开工之前确定的项目是否都进行了检测；

（B）检查每个检测报告，检查每个检测项目的检测方法、程序是否符合有关标准规定；

（C）是否达到规范要求，检测报告的审批程序签字是否完整，是否在每个报告上标明审查同意。

D. 观感质量验收

关于观感质量验收，这类检查往往难以定量，只能以观察、触摸或简单量测的方式进行，并由各人的主观印象判断，检查结果并不给出"合格"或"不合格"的结论，而是综合给出"好"、"一般"或"差"的质量评价。对于"差"的检查点一般应通过返修处理等措施补救。对不影响结构安全和使用功能的，亦可采用协商解决的方法进行验收，并在验收表上注明。

2）建筑工程分部（子分部）的划分，应符合《统一标准》第 4.0.3 条的规定：可按专业性质、工程部位确定；当分部工程较大或较复杂时，可按材料种类、施工特点、施工程序、专业系统及类别将分部工程划分为若干子分部工程。验收应计列的子分部、分项工程内容应按《统一标准》第 4.0.6 条执行。

3）分部（子分部）合格质量应符合《统一标准》第 5.0.3 条的规定：所含分项工程的质量均应验收合格；质量控制资料应完整；有关安全、节能、环境保护和主要使用功能的抽样检验结果应符合相应规定；观感质量应符合要求。

4）分部（子分部）工程的验收应由参与验收的相关单位项目负责人签字方可有效。

分部（子分部）工程质量验收记录应符合现行国家标准《统一标准》的有关规定。施工单位填写的分部（子分部）工程质量验收记录应一式四份，并应由建设单位、监理单位、施工单位、城建档案馆各保存一份。分部（子分部）工程质量验收记录宜采用附表 3-36。

"地基与基础分部工程质量验收记录"详见附表 3-37 示例。

"主体结构分部工程质量验收记录"详见附表 3-38 示例。

7. 单位（子单位）工程质量验收资料

（1）单位（子单位）工程质量控制资料核查记录

"单位（子单位）工程质量控制资料核查记录"是进一步核查即将竣工交付使用的建筑工程的各种质量控制资料是否完整的记录资料。

单位工程质量控制资料中的各项内容，全部在分部（子分部）工程中已经审查，通常单位（子单位）工程质量控制资料核查，也是按分部（子分部）工程逐项检查和审核（检查和审核内容按《统一标准》附录 H 表 H.0.1-2 执行）。

1）"核查意见"栏由施工单位项目（技术）负责人对各种质量控制资料检查后，填写是否完整的核查意见。

2）"完整"应为资料项目和数量齐全，无漏检缺项，个别项目内容虽有欠缺，但不影响结构物安全和使用功能要求。

3）"结论"栏由总监理工程师根据检查情况和抽查情况给出明确结论。

"单位（子单位）工程质量控制资料核查记录"详见附表 3-39 示例。

（2）单位（子单位）工程安全和功能检验资料核查及主要功能抽查记录

"单位（子单位）工程安全和功能检验资料核查及主要功能抽查记录"是对影响建筑工程安全和功能的各种检测（查）、试验记录进行复查，对主要使用功能进行最终的综合检验的记录资料。

1）本表包括两个方面的内容：一是在分部（子分部）进行的安全和功能检测项目必须核查其检测报告结论是否符合设计要求。二是单位工程进行的安全和功能检测项目必须核查其项目是否与设计内容一致，抽查顺序、方法是否符合有关规定，抽测报告的结论是否达到设计要求及规范规定（测试内容按《统一标准》附录 H 表 H.0.1-3 执行）。

2）"核查意见"栏由施工单位项目（技术）负责人对涉及工程安全和使用功能的检验资料逐项进行检查后，填写是否"完整"的核查意见。

3）"抽查结果"栏由监理工程师根据抽查结果填写是否"完整"的抽查意见。抽查项目由验收小组协商确定。

4）涉及安全和功能检验资料应全面检查其完整性，不得有漏检缺项。

5）"结论"栏由总监理工程师根据资料检查和抽查结果给出明确的结论。

"单位（子单位）工程安全和功能检验资料核查及主要功能抽查记录"详见附表

3-40。

（3）单位（子单位）工程质量观感质量检查记录

"单位（子单位）工程质量观感质量检查记录"是对即将竣工交付使用的建筑工程进行全面、综合的感观质量评价的记录资料。

观感质量验收在分部（子分部）工程质量验收时已进行，只是涉及的项目少，没有形成独立的检查记录，而只在分部（子分部）工程验收记录中作为表内一个栏目加以评定。单位（子单位）工程竣工质量验收时则不同，除了分部（子分部）工程验收时的项目，又增加了在分部（子分部）工程验收时还未形成的项目，必须进行验收。

1）观感质量检查的方法与分部（子分部）工程观感质量检查方法相同，只不过涉及的内容更多、范围更广而已。

2）观感质量抽查的项目力求齐全，每个项目的抽查点应具有代表性（抽查内容按《统一标准》附录 H 表 H.O.1-4 执行），具体抽查项目及数量应由参与验收各方共同商定。

3）"抽查质量状况"栏，一般每个子项抽查 10 个点左右。检查时，为了记录方便，可以自行设定一个代号表示某点的质量状况，如：画"√"表示"好"；画"○"表示"一般"，画"×"表示"差"。

4）"质量评价"栏按抽查质量状况的数理统计结果，权衡给出好、一般或差的评价。

5）"观感质量综合评价"栏由参加观感质量检查的人员根据项目质量评价情况，综合权衡得出。

6）"检查结论"栏根据参加人员的综合评价结果填写，并由施工单位项目经理和总监理工程师等签字方为有效。

"单位（子单位）工程质量观感质量检查记录"详见附表 3-41。

（4）单位（子单位）工程质量竣工验收记录

"单位（子单位）工程质量竣工验收记录"是对已完工的单位（子单位）工程质量进行综合验收，确认其是否满足各项功能要求，能否交付使用的记录资料。

1）单位（子单位）工程完成后，施工单位应自行组织人员进行检查验收，质量等级达到合格标准，并经项目监理机构复查认定质量等级合格后，向建设单位提交工程竣工验收报告及相关资料，由建设单位组织单位工程竣工验收。

2）单位（子单位）工程的划分应符合《统一标准》第 4.0.2 条规定，其合格质量应符合《统一标准》第 5.0.4 条规定。（竣工验收内容按《统一标准》附录 H 表 H.O.1-1 执行）。

3）验收记录由施工单位项目（技术）负责人填写。

4）验收结论由总监理工程师（或建设单位项目负责人）填写，"观感质量验收"栏填写是否"符合要求"，其余栏填写是否"验收合格"。

5）综合验收结论由参加验收各方共同商定后由建设单位填写，应对工程是否符合设计和规范要求及工程总体质量是否合格做出评价，验收时检查出的工程（资料）问题应作为附件附于后面，以便监理单位责成施工单位进一步完善或处理。

6）当建筑工程质量不符合要求时，应按《统一标准》第5.0.6条和5.0.7条规定处理。

7）参加验收的各相关单位应给出明确的结论，并签字、盖章方为有效。

"单位（子单位）工程质量竣工验收记录"详见附表3-42。

8. 竣工图

"竣工图"是建筑工程完成后，反映建筑工程竣工实貌的工程图纸。竣工图是真实记录各种地上、地下建筑物、构筑物等情况的技术文件，是对工程进行竣工验收、维护、改造、扩建的依据，是建筑工程重要的技术档案。因此，工程竣工后，就必须由各专业施工技术人员，按有关设计变更文件和工程洽商记录，遵循一定的法则进行改绘，使竣工后建筑实体的图物相符。经过这样改绘的，真实反映建筑实体施工结果的图样称为竣工图。

房屋建筑工程竣工图包括：建筑竣工图、结构竣工图、装饰装修竣工图、电气工程竣工图、给水排水工程竣工图、采暖工程竣工图、通风工程竣工图、空调工程竣工图、燃气工程竣工图等。

（1）竣工图编制依据

竣工图编制依据包括施工图、图纸会审记录、设计变更通知、技术核定单、隐蔽工程验收记录等。

（2）编制竣工图的基本要求

新建、改建、扩建的建筑工程均应编制竣工图；竣工图应真实反映竣工工程的实际情况；竣工图的专业类别应与施工图对应；竣工图应依据施工图、图纸会审记录、设计变更通知单、工程洽商记录（包括技术核定单）等绘制。当施工图没有变更时，可直接在施工图上加盖竣工图章形成竣工图。

1）竣工图均按单位工程进行整理。

2）编制竣工图，必须采用不褪色的黑色、绘图墨水。

3）竣工图文字应采用仿宋字体，大小应协调，字迹应工整、清晰，严禁有错、别、草、漏字。

4）竣工图图面应整洁、反差明显，内容完整无缺。

5）专业竣工图应包括各部位、各专业（二次）设计的相关内容，不得缺漏项、重复。

6）竣工图的绘制应符合国家现行有关标准的规定。

7）竣工图应有竣工图章及相关责任人签字。

8）竣工图应按《建筑工程资料管理规程》JGJ/T 185—2009 附录 D 的方法绘制，并应按《建筑工程资料管理规程》JGJ/T 185—2009 附录 E 的方法折叠。

（3）竣工图的编制方法

1）凡按图施工没有变动的，由施工单位（包括分包施工单位）在原施工图（必须是新蓝图）上加盖"竣工图"标志后，即可作为竣工图。

2）虽有一般性设计变更，但能在原施工图上加以修改补充作为施工图的，可不重新绘制竣工图，由施工单位负责在原施工图（必须是新蓝图）上注明修改的部分，并附加设计变更或洽商记录及施工说明，加盖"竣工图"标志后作为竣工图。

3）利用施工图改绘竣工图，必须标明变更修改依据；凡施工图结构工艺平面布置等有重大改变或变更部分超过图面 1/3 的，应当重新绘制竣工图。由于设计原因造成的，由设计单位负责绘制；由于施工原因造成的，由施工单位负责绘制；由于其他原因造成的，由建设单位负责绘制或委托设计单位负责绘制。新绘制的竣工图由施工单位负责在新图上加盖"竣工图"标志后作为竣工图。

4）竣工图的改绘要求

竣工图按绘制方法不同可分为以下几种形式：利用电子版施工图改绘的竣工图、利用施工蓝图改绘的竣工图、利用翻晒硫酸纸底图改绘的竣工图、重新绘制的竣工图。具体的改绘方法可视图面、改动范围和位置、繁简程度等实际情况而定。

A. 当需要取消内容时：可采用杠改法或叉改法。即在施工蓝图上将被修改的地方用"×"或"—"将其划掉（不得涂抹），从修改的位置引出索引线（斜线 45°引出），在索引线上注明修改依据，如"见图纸会审记录×号×条"或"见×年×月×日技术核定（洽商）×号×条"。

B. 当需增加内容时：

（A）在原图的实际位置，按正规绘图方法绘制，并注明修改依据。

（B）如果增加的内容在原位置绘制不清楚时，应在本图适当位置的空白处绘制，以示准确、清楚，并注明修改依据。

（C）如在本图上无位置可绘时，可按绘图要求绘制在另一张图上，附在本专业图纸之后，并注明修改依据。

5）加写说明

凡设计变更、洽商的内容应当在竣工图上修改的，均应用绘图方法改绘在蓝图上，一律不再加写说明。如果修改后的图纸有些内容仍然没有表示清楚，可用精练的语言适当加以说明。

A. 一张图上某一种设备、门窗等型号的改变，涉及多处，修改时要对所有涉及的地方全部加以改绘，其修改依据可标注在一个修改处，但需在此处加以简单说明。

B. 钢筋的代换，混凝土强度等级改变，墙、板、内外装修材料的变化，由建设单位自理的部分等，在图上修改难以用作图方法表达清楚时，可加注或用索引的形式加以说明。

C. 凡涉及说明类型的洽商，应在相应的图纸上使用设计规范用语反映洽商内容。

6）修改时应注意的问题。

A. 原施工图纸目录必须加盖竣工图章，作为竣工图归档，凡有作废的图纸、补充的图纸、增加的图纸、修改的图纸，均要在原施工目录上标注清楚。即作废的图纸在目录上扛掉，补充的图纸在目录上列出图页、图号。

B. 按施工图施工而没有任何变更的图纸，在原施工图上加盖竣工图章，作为竣工图。

C. 如某一张施工图由于改变大，设计单位重新绘制了修改图的，应以修改图代替原图，原图不再归档。

D. 凡以洽商图作为竣工图，必须进行必要的制作。

如洽商图是按正规设计图纸要求进行绘制的可直接作为竣工图，但需统一编写图名图号，并加盖竣工图章，作为补图。并在说明中注明此图是哪张图哪个部位的修改图，还要在原图修改部位标注修改范围，并表明见补图的图号。

如洽商图纸未按正规设计要求绘制，均应按制图规定另行绘制竣工图，其余要求同上。

E. 某一条洽商可能涉及两张或两张以上图纸时，某一局部变化可能引起系统变化等，凡涉及的图纸和部位均应按规定修改，不能只改其一，不改其二。

F. 不允许将洽商的附图原封不动的贴在或附在竣工图上作为修改，也不允许洽商的内容抄在蓝图上作为修改。凡修改的内容均应改绘在蓝图上或用做补图的办法附在本专业图纸之后。

G. 某一张图纸，根据规定的要求，需要重新绘制竣工图时，应按绘制竣工图的要求制图。

（4）竣工图章（签）

1）所有竣工图均应加盖竣工图章，用不易褪色的红印泥加盖。

2）竣工图章（签）的位置。

用蓝图改绘的竣工图，竣工图章加盖在原图签右上方，或周围不压盖图形文字的地方。

3）竣工图章（签）是竣工图的标志和依据，要按规定填写图章（签）上各项内容。加盖竣工图章（签）后，原施工图转化为竣工图，相关人员必须在审核后签字确认。

4）原施工蓝图的封面、图纸目录也要加盖竣工图章，作为竣工图归档，并置于各专业图纸之前。

5）竣工图章（签）的内容及尺寸如图 3-1 所示。

（5）竣工图的内容

竣工图应按专业、系统进行整理，包括以下内容：

1）工程总体布置图、位置图（地形复杂者应附竖向布置图）；

2）总图（室外）工程竣工图；

3）建筑专业竣工图；

4）结构竣工图；

竣 工 图		
施工单位		
编制人	审核人	
技术负责人	编制日期	
监理单位		
总监理工程师	现场监理	

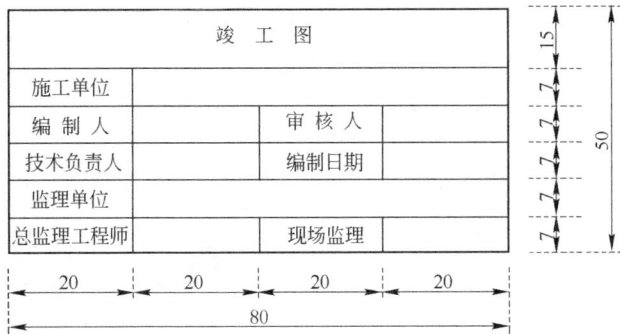

图 3-1 竣工图章

5）装饰、装修竣工图；

6）幕墙竣工图；

7）给排水竣工图；

8）消防竣工图；

9）燃气竣工图；

10）电气竣工图；

11）电竣工图（各电系统，如楼宇自控、保安监控、综合布线、共用电视天线等）；

12）采暖竣工图；

13）通风与空调竣工图；

14）电梯竣工图；

15）工艺竣工图等。

3.4.2 表式与例表

工程概况表

附表 3-1

工程名称		北京××办公楼	编号	00-00-C1-001
一般情况	建设单位	北京××集团开发公司		
	建设用途	办公	设计单位	××建筑设计有限公司
	建设地点	北京××大街××号	勘察单位	××勘察设计院
	建筑面积	14258m²	监理单位	××监理公司
	工期	421天	施工单位	××建设集团公司
	计划开工日期	201×年09月18日	计划竣工日期	201×年12月20日
	结构类型	框架柱、剪力墙	基础类型	筏板式基础
	层次	地下2层、地上10层	建筑檐高	36.8m
	地上面积	13369m²	地下面积	889m²
	人防等级	5级	抗震等级	
构造特征	地基与基础	地基持力层土质为粉质黏土、地基承载力为160kPa；基础——基础形式为筏板式基础，底板厚度500mm		
	柱、内外墙	柱强度等级：地下室C30，柱断面尺寸：500×500、800×550、500×500；外墙厚度为300mm，内墙厚度为200mm，填充墙厚度：外墙250mm、内墙200mm		
	梁、板、楼盖	框梁断面尺寸：300×550、300×650、300×500；楼板厚度：150mm、120mm、100mm		
	外墙装饰	外墙为红色涂料，其中首、二层为外墙面砖		
	内墙装饰	内墙装饰涂料		
	楼地面装饰	楼地面地下室为混凝土楼面，地上为陶粒混凝土楼面，卫生间为贴砖		
	屋面构造	保温层、找平层、SBS改性沥青卷材防水层		
	防火设备	一级防火等级，各防火分区以钢制防火门隔开		
机电系统名称		建筑给水排水及采暖、建筑电气、智能建筑、通风与空调、电梯		
其他				

注：本节按《建筑工程资料管理规程》JGJ/T 185—2009 附表做示例，其他表格为参考用表。

单位工程开工报告 　　　　　　　　　　　　附表 3-2

工程名称	愁园小区商住楼			工程地址		成都市金沙路	
建设单位	金牛房地产开发公司			施工单位		西南宏业建筑工程公司	
工程类别	二类			结构类型		框架-剪力墙	
预算造价	800 万元			计划总投资		800 万元	
建筑面积	7600m²	开工日期	×年×月×日		竣工日期	×年×月×日	

	工程名称	单位	数量		工程名称	单位	数量
主要实物工程量	土方工程	m³	×××	主要实物工程量	门窗制安工程	m²	×××
	基础混凝土工程	m³	×××		屋面防水工程	m²	×××
	主体钢筋安装	t	×××		内墙壁抹灰工程	m²	×××
	主体现浇混凝土	m³	×××		楼地面工程	m²	×××
	围护墙内隔墙砌筑	m³	×××		外墙面砖	m²	×××

资料与文件	准 备 情 况
准备批准的建设立项文件或年度计划	建设文件已立项，年度计划已制定
征用土地批准文件及红线图	已齐备
投标、议标、中标文件	中标通知书招中[2003]第 79 号
施工合同或协议书	川建三〈99〉经字第 18 号
资金落实民政部的文件资料	已落实
三通一平的文件材料	已具备
施工方案及现场平面布置图	已编制
设计文件、施工图及施工图设计审查意见	设计文件、施工图已经相关审查机关审查合格，见审批意见
主要材料、设备落实情况	正在落实
施工许可证	已办理，证书编号 510602200305220101
质量、安全监督手续	已办理，证书号分别为质[03]78，安[03]89

建设单位(公章)	监理单位(公章)	施工单位(公章)	主管部门意见(公章)
项目负责人：××× ×年×月×日	总监理工程师：××× ×年×月×日	项目负责人：××× ×年×月×日	主管负责人：××× ×年×月×日

注：本表一式五份，建设单位、监理单位、施工单位、主管部门、城建档案馆各一份。

工程开工报审表　　　　　　　　　　　附表 3-3

工程名称	北京××办公楼	施工编号	00-00-C3-001
		监理编号	B2-001
		日期	201×年 09 月 18 日

致××监理公司(监理单位)

　　我方承担的北京×××办公楼工程,已完成了以下各项工作,具备了开工条件,特此申请施工,请核查并签发开工指令。

附件:

　　1. 施工许可证已获建设主管部门批准下发(附施工许可证复印件)。　　(√)

　　2. 施工组织设计已获总监理工程师批准。　　(√)

　　3. 我方现场管理人员已到位,机具施工人员已进场,主要材料已落实。　　(√)

　　4. 水、电、路已通,具备开工条件　　(√)

施工总承包单位(公章)

项目经理:马××

审查意见:

所报工程动工资料齐全、有效,具备动工条件,同意按计划时间开工

监理单位　××监理公司

总监理工程师　孙××

日期　201×年 09 月 18 日

危险性较大分部分项工程施工方案专家论证表　　附表 3-4

工程名称		北京××办公楼		编号		00-00-C2-001
施工总承包单位		北京××建设集团公司		项目负责人		丁××
专业承包单位		××岩土工程有限公司		项目负责人		田××
分项工程名称		土方开挖深基抗支护				

<table>
<tr><td colspan="7" align="center">专家一览表</td></tr>
<tr><td>姓名</td><td>性别</td><td>年龄</td><td>工作单位</td><td>职务</td><td>职称</td><td>专业</td></tr>
<tr><td>胡××</td><td>男</td><td>35</td><td>××市××勘察设计院</td><td>总工</td><td>高级工程师</td><td>岩土</td></tr>
<tr><td>李××</td><td>男</td><td>48</td><td>××市××建筑有限公司</td><td>总工</td><td>高级工程师</td><td>岩土</td></tr>
<tr><td>汉××</td><td>男</td><td>44</td><td>××市××建筑有限公司</td><td>技术部主任</td><td>高级工程师</td><td>岩土</td></tr>
<tr><td>徐××</td><td>男</td><td>46</td><td>××市××建筑有限公司</td><td>工程部主任</td><td>高级工程师</td><td>结构</td></tr>
<tr><td>薛××</td><td>女</td><td>41</td><td>××市××建筑有限公司</td><td>质量部主任</td><td>高级工程师</td><td>结构</td></tr>
<tr><td></td><td></td><td></td><td></td><td></td><td></td><td></td></tr>
<tr><td></td><td></td><td></td><td></td><td></td><td></td><td></td></tr>
<tr><td></td><td></td><td></td><td></td><td></td><td></td><td></td></tr>
</table>

专家论证意见:通过审查地质勘察报告、施工方案和现场勘察,认为方案设计合理,安全先进,各项措施周密细致,具有可行性。专家组所有成员一致该方案通过论证 　　　　　　　　　　　　　　　　　　　　　　　　　　201×年 10 月 28 日	
签字栏	组长:胡×× 专家:胡××、李××、汉××、薛××、徐××

053

技术交底记录

附表 3-5

工程名称	北京××办公楼	编号	01-02-C2-001
		交底日期	201×年 10 月 15 日
施工单位	北京××建设集团公司	分项工程名称	框架柱、梁、板混凝土浇筑
交底摘要	框架柱、梁、板混凝土浇筑	页数	共 3 页，第 1 页

交底内容：

框架柱、梁、现浇板楼梯混凝土浇筑交底

一、材料要求

商品混凝土：配合比通知单，混凝土运输单。

二、主要机具：插入式振捣器、木抹子、平锹、平板振动器等。

三、作业条件

1. 浇筑混凝土层段的模板、钢筋、预埋铁件有管线等全部安装完毕，经检查符合设计要求，并办完隐、预检手续。

2. 浇筑混凝土用的架子及马道及支出搭设完毕并经检查合格。

四、工艺流程

作业准备→柱、梁、板、剪力墙、楼梯混凝土浇筑与振捣→养护。

五、操作工艺

（一）作业准备

1. 浇筑前应将模板内的垃圾、泥土等杂物及钢筋上的油污清除干净，并检查钢筋的保护层垫块是否垫好，钢筋的保护层垫块是否符合规范要求。

2. 如使用木模板时应浇水使模板湿润，柱子模板的扫除口应在清除杂物及积水后再封闭。

3. 施工缝的松散混凝土及混凝土软弱层已剔除清净，露出石子，并浇水湿润，无明水。

4. 梁、柱钢筋的钢筋定距框已安装完毕，并经过隐、预检。

（二）混凝土浇筑与振捣的一般要求

1. 混凝土自吊斗口下落的倾落高度不得超过 2m，如超过 2m 必须采取相应措施。

2. 浇筑混凝土时应分段分层连续进行，浇筑层高度应根据混凝土的供应能力、方量、初凝时间、结构特点及钢筋疏密来考虑决定，一般为振捣器长度的 1.25 倍。

3. 使用插入式振捣器应快插慢拔，插点要均匀排列，逐点移动，顺序进行，

不得遗漏，做到均匀振实。移动间距不大于振捣作用半径的 1.25 倍（300～400mm），振捣上一层时应插入下层 5～10m，以使两层混凝土结合牢固。振动棒不得触及钢筋和模板，平板振动器的移动间距，应保证它的平板覆盖已振实部分的边缘

交底内容：

4. 浇筑应连续进行，如必须间歇尽量缩短间歇时间，并应在前层混凝土初凝前将次层浇筑完毕，如超过 2 小时应按施工缝处理。

5. 浇筑混凝土时应经常观察模板、钢筋、预留孔洞、预埋件和插筋等有无移动、变形或堵塞情况，发现问题应立即处理，并应在已浇筑的混凝土初凝前修正完好。

（三）柱的混凝土浇筑

1. 柱浇筑前底部应先填 5～10m 厚与混凝土相同配合比的砂浆，然后分层浇筑振捣，使用插入式振捣器时每层厚度不大于 50cm，振捣棒不得触动钢筋和预埋件。

2. 分段浇筑时在模板侧面开洞安装斜溜槽，每段不得超过 2m，每段浇筑后将洞口封闭严实，并箍牢。

3. 柱混凝土应一次浇筑完毕，如需留施工缝时应留在主梁下面，在于梁板整体浇筑时，应在柱浇筑完毕后停歇 1～1.5 小时，使其初步沉实，再继续浇筑。

4. 浇筑完后，应及时将伸出的搭接钢筋整理到位。

（四）梁、板混凝土浇筑

1. 梁、板应同时浇筑，浇筑方法应由一端开始用"赶浆法"，即先浇筑梁，根据梁高分层浇筑成阶梯形，当达到板底位置时再与板混凝土一起浇筑。

2. 梁柱节点钢筋较密时，应采用细石混凝土浇筑，并用小直径振捣棒振捣。

3. 浇筑板混凝土的虚铺厚度应略大于板厚，用插入式振捣器或平板振动器来回振捣，并用铁插尺检查厚度，振捣完毕后用长木抹子抹平。施工缝处或有预埋件及插筋处用木抹子找平。

（五）养护

混凝土浇筑完毕后，应在 12 小时内加以覆盖和浇水，浇水次数应能保持混凝土有足够的湿润状态，养护期一般不少于 7 天。

六、成品保护

1. 要保证钢筋和垫块的位置正确，不得踩楼板的分布筋、弯起钢筋，不碰动预埋件和插筋。在楼板上搭设浇筑混凝土使用的跑道时，保证楼板钢筋的负弯矩钢筋的位置。

2. 不得用重物冲击模板，不在梁或侧模板上踩踏，应搭设跳板，保持模板的牢固和严密

签字栏	交底人	宋××	审核人	丁××
	接受交底人	陈××、张××、李××、汤××、杨××		

施工日志 附表3-6

工程名称	北京××办公楼	编号	00-00-C1-009
		日期	201×年 03 月 11 日
施工单位	北京××建设集团公司		
天气状况	风力		最高/最低温度(℃)
晴	2~3级		10/20

施工情况记录:(施工部位、施工内容、机械使用情况、劳动力情况,施工中存在问题等)。
地下一层
1. 五层顶板、梁、楼梯①~④/A~B浇筑混凝土,塔吊作业,混凝土班组 12 人。
2. 六层墙体、柱②~⑤/B~E轴顶板、梁、楼梯模板支设,木工班组 10 人

技术、质量、安全工作记录:(技术、质量安全活动、检查验收、技术质量安全问题等)
1. 建设、监理、施工单位在现场召开技术质量安全工作会议。
会议决定:
(1)施工单位必须加快施工进度,保证按合同约定完成。
(2)回填土工程要加强重视,按规范做取样试验。
(3)对施工中发现问题如模板固定不牢,钢筋绑扎错位情况,应立即返修并整改复查,必须符合设计、规范要求。
(4)安全生产方面:本周由建设单位牵头,对所有工地进行安全大检查,对发现的问题将严肃处理。
2. 质量验收部位:五层顶板、梁、楼梯钢筋绑扎验收完成

记录人(签字)	李××

建设工程质量事故报告书 附表3-7

工程名称	北京××办公楼	资料编号	00-00-C1-×××
		建设地点	北京市××区××路××号
建设单位	北京××集团开发公司	设计单位	××建筑设计有限公司
施工单位	北京××建设集团公司	建筑面积(m²) 工作量(元)	12453m² ××万元
结构类型	框架、剪力墙	事故发生时间	201×年 11 月 10 日
上报时间	201×年 11 月 12 日	经济损失(元)	10000 元以上

事故经过、后果与原因分析:
　201×年 11 月 10 日在地下一层梁混凝土施工时,由于振捣工没有按照混凝土振捣操作规程操作,在地下一层①~②/A~B轴梁处漏振,致使混凝土发生蜂窝、露筋、露石、孔洞等质量缺陷

事故发生后采取的措施:
　经研究决定,对上述部位进行返工处理,重新浇筑混凝土

事故责任单位、责任人及处理意见:
事故责任单位:混凝土施工班组
责任人:振捣工钱××
处理意见:
1. 对直接责任者进行质量意识教育,切实加强混凝土操作规程培训学习及贯彻执行,经考核合格后持证上岗,并处以适当经济处罚。
2. 对所在班组提出批评,切实加强施工过程质量控制。

结论:经返工处理后,达到施工规范要求

负责人	唐××	报告人	孙××	日期	201×年 11 月 12 日

建设工程质量事故调查、勘查记录

工程名称	北京××办公楼		编号	00-00-C1-001
			日期	201×年 11 月 10 日
调(勘)查时间	201×年 11 月 10 日 9 时 05 分至 10 时 08 分			
调(勘)查地点	××市××区××路××号(建设地点)			
参加人员	单位	姓名	职务	电话
被调查人	北京××建设集团公司	钱××	振捣工	1350×××1456
陪同调(勘)查人员	北京××集团开发公司	高××	土建工程师	1580×××1467
	××监理公司	夏××	监理员	1340×××1214
调(勘)查笔录	201×年 11 月 10 日在地下室剪力墙混凝土施工时，由于振捣工没有按照混凝土振捣操作规程操作，在地下一层①～③/A～B 轴梁混凝土漏振，致使墙体出现蜂窝、露筋、露石、孔洞等质量缺陷。估计直接经济损失在 1.0 万元以上			
现场证物照片	☑ 有　　□ 无　　共 8 张　　共 8 页			
事故证据资料	☑ 有　　□ 无　　共 12 条　　共 5 页			
被调查人签字	钱××	调(勘)查人签字		高××　　夏××

图纸会审记录

工程名称	北京××办公楼		编号	00-00-C2-001
			日期	201×年 08 月 20 日
设计单位	××建筑设计有限公司		专业名称	结构
地点	施工现场会议室		页数	共 1 页，第 1 页
序号	图号	图纸问题	答复意见	
1	结施-02	楼梯的剖面图标高与建筑图不符，以哪个为准	以结构图为准	
2	结施-05	Ⅰ-Ⅰ剖面图与结构平面不符	以剖面图为准	
3	结施-08	结施 09 中梁底标高 2.8m 是否改为梁顶标高－2.8m	2.8m	
签字栏	建设单位	监理单位	设计单位	施工单位
	王××	孙××	冯××	马××

工程变更单　　　　　　　　　　　　　　附表 3-10

工程名称：×××大厦　　　　　　　　　　　　　　　　　　　　编号：××-××

致×××工程建设监理公司(监理单位)：
　　由于×××投资开发公司发出《0801号通知》的原因，兹提出取消保姆房卫生间的隔墙、上下水管及照明管线与灯具等工程变更(内容见附件)，请予以审批。
　　附件：
　　1.×××投资开发公司发《0801号通知》
　　2.取消保姆房卫生间的有关工程内容。

　　提出单位(公章)：　　　　　项目负责人(签字)：×××　　　　×年×月×日

一致意见：
　　该变更不影响结构安全和使用功能，同意变更。

　　建设单位代表　　　　　设计单位代表　　　　　项目监理机构　　　　　承包单位代表

　　(签字)：×××　　　　(签字)：×××　　　　(签字)：×××　　　　(签字)：×××
　　×年×月×日　　　　　×年×月×日　　　　　×年×月×日　　　　　×年×月×日

注：本表一式五份，建设单位、监理单位、设计单位、施工单位、城建档案馆各一份。

工程洽商记录　　　　　　　　　　　　　　附表 3-11

工程名称	北京××办公楼工程	编号	00-00-C2-001
		日期	201×年06月05日
提出单位	北京××建设集团公司	专业名称	建筑
洽商摘要	做法变更	页数	共1页，第1页
序号	图号	洽商内容	
1	建施-01	外墙首、二层原设计为外墙涂料，经建设单位同意，现改为粘砖。	
2	建施-02	应建设单位要求，厚1/2×轴处地下储藏室取消，北墙向南移3000，并在此增设2600×2000的门洞口	

签字栏	建设单位	设计单位	监理单位	施工单位
	王××	冯××	孙××	马××

工程定位测量记录

工程名称	北京××办公楼工程	编号	00-00-C5-×××
		图纸编号	总施-1
委托单位	北京××建设集团公司	施测日期	201×年 09 月 15 日
复测日期	201×年 09 月 20 日	平面坐标依据	××市测绘设计院××测绘分院××××普测××××
高程依据	××市测绘设计院××测绘分院××××普测××××	使用仪器	DZS3-1 水准仪
允许误差	$m_\beta=6''$，$k\leqslant 1/10000$，$f_n\leqslant\pm 12\sqrt{L}$mm	仪器校验日期	201×年××月××日

定位抄测示意图:(略)

复测结果:
  平面控制网测角误差 $m_\beta=6''$，边长相对误差 $k=1/25200$，高程控制网闭合差 $f_h=3$mm，符合《工程测量技术规范》DB11/T 446—2007 中三等水准测量精度及设计要求

签字栏	施工单位	北京××建设集团公司	测量人员岗位证书号	×××	专业技术负责人	许××
	施工测量负责人	孙××	复测人	张××	施测人	梁××
	监理或建设单位	××监理公司			专业工程师	张××

建筑物垂直度、标高观测记录

工程名称	北京××办公楼	编号	00-00-C3-001
施工阶段	工程竣工	观测日期	201×年 12 月 02 日

观测说明(附观测示意图):
1. 用 2″精度激光水准仪配合量距测得全高、垂直度。
2. 用计量 50m 钢尺外加三项改正,量得总高偏差。
3. 位置见附图(略)

垂直度测量(全高)		标高测量(全高)	
观测部位	实测偏差(mm)	观测部位	实测偏差(mm)
A 轴	偏南 2	轴	＋2
A 轴	偏东 5		
①轴	偏西 3	轴	＋3
①轴	偏南 6		

  结论:经实测,本工程建筑垂直度(全高),偏差最大 3mm,标高(全高)偏差最大 3mm,符合《工程测量规范》GB 50026—2007 及设计要求

签字栏	施工单位	北京××建设集团公司	专业技术负责人	专业质检员	施测人
			宋××	田××	汤××
	监理或建设单位	××监理公司		专业工程师	张××

隐蔽工程验收记录（通用）　　　　　附表 3-14

工程名称	北京××办公楼		编号	02-01-C5-×××
隐检项目	钢筋安装		隐检日期	20××年10月10日
隐检部位	基础底板　层　　①～⑩　轴线　　标高－7.12			

隐检依据:施工图号　　结施-1、结施-3　　　　　　　　,设计变更/洽商/技术核定单(编号∠──　)及有关国家现行标准等。
主要材料名称及规格/型号:　　钢筋　Φ25、Φ22、Φ20、Φ16、Φ14、Φ12、Φ8、Φ10　　　　

隐检内容:
1. 钢筋有出厂合格证和质量证明文件,钢筋原材复试报告合格。
2. 基础底板钢筋保护层:下部钢筋40mm,上部钢筋25mm;地下室外墙外侧钢筋50mm,外墙内侧钢筋15mm;内墙钢筋保护层15mm;下部钢筋保护层采用预制水泥垫块,外墙外侧钢筋采用塑料卡圈。
3. 马镫间距1500mm,平行成排布置。
4. 基础底板板厚600mm,钢筋双层双向,X:下铁Φ20@200mm、上铁Φ22@200mm,Y:下铁Φ20@200mm、上铁Φ22@200mm,双排双向间距均匀。上铁弯钩平直长度为500mm。后浇带处加筋上下铁均匀Φ25@200.
5. 墙插筋:Φ16@200锚固长度为29d即464mm;Φ20@200、Φ22@200锚固长度34d即Φ20为680mm、Φ22为750mm;水平筋Φ14@200、Φ16@200,搭接长度为29d×1.2即Φ14为490mm、Φ16为560mm。拉筋φ10@400。墙体钢筋下部弯折10d水平段,即Φ14为140mm、Φ20为20mm、Φ22为220mm,竖向锚固插至板底筋上部,上部错开接头,错开率50%,错开净距500mm。
6. 柱插筋采用Φ25,箍筋为φ10底板内上中下三道;柱钢筋水平弯头10d,即为250mm,竖向插至板底筋上部,上部接头区错开50%,错开净距35d,即为880mm。
7. 主梁:主筋为Φ25钢筋,箍筋采用Φ12钢筋,间距@150mm;
8. 绑扎丝扣全部采用"八"字扣绑扎,绑扎丝头朝向,钢筋表面洁净,无附着物及锈蚀

检查结论:
1. 钢筋品种、级别、规格、数量、位置、间距符合设计要求。
2. 钢筋绑扎安装质量牢固,无漏扣现象,观感符合要求。
3. 墙体定位梯子筋各部位尺寸及间距准确并与主筋绑牢。
4. 钢筋无锈蚀、无污染,进场复试合格。
符合设计要求和《混凝土结构工程施工质量验收规范》GB 50204—2015规定
☑同意隐蔽　　　　　□不同意隐蔽,修改后复查

复查结论:
复查人:　　　　　　　　　复查日期:

签字栏	施工单位	北京××建设集团公司	专业技术负责人	专业质检员	专业工长
			宋××	田××	刘××
	监理或建设单位	××监理公司		专业工程师	张××

地基验槽记录 附表 3-15

工程名称	北京××办公楼	编号	01-05-C5-001
验槽部位	基槽 1~29/A~H 轴	验槽日期	201×年 9 月 25 日

依据:施工图号　结总-1,结施-1、结施-2、地质勘察报告(编号××)　、
　　　设计变更/洽商/技术核定编号　　　　　　/　　　　　　及有关规范、规程。

验槽内容:
1. 基槽开挖至勘探报告第___××___层,持力层为___××___层。
2. 土质情况___2 类黏土___基底为老土层,均匀密实。___
3. 基坑位置、平面尺寸___位置、平面尺寸符合规范规定___。
4. 基底绝对高程和相对标高___绝对高程××,××m,相对标高－7.82m。

申报人:朱××

检查结论:
1. 基底标高、基底轮廓尺寸、工程定位符合设计要求;
2. 槽底土质均匀密实,与地质勘察报告(地勘××-43)相符,清槽工作到位,无地下水,同意地基验槽

☑无异常,可进行下道工序　　　　□需要地基处理

签字公章栏	施工单位	勘察单位	设计单位	监理单位	建设单位
	丁××	梁××	王××	孙××	李××

砌筑砂浆试块强度统计、评定记录

附表 3-16

工程名称	北京××办公楼工程				编号			02-02-C6-003	
					强度等级			M7.5	
施工单位	北京××建设集团公司				养护方法			标准养护	
统计期	20×年6月28日至201×年7月20日				结构部位			填充墙砌体	
试块组数 n	强度标准值 f_2(MPa)		平均值 $f_{2,\pi}$(MPa)		最小值 $f_{2,min}$(MPa)			$0.75f_2$	
5	7.5		12.1		12.8			5.63	
每组强度值 MPa	14.6	12.8	14.3	14.2	14.8				
判定式	$f_{2,m} \geq f_2$				$f_{2,mim} \geq 0.75f_2$				
结果	合格				合格				
结论:依据《砌体工程施工质量验收规范》GB 50203—2011 第4.0.12条,评定为合格									
签字栏	批准			审核			统计		
	马××			张××			朱××		
	报告日期			201×年07月20日					

混凝土试块强度统计、评定记录

附表 3-17

工程名称	北京××办公楼				编号			02-01-C6-002	
					强度等级			C30	
施工单位	北京××建设集团公司				养护方法			标准养护	
统计期	201×年12月14日至201×年7月23日				结构部位			主体顶板、梁、柱	
试块组 n	强度标准 $f_{cu,k}$(MPa)		平均值 m_{fcu}(MPa)		标准差 S_{fcu}(MPa)		最小值 $f_{cu,min}$(MPa)	合格判定系数 λ_1	λ_2
13	30.0		46.52		8.84		36.1	1.70	0.90
每组强度值(MPa)	50.4	36.1	40.8	39.4	58.0	37.7	36.8	57.3	56.7	51.6
	57.5	42.5	39.9							
评定界限	☑统计方法(二)					□非统计方法				
	mf_{cu}		$m_{fcu}+\lambda_1 \times S_{fcu}$		$\lambda_2 \times f_{cu,k}$		$\lambda_3 f_{cu,k}$		$\lambda_4 \times f_{cu,k}$	
	27		31.49		27					
判定式	$m_{fcu} \geq f_{cuk}+\lambda_1 \times S_{fcu}$		$f_{cuk} \geq \lambda \times f_{cu,k}$			$m_{fcu} \geq \lambda_3 f_{cu,k}$		$f_{cu,min} \geq \lambda_4 f_{cu,k}$		
结果	31.49×27 合格		36.1>27 合格							
结论: 符合《混凝土强度检验评定标准》GB/T 50107—2010 要求,合格										
签字栏	批准			审核			统计			
	丁××			马××			朱××			
	报告日期			201×年07月23日						

沉降观测记录

附表 3-18

工程名称：××××

编号：×××
控制水准点：位置：×××
高程：×××

观测日期	永久水准点标高(m)	观测点：1				观测点：2				观测点：3				观测点：4				建筑物状态和荷重增加情况
		高程(m)	沉降量(mm)			高程(m)	沉降量(mm)			高程(m)	沉降量(mm)			高程(m)	沉降量(mm)			
			本次	累计			本次	累计			本次	累计			本次	累计		
×年×月×日	485	535	1	1		535	2	2		535	1	1		535	2	2		一层主体完
×年×月×日	485	535	0.5	1.5		535	1	3		535	2	3		535	0.5	2.5		二层主体完

建(构)筑物观测点、水准基点平面布置示意图：略

竣工移交前观测点结果及处理意见：

施工单位		
施工技术负责人：(签字)		质检(测量)员：(签字)
×××　×年×月×日		×××　×年×月×日
监理工程师注册方章		监理测量人员：(签字)
×××　×年×月×日		×××　×年×月×日

注：本表一式三份，建设单位、施工单位、城建档案各一份。

地下工程渗漏水检测记录 附表3-19

工程名称		结构类型	
防水等级		检测部位	
渗漏水量检测	1 单个湿渍的最大面积 m²;总湿渍面积 m²		
	2 每100m²的渗水量 L/(m²·d);整个工程平均渗水量 L/(m²·d)		
	3 单个漏水点的最大漏水量 L/d;整个工程平均漏水量 L/(m²·d)		
结构内表面的渗漏水展开图	(渗漏水现象用标识符号描述)		
处理意见与结论	(按地下工程防水等级标准)		
会签栏	监理或建设单位(签章)	施工单位(签章)	
		项目技术负责人 / 质量员 / 施工员	
	年 月 日	年 月 日	

防水工程试水检查记录 附表3-20

工程名称	北京××办公楼	编号	03-01-C5-×××
检查部位	六层卫生间	检查日期	201×年6月11日
检查方式	☑第一次蓄水 □第二次蓄水	蓄水时间	从201×年6月10日8时 从201×年6月11日8时
	□淋水 □雨期观察		

检查方法及内容:

卫生间、楼地面防水层完工后必须进行蓄水试验;卫生间外地面比卫生间防水层高20mm,用球塞(或棉丝)把地漏堵严密且不影响试水,然后进行放水,门口处水位为20mm,蓄水时间为24h

检查结论:

蓄水24小时后全面检查,所有卫生间地面无渗漏

复查结论:

复查人: 复查日期:

签字栏	施工单位	北京××建设公司	专业技术负责人	专业质检员	专业工长
			宋××	田××	张××
	监理或建设单位	××监理公司	专业工程师	张××	

卫生器具蓄水试验记录

附表 3-21

工程名称	锦绣大厦工程			分项工程名称		给水卫生器具	
验收部位	一层			施工单位		宏大安装公司	
项目负责人	×××	专业工长		×××	施工班组长		×××
序号	名称	部位	盛水规定时间(h)	盛水高度	检查数量	试验结果和处理情况	班组自检签字
1	倒水池	卫生间	≥24	低地放满高地放 2/3	1	经过规定时间蓄水，无渗漏	×××
2	水盆拖布池	卫生间	≥24	2/3	1	经过规定时间蓄水，无渗漏	×××
3	大便器水箱	卫生间	2	按要求	4	经过规定时间蓄水，无渗漏，启用正常	×××
4	洗面盆	卫生间	2	2/3	1	经过规定时间蓄水，无渗漏，启用正常	×××
5	化验盆	卫生间	2	2/3	2	经过规定时间蓄水，无渗漏，启用正常	×××
6	浴缸	卫生间	2	至溢水水口	1	经过规定时间蓄水，无渗漏，启用正常	×××
7	洗水槽	卫生间	2	2/3	1	经过规定时间蓄水，无渗漏，启用正常	×××
8							
9							
施工单位检查评定结果	经检查符合规范要求，合格。 项目专业质量检验员：(签字)　　项目专业质量(技术)负责人：(签字) ×年×月×日						
监理(建设)单位验收结论	符合规范，同意验收。 监理工程师(建设单位项目技术负责人)：(注册方章) ×年×月×日						

注：本表一式四份，建设单位、监理单位、施工单位、城建档案馆各一份。

接地电阻测试记录（通用）

附表 3-22

工程名称	北京××办公楼		编号		07-07-C6-001
			测试日期		××××年××月××日
仪表型号	ZC-8	天气情况	晴	气温(℃)	20
接地类型	☑防雷接地　□计算机接地　□工作接地 □保护接地　□防静电接地　□逻辑接地 □重复接地　□综合接地　□医疗设备接地				
设计要求	□≤10Ω　□≤4Ω　☑≤1Ω □≤0.1Ω　□≤　Ω　□				
测试部位：1、2、3、4 号接地电阻测试点					
测试结论： 经测试计算，接地电阻值为 0.1Ω，符合设计要求和《建筑电气工程施工质量验收规范》GB 50303—2002 规定					
签字栏	施工单位	北京××建设集团公司			
	专业技术负责人	专业质检员	专业工长		专业测试人
	赵××	邓××	关××		李×× 王××
	监理或建设单位	××监理公司		专业工程师	阚××

通风与空调工程系统风量测试记录 附表 3-23

工程名称	×××工程			分项工程名称	通风空调
设计图号	24/30			测试日期	×年×月×日
测试单位	××公司			项目负责人	×××
系统编号	管段编号	管段名称	管段规格（mm）	室外温度及湿度	测试仪器型号
SF-1	1	送风空管	1000×400		
测孔编号	测孔距离	测孔平均动压(Pa)	测孔风速(m/s)	管段截面平均风速(m/s)	管段截面积(m²)	风量 m³/h
	200mm			7.4	0.4	10656
1			6.4			
2			7.2			
3			7.1	附图及说明	略	
4			6.5			
5						

测试结论	测量按规定执行,测定总风量与设计值偏差符合规范规定

参加单位	测试单位	安装单位	监理(建设)单位
	项目负责人:(签字) 测试人:(签字)	项目负责人:(签字)	监理工程师(项目负责人):(签字)
	×年×月×日	×年×月×日	×年×月×日

注：本表一式四份、建设单位、施工单位、监理单位、城建档案馆各一份。

065

电梯负荷运行试验记录 附表 3-24

电梯负荷运行试验记录							
工程名称	北京××办公楼工程			编号		10-01-C6-001	
				试验日期		201×年11月28日	
电梯类型	××			制造厂家		××电梯工程有限公司	
电梯编号	001	额定速度	1.5m/s	额定载荷	1000KG	层站	10/10
电机功率	15kW	实测速度	1.49m/s	额定转速	1420r/min	电流	35A
仪表型号	电流表：	M890		电压表：	M890D	转速度	HT-331

工况荷重(%)	(kg)	方向	电压(V)	电流(A)	轿厢速度(m/s)	电机转速(r/min)
0	0	上	385	5.0	1419	1.49
		下	385	22.0	1419	1.49
25	260	上	385	8.6	1419	1.49
		下	385	14.5	1420	1.50
50	500	上	384	11.5	1418	1.49
		下	385	9.5	1420	1.49
75	760	上	385	15.5	1420	1.49
		下	386	6.8	1418	1.49
100	1000	上	384	20.0	1418	1.49
		下	385	3.5	1419	1.49

测试内容	平衡系统	45%	结论
	平衡载上、下行电流误差	符合要求	测试合格
	平衡载上、下行速度误差	符合要求	
	减速机油温升	符合要求	
	制动器线圈温升	符合要求	

签字栏	施工单位	北京××建设集团公司	专业技术负责人	专业质检员	专业工长
			周××	吕××	施××
	监理或建设单位	××监理公司	专业工程师	张××	

检验批质量验收记录　　　编号：_____　　　

单位(子单位)工程名称		分部(子分部)工程名称		分项工程名称	
施工单位		项目负责人		检验批容量	
分包单位		分包单位项目负责人		检验批部位	
施工依据			验收依据		

		验收项目	设计要求及规范规定	最小/实际抽样数量	检查记录	检查结果
主控项目	1					
	2					
	3					
	4					
	5					
	6					
	7					
	8					
	9					
	10					
一般项目	1					
	2					
	3					
	4					
	5					

施工单位检查结果	专业工长： 项目专业质量检查员： 　　　　　　　年 月 日
监理单位验收结论	专业监理工程师： 　　　　　　　年 月 日

土方回填工程检验批质量验收记录

01050201 ___001

068

单位(子单位)工程名称	北京龙旗广场筑业大厦	分部(子分部)工程名称	地基与基础/土方	分项工程名称		土方回填
施工单位	北京工建标建筑有限公司	项目负责人	赵斌	检验批容量		50m²
分包单位	/	分包单位项目负责人	/	检验批部位		1～7/A～C轴土方
施工依据	《建筑地基处理技术规范》JGJ 79—2012		验收依据	《建筑地基基础工程施工质量验收规范》GB 50202—2002		

		验收项目		设计要求及规范规定		最小/实际抽样数量	检查记录	检查结果
主控项目	1	标高	桩基基坑基槽		−50	10/10	抽查10处,合格10处	√
			场地平整	人工	±30	/	/	
				机械	±50	/	/	
			管沟		−50	/	/	
			地(路)面基础层		−50	/	/	
	2	分层压实系数		设计要求		10/10	抽查10处,合格10处	√
一般项目	1	回填土料		设计要求		10/10	抽查10处,合格10处	100%
	2	分层厚度及含水量		设计要求		10/10	抽查10处,合格10处	100%
	3	表面平整度	桩基基坑基槽		20	10/10	抽查10处,合格10处	100%
			场地平整	人工	20	/	/	
				机械	30	/	/	
			管沟		20	/	/	
			地(路)面基础层		20	/	/	

施工单位检查结果	符合要求 专业工长：王永东 项目专业质量检查员：郝琛敬 2014 年××月××日
监理单位验收结论	合格 专业监理工程师：刘东 2014 年××月××日

砖砌体检验批质量验收记录

附表 3-27

02020101___001

单位(子单位) 工程名称	北京龙旗广场 筑业大厦	分部(子分部) 工程名称	主体结构/ 砌体结构	分项工程名称	砖砌体
施工单位	北京工建标建 筑有限公司	项目负责人	赵斌	检验批容量	50m³
分包单位	/	分包单位 项目负责人	/	检验批部位	三层墙 A～ G/1～9 轴
施工依据	《砌体结构工程施工规范》 GB 50924—2014		验收依据	《砌体结构工程施工质量验收规范》 GB 50203—2011	

		验收项目	设计要求及规范规定	最小/实际 抽样数量	检查记录	检查结果
主控项目	1	砖强度等级必须符合 设计要求	设计要求 MU__10__	/	见证复验合格, 报告编号××	√
	2	砂浆强度等级必须符 合设计要求	设计要求 M__10__	/	见证复验合格, 报告编号××	√
	3	砂浆饱 满度	墙水平灰缝 ≥80%	5/5	抽查5处,合格5处	√
			柱水平及竖向灰缝 ≥90%	/		
	4	转角、交接处	第5.2.3条	5/5	抽查5处,合格5处	√
	5	斜槎留置	第5.2.3条	/		
	6	直槎拉结钢筋及接槎处理	第5.2.4条	5/5	抽查5处,合格5处	√
一般项目	1	组砌方法	第5.3.1条	5/5	抽查5处,合格5处	100%
	2	水平灰缝厚度	8～12mm	5/5	抽查5处,合格5处	100%
	3	竖向灰缝宽度	8～12mm	5/5	抽查5处,合格5处	100%
	4	轴线位移	≤10mm	全/16	共16处,全部检查,合格16处	100%
	5	基础、墙、柱顶面标高	±15mm 以内	5/5	抽查5处,合格5处	100%
	6	每层墙面垂直度	≤5mm	5/5	抽查5处,合格5处	100%
	7	表面平 整度	清水墙柱 ≤5mm	5/5	抽查5处,合格5处	100%
			混水墙柱 ≤8mm	/		
	8	水平灰缝 平直度	清水墙 ≤7mm	5/5	抽查5处,合格5处	100%
			混水墙 ≤10mm	/		
	9	门窗洞口高、宽(后塞口)	±10mm 以内	5/5	抽查5处,合格5处	100%
	10	外墙上下窗口偏移	≤20mm	5/5	抽查5处,合格5处	100%
	11	清水墙游丁走缝	≤20mm	5/5	抽查5处,合格5处	100%

施工单位 检查结果	符合要求 专业工长：王晨 项目专业质量检查员:孔凡民 2014 年××月××日
监理单位 验收结论	合格 专业监理工程师：刘东 2014 年××月××日

水磨石面层检验批质量验收记录

03010203　001

单位(子单位)工程名称	北京龙旗广场筑业大厦	分部(子分部)工程名称	建筑装饰装修/建筑地面	分项工程名称	整体面层铺设
施工单位	北京工建标建筑有限公司	项目负责人	赵斌	检验批容量	20间
分包单位	北京宏伟建筑装饰工程有限公司	分包单位项目负责人	王阳	检验批部位	二层楼面1～10/A～E轴面层
施工依据	北京龙旗广场筑业大厦装饰装修施工方案		验收依据	《建筑地面工程施工质量验收规范》GB 50209—2010	

		验收项目		设计要求及规范规定	最小/实际抽样数量	检查记录	检查结果
主控项目	1	材料质量		第5.4.8条	1/1	质量证明文件齐全,试验合格,报告编号××××	√
	2	拌合料体积比(水泥：石料)		1:1.5～1:2.5	1/1	试验合格、报告编号××××	√
	3	防静电面层		第5.4.10条	3/3	抽查3处,合格3处	√
	4	面层与下一层结合		第5.4.11条	3/3	抽查3处,合格3处	√
一般项目	1	面层表面质量		第5.4.12条	3/3	抽查3处,合格3处	100%
	2	踢脚线		第5.4.13条	3/3	抽查3处,合格3处	100%
	3	楼梯、台阶踏步	踏步尺寸及面层质量	第5.4.14条	3/3	抽查3处,合格3处	100%
			楼层梯段相邻踏步高度差	10mm	3/3	抽查3处,合格3处	100%
			每踏步两端宽度差	10mm	3/3	抽查3处,合格3处	100%
			旋转楼梯踏步两端宽度	5mm	3/3	抽查3处,合格3处	100%
	4	允许偏差	表面平整度 高级水磨石	2mm	3/3	抽查3处,合格3处	100%
			表面平整度 普通水磨石	3mm	/	/	
			踢脚线上口平直	4mm	3/3	抽查3处,合格3处	100%
			缝格平直 高级水磨石	2mm	3/3	抽查3处,合格3处	100%
			缝格平直 普通水磨石	3mm	/	/	

施工单位检查结果	符合要求　　　　　　　专业工长：高爱云 项目专业质量检查员：张伟浩 2014年××月××日
监理单位验收结论	合格 专业监理工程师：刘东 2014年××月××日

找平层检验批质量验收记录　　　　　　　　附表 3-29

04010201 ___001___

单位(子单位) 工程名称	北京龙旗广场 筑业大厦	分部(子分部) 工程名称	屋面/基层 与保护	分项工程名称	找平层
施工单位	北京工建标建 筑有限公司	项目负责人	赵斌	检验批容量	800m²
分包单位	/	分包单位 项目负责人	/	检验批部位	1~4/A~ D轴屋面
施工依据	《屋面工程技术规范》 GB 50345—2012		验收依据	《屋面工程质量验收规范》 GB 50207—2012	

		验收项目	设计要求及 规范规定	最小/实际 抽样数量	检查记录	检查结果
主控项目	1	材料质量及配合比	设计要求	/	检验合格,报告编号 ×××××	√
	2	排水坡度	设计要求_3_%	8/8	抽检8处,合格8处	√
一般项目	1	找平层表面	第4.2.7条	8/8	抽检8处,合格8处	100%
	2	交接处和转角处	第4.2.8条	8/8	抽检8处,合格8处	100%
	3	分格缝的位置和间距	第4.2.9条	8/8	抽检8处,合格8处	100%
	4	找平层表面平整度	5mm	8/8	抽检8处,合格8处	100%
施工单位 检查结果	符合要求 专业工长：何小明 项目专业质量检查员：张浩 2014 年××月××日					
监理单位 验收结论	合格 专业监理工程师：刘东 2014 年××月××日					

板状材料保温层检验批质量验收记录

04020101　001

单位(子单位)工程名称	北京龙旗广场筑业大厦	分部(子分部)工程名称	屋面/保温与隔热	分项工程名称	板状材料保温层
施工单位	北京工建标建筑有限公司	项目负责人	赵斌	检验批容量	800m²
分包单位	/	分包单位项目负责人	/	检验批部位	1～4/A～D轴屋面
施工依据	《屋面工程技术规范》GB 50345—2012		验收依据	《屋面工程质量验收规范》GB 50207—2012	

		验收项目	设计要求及规范规定	最小/实际抽样数量	检查记录	检查结果
主控项目	1	材料质量	设计要求	/	检验合格,报告编号×××	√
	2	保温层的厚度	设计要求 50 mm	8/8	抽查8处,合格8处	√
	3	屋面热桥部位	设计要求	8/8	抽查8处,合格8处	√
一般项目	1	保温材料铺设	第5.2.7条	8/8	抽查8处,合格8处	100%
	2	固定件设置	第5.2.8条	8/8	抽查8处,合格8处	100%
	3	表面平整度	5mm	8/8	抽查8处,合格8处	100%
	4	接缝高低差	2mm	8/8	抽查8处,合格8处	100%

施工单位检查结果	符合要求　专业工长：　项目专业质量检查员：　2014年××月××日
监理单位验收结论	合格　专业监理工程师：　2014年××月××日

卫生器具安装检验批质量验收记录　　　　附表 3-31

05040101 ___001___

单位(子单位) 工程名称	北京龙旗广场 筑业大厦	分部(子分部) 工程名称	建筑给水排水及 供暖/卫生器具	分项工程名称	卫生器具安装
施工单位	北京工建标建 筑有限公司	项目负责人	赵斌	检验批容量	22 件
分包单位	/	分包单位 项目负责人	/	检验批部位	1～3 层
施工依据	室内管道安装施工方案		验收依据	《建筑给排水及采暖工程施工质量验收规范》 GB 50242—2002	

		验收项目			设计要求及 规范规定	最小/实际 抽样数量	检查记录	检查结果
主控 项目	1	排水栓与地漏安装			第7.2.1条	全/22	检查22处,合格22处	√
	2	卫生器具满水试验和通水 试验			第7.2.2条	/	试验合格,报告编号 ××××	√
一般项目	1	卫生器具 安装允 许偏差	坐标	单独器具	10mm	10/10	检查10处,合格9处	90%
				成排器具	5mm	/	/	
			标高	单独器具	±15mm	10/10	检查10处,合格9处	90%
				成排器具	±10mm	/	/	
			器具水平度		2mm	10/10	检查10处,合格9处	90%
			器具垂直度		3mm	10/10	检查10处,合格9处	90%
	2	饰面浴盆,应留有通向浴盆 口的检修门			第7.2.4条	10/10	检查10处,合格10处	100%
		小便槽冲洗管,采用镀锌钢 管或硬质塑料管,冲洗管应斜 向下方安装			第7.2.5条	10/10	检查10处,合格10处	100%
	3	卫生器具的支、托架			第7.2.6条	10/10	检查10处,合格10处	100%

施工单位 检查结果	符合要求 专业工长：刘大力 项目专业质量检查员：李素丽 2014 年××月××日
监理单位 验收结论	合格 专业监理工程师：洪金生 2014 年××月××日

073

开关、插座、风扇安装检验批质量验收记录 　　　　附表 3-32

07051001　001

单位(子单位)工程名称	北京龙旗广场筑业大厦	分部(子分部)工程名称	建筑电气/电气照明	分项工程名称	开关、插座、风扇安装
施工单位	北京工建标建筑有限公司	项目负责人	赵斌	检验批容量	15 件
分包单位	/	分包单位项目负责人	/	检验批部位	B02 层(插座)
施工依据	龙旗广场F座电气施工组织计划		验收依据	《建筑电气工程施工质量验收规范》GB 50303—2002	

		验收项目	设计要求及规范规定	最小/实际抽样数量	检查记录	检查结果
主控项目	1	交流、直流或不同电压等级在同一场所的插座应有区别	第 22.1.1 条	/	/	
	2	插座的接线	第 22.1.2 条	全/15	共 15 处,全部检查,合格 15 处	√
	3	特殊情况下的插座安装	第 22.1.3 条	全/4	共 4 处,全部检查,合格 4 处	√
	4	照明开关的选用、开关的通断位置	第 22.1.4 条	/	/	
	5	吊扇的安装高度、挂钩选用和吊扇的组装及试运转	第 22.1.5 条	/	/	
	6	壁扇、防护罩的固定及试运转	第 22.1.6 条	/	/	
一般项目	1	插座安装和外观检查	第 22.2.1 条	全/15	共 15 处,全部检查,合格 15 处	100%
	2	照明开关的安装位置、控制顺序	第 22.2.2 条	/	/	
	3	吊扇的吊杆、开关和表面检查	第 22.2.3 条	/	/	
	4	壁扇的高度和表面检查	第 22.2.4 条	/	/	

施工单位检查结果	符合要求 专业工长：王家民 项目专业质量检查员：王珺 2014 年××月××日
监理单位验收结论	合格 专业监理工程师：王三川 2014 年××月××日

制冷机组及附属设备安装检验批质量验收记录　　　附表3-33

06060101 ___001___

单位(子单位)工程名称	北京龙旗广场筑业大厦	分部(子分部)工程名称	通风与空调/压缩式制冷(热)设备系统	分项工程名称	制冷机组及附属设备安装
施工单位	北京工建标建筑有限公司	项目负责人	赵斌	检验批容量	1套
分包单位	/	分包单位项目负责人	/	检验批部位	空调机房
施工依据	《通风与空调工程施工规范》GB 50738—2011		验收依据	《通风与空调工程施工质量验收规范》GB 50243—2002	

		验收项目	设计要求及规范规定	最小/实际抽样数量	检查记录	检查结果
主控项目	1	制冷设备与附属设备安装	第8.2.1-1、3条	全/15	共15处,全部检查,合格15处	√
	2	设备混凝土基础验收	第8.2.1-2条	全/5	基础尺寸,强度符合设计要求混凝土试验编号××××	√
	3	表冷器的安装	第8.2.2条	全/5	共5处,全部检查,合格5处	√
	4	燃油、燃气系统设备安装	第8.2.3条	/		
	5	制冷设备严密性试验及试运行	第8.2.4条	全/10	共10处,全部检查,合格10处	√
	6	制冷管道及管配件安装	第8.2.5条	全/5	共5处,全部检查,合格5处	√
	7	燃油管道系统接地	第8.2.6条	/		
	8	燃气系统安装	第8.2.7条	/		
	9	氨管道焊缝无损检测	第8.2.8条	/		
	10	乙二醇管道系统规定	第8.2.9条	/		
	11	制冷管道试验	第8.2.10条	全/5	试验合格,报告编号××××	√
一般项目	1	制冷及附属设备安装 平面位移(mm)	10	全/5	共5处,全部检查,合格5处	100%
		标高(mm)	±10	全/5	共5处,全部检查,合格5处	100%
	2	模块式冷水机组安装	第8.3.2条	/		
	3	泵安装	第8.3.3条	全/15	共15处,全部检查,合格15处	100%
	4	制冷管道安装	第8.3.4-1~4条	5/5	抽查5处,合格5处	100%
	5	管道焊接	第8.3.4-5、6条	2/5	抽查5处,合格5处	100%
	6	阀门安装	第8.3.5-2-5条	5/5	抽查5处,合格5处	100%
	7	阀门试验	第8.3.5-1条	5/5	试验合格,报告编号××××	√
	8	制冷系统吹扫	第8.3.6条	全/10	试验合格,报告编号××××	√

施工单位检查结果	符合要求　　　　　　　　　　　　　　专业工长:王彬 项目专业质量检查员:王宇 2014年××月××日
监理单位验收结论	合格 专业监理工程师:周明 2014年××月××日

075

电梯安装驱动主机检验批质量验收记录　　　　　　附表 3-34

10010301___001

单位(子单位)工程名称	北京龙旗广场筑业大厦	分部(子分部)工程名称	电梯/电力驱动的曳引式或强制式电梯	分项工程名称	驱动主机
施工单位	北京工建标建筑有限公司	项目负责人	赵斌	检验批容量	1 部
分包单位	北京永鑫电梯工程有限公司	分包单位项目负责人	李保民	检验批部位	2#电梯
施工依据	龙旗广场F座电梯施工组织计划		验收依据	《电梯工程施工质量验收规范》GB 50310—2002	

		验收项目	设计要求及规范规定	最小/实际抽样数量	检查记录	检查结果
主控项目	1	驱动主机安装	第 4.3.1 条	全/1	共1处,全部检查,合格1处	✓
一般项目	1	主机承重埋设	第 4.3.2 条	全/1	共1处,全部检查,合格1处	100%
	2	制动器动作、制动间隙	第 4.3.3 条	全/1	共1处,全部检查,合格1处	100%
	3	驱动主机及其底座与梁安装	产品设计要求	全/1	共1处,全部检查,合格1处	100%
	4	驱动主机减速箱内油量	应在限定范围	全/1	共1处,全部检查,合格1处	100%
	5	机房内钢丝绳与楼板孔洞间隙	第 4.3.6 条	全/1	共1处,全部检查,合格1处	100%

施工单位检查结果	符合要求　　　　　　　　　　　专业工长：李宝利 项目专业质量检查员：钱继根 2014 年××月××日
监理单位验收结论	合格　　　　　　　　　　　专业监理工程师：王江川 2014 年××月××日

_____分项工程质量验收记录　　编号：_____　　附表 3-35

单位(子单位)工程名称				分部(子分部)工程名称		
分项工程数量				检验批数量		
施工单位				项目负责人		项目技术负责人
分包单位				分包单位项目负责人		分包内容
序号	检验批名称	检验批容量	部位/区段	施工单位检查结果	监理单位验收结论	
1						
2						
3						
4						
5						
6						
7						
8						
9						
10						
11						
12						
13						
14						
15						

说明：

施工单位检查结果	项目专业技术负责人： 　　年　月　日
监理单位验收结论	专业监理工程师： 　　年　月　日

_____分部（子分部）工程质量验收记录　　编号：_____　　附表 3-36

单位(子单位)工程名称		子分部工程数量		分项工程数量	
施工单位		项目负责人		技术(质量)负责人	
分包单位		分包单位负责人		分包内容	

序号	子分部工程名称	分项工程名称	检验批数量	施工单位检查结果	监理单位验收结论
1					
2					
3					
4					
5					
6					
7					
8					

质量控制资料		
安全和功能检验结果		
观感质量检验结果		

综合验收结论	

| 施工单位项目负责人：

年 月 日 | 勘察单位项目负责人：

年 月 日 | 设计单位项目负责人：

年 月 日 | 监理单位总监理工程师：

年 月 日 |
|---|---|---|---|

注：1. 地基与基础分部工程的验收应由施工、勘察、设计单位项目负责人和总监理工程师参加并签字；
　　2. 主体结构、节能分部工程的验收应由施工、设计单位项目负责人和总监理工程师参加并签字。

078

地基与基础分部工程质量验收记录 　　　　　　　　　　附表 3-37

编号：　　01

单位(子单位)工程名称	北京龙旗广场筑业大厦	子分部工程数量	4	分项工程数量	6
施工单位	北京工建标建筑有限公司	项目负责人	赵斌	技术(质量)负责人	曾小墨
分包单位	/	分包单位负责人	/	分包内容	/

序号	子分部工程名称	分项工程名称	检验批数量	施工单位检查结果	监理单位验收结论
1	地基	水泥土搅拌桩地基	3	符合要求	合格
2	基础	筏形与箱形基础	26	符合要求	合格
3	土方	场地平整	1	符合要求	合格
4		土方开挖	1	符合要求	合格
5	地下防水	主体结构防水	2	符合要求	合格
6		细部构造防水	1	符合要求	合格
7					
8					
	质量控制资料			检查 42 项,齐全有效	合格
	安全和功能检验结果			检查 5 项,符合要求	合格
	观感质量检验结果			好	
综合验收结论			地基与基础分部工程验收合格		

施工单位
项目负责人 赵斌
2014 年 7 月 16 日

勘察单位
项目负责人 胡有名
2014 年 7 月 16 日

设计单位
项目负责人 汪德成
2014 年 7 月 16 日

监理单位
项目负责人 惠天
2014 年 7 月 16 日

注：1. 地基与基础分部工程的验收应由施工、勘察、设计单位项目负责人和总监理工程师参加并签字。
　　2. 主体结构、节能分部工程的验收应由施工、设计单位项目负责人和总监理工程师参加并签字。

主体结构分部工程质量验收记录

附表 3-38

编号： 02

单位(子单位) 工程名称	北京×× 办公楼工程	子分部工程数量		1	分项工程数量		4
施工单位	北京××建设 集团公司	项目负责人		丁××	技术(质量) 负责人		李××
分包单位	/	分包单位 项目负责人		/	分包内容		/
序号	子分部工程名称	分项工程名称	检验批数量	施工单位检查结果		监理单位验收结论	
1	混凝土结构	模板	30	符合要求		合格	
2	混凝土结构	钢筋	46	符合要求		合格	
3	混凝土结构	混凝土	40	符合要求		合格	
4	混凝土结构	现浇结构	40	符合要求		合格	
5							
6							
7							
质量控制资料			共210份,齐全有效			合格	
安全和功能检验结果			抽查120项,检测合格			合格	
观感质量			好				
综合验收结论	主体结构分部工程验收合格。						

		勘察单位	设计单位	
施工单位 项目负责人:丁×× 201×年6月20日		项目负责人： 201×年6月20日	项目负责人:王×× 201×年6月20日	监理单位 总监理工程师:孙×× 201×年6月20日

注：1. 地基与基础分部工程的验收应由施工、勘察、设计单位项目负责人和总监理工程师参加并签字。

2. 主体结构、节能分部工程的验收应由施工、设计单位项目负责人和总监理工程师参加并签字。

单位工程质量控制资料核查记录 附表 3-39

工程名称		北京××办公楼		施工单位	北京××建筑集团公司			
序号	项目	资料名称	份数		施工单位		监理单位	
					核查意见	核查人	核查意见	核查人
1	建筑与结构	图纸会审记录、设计变更通知单、工程洽商记录	28		齐全有效	田××	核查通过	张××
2		工程定位测量、放线记录	56		齐全有效		核查通过	
3		原材料出厂合格证书及进场检验、试验报告	226		齐全有效		核查通过	
4		施工试验报告及见证检测报告	126		齐全有效		核查通过	
5		隐蔽工程验收记录	136		齐全有效		核查通过	
6		施工记录	116		齐全有效		核查通过	
7		地基、基础、主体结构检验及抽样检测资料	56		齐全有效		核查通过	
8		分项、分部工程质量验收记录	12		齐全有效		核查通过	
9		工程质量事故调查处理资料	/		/		/	
10		新技术论证、备案及施工记录	2		齐全有效		核查通过	
1	给水排水与供暖	图纸会审记录、设计变更通知单、工程洽商记录	9		齐全有效	田××	核查通过	张××
2		原材料出厂合格证书及进场检验、试验报告	32		齐全有效		核查通过	
3		管道、设备强度试验、严密性试验记录	6		齐全有效		核查通过	
4		隐蔽工程验收记录	25		齐全有效		核查通过	
5		系统清洗、灌水、通水、通球试验记录	28		齐全有效		核查通过	
6		施工记录	22		齐全有效		核查通过	
7		分项、分部工程质量验收记录	10		齐全有效		核查通过	
8		新技术论证、备案及施工记录	1		齐全有效		核查通过	
1	通风与空调	图纸会审记录、设计变更通知单、工程洽商记录	5		齐全有效	田××	核查通过	张××
2		原材料出厂合格证书及进场检验、试验报告	4		齐全有效		核查通过	
3		制冷、空调、水管道强度试验、严密性试验记录	7		齐全有效		核查通过	
4		隐蔽工程验收记录	8		齐全有效		核查通过	
5		制冷设备运行调试记录	10		齐全有效		核查通过	
6		通风、空调系统调试记录	5		齐全有效		核查通过	
7		施工记录	25		齐全有效		核查通过	
8		分项、分部工程质量验收记录	5		齐全有效		核查通过	
9		新技术论证、备案及施工记录	1		齐全有效		核查通过	
1	建筑电气	图纸会审记录、设计变更通知单、工程洽商记录	9		齐全有效	田××	核查通过	张××
2		原材料出厂合格证书及进场检验、试验报告	25		齐全有效		核查通过	
3		设备调试记录	8		齐全有效		核查通过	
4		接地、绝缘电阻测试记录	30		齐全有效		核查通过	
5		隐蔽工程验收记录	25		齐全有效		核查通过	
6		施工记录	20		齐全有效		核查通过	
7		分项、分部工程质量验收记录	10		齐全有效		核查通过	
8		新技术论证、备案及施工记录	1		齐全有效		核查通过	

续表

工程名称		北京××办公楼		施工单位		北京××建筑集团公司	
序号	项目	资料名称	份数	施工单位核查意见	核查人	监理单位核查意见	核查人
1	智能建筑	图纸会审记录、设计变更通知单、工程洽商记录	9	齐全有效	田××	核查通过	张××
2		原材料出厂合格证书及进场检验、试验报告	25	齐全有效		核查通过	
3		隐蔽工程验收记录	30	齐全有效		核查通过	
4		施工记录	30	齐全有效		核查通过	
5		系统功能测定及设备调试记录	25	齐全有效		核查通过	
6		系统技术、操作和维护手册	20	齐全有效		核查通过	
7		系统管理、操作人员培训记录	10	齐全有效		核查通过	
8		系统检测报告	1	齐全有效		核查通过	
9		分项、分部工程质量验收记录	9	齐全有效		核查通过	
10		新技术论证、备案及施工记录	2	齐全有效		核查通过	
1	建筑节能	图纸会审记录、设计变更通知单、工程洽商记录	4	齐全有效	田××	核查通过	张××
2		原材料出厂合格证书及进场检验、试验报告	25	齐全有效		核查通过	
3		隐蔽工程验收记录	8	齐全有效		核查通过	
4		施工记录	30	齐全有效		核查通过	
5		外墙、外窗节能检验报告	5	齐全有效		核查通过	
6		设备系统节能检测报告	20	齐全有效		核查通过	
7		分项、分部工程质量验收记录	10	齐全有效		核查通过	
8		新技术论证、备案及施工记录	1	齐全有效		核查通过	
1	电梯	图纸会审记录、设计变更通知单、工程洽商记录	2	齐全有效	田××	核查通过	张××
2		设备出厂合格证书及开箱检验记录	10	齐全有效		核查通过	
3		隐蔽工程验收记录	20	齐全有效		核查通过	
4		施工记录	23	齐全有效		核查通过	
5		接地、绝缘电阻测试记录	5	齐全有效		核查通过	
6		负荷试验、安全装置检查记录	5	齐全有效		核查通过	
7		分项、分部工程质量验收记录	15	齐全有效		核查通过	
8		新技术论证、备案及施工记录	1	齐全有效		核查通过	

检查结论：结论：工程资料齐全、有效，各种施工试验、系统调试记录等符合有关规范规定，工程质量控制资料核查通过，同意验收。

施工单位项目负责人：×××　201×年12月10日

总监理工程师：×××　201×年12月10日

单位工程安全和功能检验资料核查及主要功能抽查记录　　　附表 3-40

工程名称		北京××办公楼		施工单位	××建筑集团公司	
序号	项目	安全和功能检查项目	份数	核查意见	抽查结果	核查(抽查)人
1	建筑与结构	地基承载力检验报告	2	完整、有效		田×× 张××
2		桩基承载力检验报告	3	完整、有效		
3		混凝土强度试验报告	12	完整、有效	抽查 5 处合格	
4		砂浆强度试验报告	2	完整、有效		
5		主体结构尺寸、位置抽查记录	5	完整、有效		
6		建筑物垂直度、标高、全高测量记录	2	完整、有效	抽查 5 处合格	
7		屋面淋水或蓄水试验记录	10	完整、有效	抽查 1 处合格	
8		地下室渗漏水检测记录	10	完整、有效		
9		有防水要求的地面蓄水试验记录	16	完整、有效	抽查 5 处合格	
10		抽气(风)道检查记录	18	完整、有效	抽查 2 处合格	
11		外窗气密性、水密性、耐风压检测报告	2	完整、有效		
12		幕墙气密性、水密性、耐风压检测报告	3	完整、有效		
13		建筑物沉降观测测量记录	12	完整、有效		
14		节能、保温测试记录	5	完整、有效		
15		室内环境检测报告	10	完整、有效		
16		土壤氡气浓度检测报告	1	完整、有效		
1	给水排水与供暖	给水管道通水试验记录	12	完整、有效		田×× 张××
2		暖气管道、散热器压力实验记录	2	完整、有效	抽查 5 处合格	
3		卫生器具满水试验记录	12	完整、有效		
4		消防管道、燃气管道压力试验记录	15	完整、有效		
5		排水干管通球试验记录	16	完整、有效		
6		锅炉试运行、安全阀及报警联动测试记录	2	完整、有效		
1	通风与空调	通风、空调系统试运行记录	12	完整、有效		田×× 张××
2		风量、温度测试记录	2	完整、有效		
3		空气能量回收装置测试记录	8	完整、有效	抽查 5 处合格	
4		洁净室洁净度测试记录	9	完整、有效		
5		制冷机组试运行调试记录	16	完整、有效		
1	建筑电气	建筑照明通电试运行记录	2	完整、有效		田×× 张××
2		灯具固定装置及悬吊装置的载荷强度试验记录	10	完整、有效		
3		绝缘电阻测试记录	36	完整、有效	抽查 8 处合格	
4		剩余电流动作保护器测试记录	23	完整、有效		
5		应急电源装置应急持续供电记录	5	完整、有效		
6		接地电阻测试记录	6	完整、有效	抽查 3 处合格	
7		接地故障回路阻抗测试记录	6	完整、有效		
1	智能建筑	系统试运行记录	16	完整、有效		田×× 张××
2		系统电源及接地检测报告	5	完整、有效		
3		系统接地检测报告	5	完整、有效		
1	建筑节能	外墙节能构造检查记录或热工性能检测报告	12	完整、有效		田×× 张××
2		设备系统节能性能检查记录	2	完整、有效		
1	电梯	运行记录	5	完整、有效		田×× 张××
2		安全装置检测报告	5	完整、有效		

结论：资料完整有效，抽查结果全部合格。

（印章：中华人民共和国一级注册建造师执业印章　丁××　京XXXXXXXXXXXX(XX)　建筑 市政　201×.06.10）

（印章：中华人民共和国注册监理工程师执业印章　张××　京XXXXXXXXXXXX(XX)　建筑 市政　201×.06.10）

总承包单位项目负责人：丁××
××建筑集团公司
201×年 12 月 15 日

总监理工程师：张××
××监理公司
201×年 12 月 15 日

注：抽查项目由验收组协商确定。

083

单位（子单位）工程质量观感质量检查记录　　　　　附表 3-41

工程名称		北京××办公楼	施工单位	××建设集团公司
序号		项目	抽查质量状况	质量评价
1	建筑与结构	主体结构外观	共检查10点，好9点，一般1点，差0点	好
2		室外墙面	共检查10点，好8点，一般2点，差0点	好
3		变形缝、雨水管	共检查10点，好7点，一般3点，差0点	好
4		屋面	共检查10点，好6点，一般4点，差0点	好
5		室内墙面	共检查10点，好5点，一般5点，差0点	一般
6		室内顶棚	共检查10点，好4点，一般6点，差0点	一般
7		室内地面	共检查10点，好3点，一般7点，差0点	一般
8		楼梯、踏步、护栏	共检查10点，好2点，一般8点，差0点	一般
9		门窗	共检查10点，好1点，一般9点，差0点	一般
10		雨罩、台阶、坡道、散水	共检查10点，好0点，一般10点，差0点	一般
1	给水排水与供暖	管道接口、坡度、支架	共检查10点，好9点，一般1点，差0点	好
2		卫生器具、支架、阀门	共检查10点，好7点，一般3点，差0点	好
3		检查口、扫除口、地漏	共检查10点，好6点，一般4点，差0点	好
4		散热器、支架	共检查10点，好9点，一般1点，差0点	好
1	通风与空调	风管、支架	共检查10点，好9点，一般1点，差0点	好
2		风口、风阀	共检查10点，好8点，一般2点，差0点	好
3		风机、空调设备	共检查10点，好7点，一般3点，差0点	好
4		管道、阀门、支架	共检查10点，好7点，一般3点，差0点	好
5		水泵、冷却塔	共检查10点，好9点，一般1点，差0点	好
6		绝热	共检查10点，好8点，一般2点，差0点	好
1	建筑电气	配电箱、盘、板、接线盒	共检查10点，好9点，一般1点，差0点	好
2		设备器具、开关、插座	共检查10点，好6点，一般4点，差0点	好
3		防雷、接地、防火	共检查10点，好9点，一般1点，差0点	好
1	智能建筑	机房设备安装及布局	共检查10点，好9点，一般1点，差0点	好
2		现场设备安装	共检查10点，好5点，一般5点，差0点	一般
1	电梯	运行、平层、开关门	共检查10点，好9点，一般1点，差0点	好
2		层门、信号系统	共检查10点，好9点，一般1点，差0点	好
3		机房	共检查10点，好9点，一般1点，差0点	好
观感质量综合评价			好	

结论：评价为好，观感质量验收合格

　　施工单位项目负责人：×××　　　　　　　　　　总监理工程师：×××
　　　　　　　201×年12月12日　　　　　　　　　　　201×年12月12日

注：1. 对质量评价为差的项目应进行返修。
　　2. 观感质量检查的原始记录应作为本表附件。

单位（子单位）工程质量竣工验收记录　　　　附表 3-42

工程名称	北京××办公楼	结构类型	框架剪力墙	层数/建筑面积	地下 2 层地上十层/14258m²
施工单位	北京××建设集团公司	技术负责人	张××	开工日期	201×年 09 月 18 日
项目负责人	丁××	项目技术负责人	宋××	竣工日期	201×年 12 月 20 日

序号	项目	验收记录	验收结论
1	分部工程验收	共10分部，经查符合设计及标准规定10分部	所有分部工程质量验收合格
2	质量控制资料核查	共45项，经核查符合规定45项	质量控制资料全部符合有关规定
3	安全和使用功能核查及抽查结果	共核查33项，符合规定33项，共抽查10项，符合规定10项，经返工处理符合规定0项	核查及抽查结果全部符合规定
4	观感质量验收	共抽查27项，达到"好"和"一般"的27项，经返修处理符合要求的0项	好

综合验收结论	工程质量合格

	建设单位	监理单位	施工单位	设计单位	勘察单位
参加验收单位	北京××集团开发公司（公章）★ 项目负责人：李×× 201×年 12 月 20 日	××监理公司（公章）★ 总监理工程师：孙×× 201×年 12 月 20 日 孙××	北京××建设集团公司（公章）★ 项目负责人：丁×× 201×年 12 月 20 日 丁××	××建设设计有限公司（公章）★ 项目负责人：王×× 201×年 12 月 20 日	××勘察设计研究院（公章）★ 项目负责人：梁×× 201×年 12 月 20 日

注：单位工程验收时，验收签字人员应由相应单位法人代表书面授权。

3.5 监理单位技术资料编制

3.5.1 监理单位技术资料编制方法

1. 施工组织设计、（专项）施工方案报审表

项目监理机构应审查施工单位报审的施工组织设计，符合要求时，应由总监理工程师签认后报建设单位。项目监理机构应要求施工单位按已批准的施工组织设计组织施工。施工组织设计需要调整时，项目监理机构应按程序重新审查。施工组织设计审查应包括的基本内容：编审程序应符合相关规定；施工进度、施工方案及工程质量保证措施应符合施工合同要求；资金、劳动力、材料、设备等资源供应计划应满足工程施工需要；安全技术措施应符合工程建设强制性标准；施工总平面布置应科学合理。

项目监理机构应审查施工单位报审的专项施工方案，符合要求的，应由总监理工程师签认后报建设单位。超过一定规模的危险性较大的分部分项工程的专项施工方案，应检查施工单位组织专家进行论证、审查的情况，以及是否附具安全验算结果。项目监理机构应要求施工单位按已批准的专项施工方案组织施工。专项施工方案需要调整时，施工单位应按程序重新提交项目监理机构审查。专项施工方案审查应包括的基本内容：编审程序应符合相关规定；安全技术措施应符合工程建设强制性标准。

因此，"施工组织设计、（专项）施工方案"是承包单位根据承接工程特点编制的指导施工的纲领性技术文件。"施工组织设计、（专项）施工方案报审表"是施工单位提请项目监理机构对施工组织设计（方案）进行批复的文件资料。

（1）施工组织设计、（专项）施工方案是承包单位编制的指导施工的纲领性技术文件，经施工单位项目负责人和技术负责人（或总工程师）审查批准后，填写本表，并随同施工组织设计、（专项）施工方案一起呈报项目监理机构。

（2）项目监理机构应在熟悉设计文件的基础上，按监理合同中业主的委托范围和所授权限，依据现行建设管理相关法规，并结合工程的具体情况有针对性地进行审查。

（3）各专业监理工程师着重审查相关专业的技术措施是否得当；施工方案、施工程序的安排是否合理；配备的施工机械能否保证工程质量和进度的要求；采用新工艺、新材料的技术资料是否完备；承包单位是否有实际施工经验等。并由此提出审查意见。

（4）总监理工程师着重审查施工项目部的组织机构、管理制度和技术措施能否满足施工的需要；质量保证体系是否完善并能正常运行；项目管理机构人员是否到位且能保证施工的需要；施工进度计划是否可行，能否满足合同工期要求；进度计划的检查是否有可操作性；施工机具、劳动力能否满足进度安排的要求；网络计划中的关键线路是否正确；施工流水段划分是否合理；施工安全、环保、消防、文明施工措施是否得当等。并由此提出审查意见。

（5）对规模大、结构复杂或新结构、特种结构的工程，项目监理机构应将审查后的施工组织设计报送监理单位技术负责人审查或组织有关专家会审。

（6）当发现施工组织设计、（专项）施工方案中存在问题需要修改时，应由总监理工程师签署书面修改意见，退回承包单位修改后再重新报审。

（7）经总监理工程师审查同意后的施工组织设计、（专项）施工方案应报送建设单位确认。

（8）施工组织设计（方案）审查必须在工程项目开工前完成。

（9）承包单位应按审定的施工组织设计、（专项）施工方案组织施工，在施工过程中，如需对其内容进行调整、补充或做较大变更时，应在实施前将其内容书面报送项目监理机构，按程序重新审定。

"施工组织设计、（专项）施工方案报审表"详见附表 3-43，应一式三份，项目监理机构、建设单位、施工单位各一份。

2. 工程开工报审表

"工程开工报审表"是项目监理机构对承包单位施工的工程，经自查已满足开工条件后，提出申请开工，且经项目监理机构审核确已具备开工条件后的批复文件。工程开工报审表用于承包单位申请工程项目开工。

（1）本表在报送审查时，承包单位应在表中加盖公章，并由项目负责人签字。"工程开工报告"作为附件，一并呈报。

（2）承包单位提请开工报审时，提供的附件应满足以下条件：

1）施工许可证已获政府主管部门批准，并已签发《建设工程施工许可证》；

2）征地拆迁工作能够满足工程施工进度的需要；

3）施工图纸及有关设计文件已齐备；

4）施工组织设计（方案）已经监理机构审定，总监理工程师已经批准；

5）施工现场的场地、道路、水、电、通信和临时设施已满足开工要求，地下障碍已清除或查明；

6）测量控制桩已经项目监理机构复查合格；

7）施工、管理人员已按计划到位，相应的组织机构和制度已经建立，施工设备、料具已按需要到场，主要材料供应已落实。

（3）总监理工程师应对承包单位报送的资料进行认真核实，根据国家现行建筑法规和当地政府主管部门的要求，确认应当具备的各种报建手续是否完善，施工图是否已经法定图纸审查机构审查通过，检查承包单位劳动力是否已按计划就绪，机构设备是否安装到位且处于良好状态，各岗位的管理人员是否已全部到位，质量管理、技术管理和质量保证的组织机构、制度是否建立、健全等。

对可以在开工后再完善才能满足上述要求、且又需要先开工时，应要求承包单位在指定的期限内完善。对不能按期完善开工条件的，可下令停工直至具备条件为止。

（4）对涉及结构安全或对工程质量产生较大影响的分包单位，分包单位应填此表并经总包单位签署意见报总监理工程师批准。

"工程开工报审表"详见附表 3-44 示例，应一式三份，项目监理机构、建设单位、施工单位各一份。

3. 分包单位资格报审表

分包工程开工前，项目监理机构应审核施工单位报送的分包单位资格报审表，专业监理工程师提出审查意见后，应由总监理工程师审核签认。分包单位资格审核应包括的基本内容：营业执照、企业资质等级证书；安全生产许可文件；类似工程业绩；专职管理人员和特种作业人员的资格。

"分包单位资格报审表"是总承包单位实施施工分包时，提请项目监理机构对其分包单位资质进行审查的批复文件。

（1）本表应根据合同条款，填写分包工程的名称、工程量、部位、分包工程总造价及其占总包合同的百分率；主要应审查分包单位的资质文件是否齐全、合格、有效，必要时，项目监理机构（或建设单位）可会同总承包单位对分包单位进行实地考察，以验证分包单位有关资料的真实性。同时还应核查分包单位专职管理人员是否落实到位，特种作业人员是否具有合法的资格证、上岗证等。在此基础上，由专业监理工程师填写"符合分包要求"或者"不符合分包要求"的结论。

（2）在审查时，专业监理工程师应严格区分发包工程是属于合法分包，还是属于转包、肢解分包、层层分包等，对转包及违法分包行为一律不予认可。

（3）本表由总承包单位填报，加盖项目部公章，项目经理签字，经项目监理机构专业监理工程师初审符合要求后签字，由总监理工程师最终审核加盖项目监理机构章，经总监理工程师签字后作为有效资料。

"分包单位资格报审表"详见附表3-45，应一式三份，项目监理机构、建设单位、施工单位各一份。

4. 施工现场质量管理检查记录表

"施工现场质量管理检查记录表"是在工程项目开工之前对施工单位的质量管理体系进行检查的记录表格。

（1）现场质量管理制度：主要包括图纸会审、设计交底、技术交底、施工组织设计编制审批程序、工序交接、质量检查、评定制度。

（2）质量责任制：包括质量责任制名称、质量负责人分工、各项质量责任制的落实规定、定期检查及奖罚制度。

（3）专业工种操作上岗证：包括测工、起重、塔吊等垂直运输机司机、钢筋、混凝土、机械、焊接、电工、管工等特殊工种的上岗证（以当地建设行政主管部门的规定为准）。

（4）分包方资质与对分包单位的管理：专业承包单位的资质应在其承包业务的范围内承接工程，如超出范围的应办理特许证书，否则不能承包工程。在有分包的情况下，总包单位应有管理分包单位的制度，主要是质量技术的管理制度。

（5）施工图审查情况：重点审查建设行政管理部门出具的施工图审查批准书及审图机构（单位）的审图章。

（6）地质勘察资料：是否有地质勘察单位出具的正式地质勘察报告。

（7）施工组织设计、施工方案及审批：检查编写内容，有针对性的具体措施，编制程序、内容，有编制单位、审核单位、批准单位，并有贯彻执行的措施。

（8）施工技术标准：施工技术标准是操作的依据和保证工程质量的基础，承建企业应编制不低于国家质量验收规范的操作规程等企业标准。要有批准程序，由企业的总工程师、技术委员会负责人审查批准，有批准日期、执行日期、企业标准编号及标准名称。企业应建立技术标准档案。施工现场应有的施工技术标准都有。可作培训工作、技术交底和施工操作的主要依据，也是质量检查评定的标准。

（9）工程质量检验制度：包括三个方面的检验，一是原材料、设备进场检验制度；二是施工过程的试验报告；三是竣工后的抽查检测。

（10）搅拌站及计量设置：主要是说明设置在工地搅拌站的计量设施的精确度、管理制度等内容。预拌混凝土或安装专业无此项内容。

（11）现场材料、设备存放与管理：为了保证材料、设备的质量，要根据材料设备性能制订管理制度，建立相应的库房等。

表格由施工单位现场技术负责人填写，监理单位的总监理工程师（建设单位项目负责人）进行验收。验收合格后做出结论，将原件或复印件返还施工单位。不合格的，施工单位必须限期改正，否则不许开工。

施工现场质量管理检查记录应符合《建筑工程施工质量验收统一标准》GB 50300—2013 的有关规定；施工单位填写的施工现场质量管理检查记录应一式两份，并应由监理单位、施工单位各保存一份。"施工现场质量管理检查记录表"详见附表 3-46 示例。

5. 施工进度计划（调整计划）报审表

项目监理机构应审查施工单位报审的施工总进度计划和阶段性施工进度计划，提出审查意见，并应由总监理工程师审核后报建设单位。

"施工进度计划（调整计划）报审表"是项目监理机构对承包单位报送的工程施工进度计划（或调整计划）的审批答复表。

（1）本表应由承包单位填写编制说明或计划表，并由编制人、项目负责人签字。

（2）专业监理工程师应对以下几方面内容进行重点审核：

1）进度安排是否符合工程项目建设总进度计划中总目标和分目标的要求；是否符合施工合同中开、竣工日期的要求。

2）施工总进度计划中项目是否有遗漏，施工顺序的安排是否符合施工工艺的要求。

3）承包单位在施工进度计划中提出的、应由建设单位保证的施工条件（资金、施工图纸、施工场地、采供的物资设备等），其供应时间和数量是否准确、合理，是否有造成建设单位违约而导致工程延期和费用索赔的可能性存在。

4）总包、分包单位分别编制的各单项工程施工进度计划之间是否协调，专业分工与计划衔接是否明确、合理。

5）工程的工期是否进行了合理优化。

（3）专业监理工程师根据施工进度计划的审查结果填写"同意"、"不同意"或者"应补充"的意见，或在审查意见栏相应位置中画"√"表示。

（4）专业监理工程师审查并同意后，应由总监理工程师审核、签字。

（5）调整计划是在原有计划已不适应实际情况，为确保进度控制目标的实现，需要确定新的计划目标时对原有进度计划的调整。进度计划的调整方法一般采用压缩关键工作的持续时间来缩短工期及通过组织搭接作业、平行作业来缩短工期两种方法。对于调整计划，不管采取哪种调整方法，都会增加费用或延长工期，专业监理工程师应慎重对待，尽量减少变更计划的调整。

项目监理机构应检查施工进度计划的实施情况，发现实际进度严重滞后于计划进度且影响合同工期时，应签发监理通知单，要求施工单位采取调整措施加快施工进度。总监理工程师应向建设单位报告工期延误风险。

"施工进度计划报审表"详见附表 3-47 示例，应一式三份，项目监理机构、建设单位、施工单位各一份。

6. 施工控制测量成果报验表

专业监理工程师应检查、复核施工单位报送的施工控制测量成果及保护措施，签署意见。专业监理工程师应对施工单位在施工过程中报送的施工测量放线成果进行查验。施工控制测量成果及保护措施的检查、复核应包括的内容：施工单位测量人员的资格证书及测量设备检定证书；施工平面控制网、高程控制网和临时水准点的测量成果及控制桩的保护措施。

"施工控制测量成果报验表"是项目监理机构对承包单位进行的建筑物（构筑物）定位（放线）进行核查和确认的批复文件。

（1）本表在报送审查时，应将"建筑物（构筑物）定位（放线）测量记录"作为附件，一并呈报。

（2）承包单位应根据甲方提供的坐标点、施工总平面图、设计要求，组织有工程测量放线经验的人员从事测量放线工作。在反复检查、核对无误后，填表报监理工程师审查。

（3）专业监理工程师应详细查阅、核对相关资料，并实地查验放线精度是否符合规范及标准要求，施工轴线控制桩的位置、轴线和高程的控制标志是否牢固、明显等。

"施工控制测量成果报验表"详见附表 3-48。

7. 工程材料、构配件、设备报审表

项目监理机构应审查施工单位报送的用于工程的材料、构配件、设备的质量证明文件，并应按有关规定、建设工程监理合同约定，对用于工程的材料进行见证取样、平行检验。项目监理机构对已进场经检验不合格的工程材料、构配件、设备，应要求施工单位限期将其撤出施工现场。

"工程材料、构配件、设备报审表"是项目监理机构对承包单位提请工程项目进场材料、构配件、设备的审查与确认的批复文件。

进场的工程材料、构配件、设备施工单位首先要组织自检，并按有关规定进行抽样测试，确认合格后填写工程材料（构配件、设备）报验单，连同出厂合格证、质量保证书、复试报告等一并报驻地监理工程师进行质量认可。

（1）本表由承包单位填报，加盖公章，项目经理签字，经专业监理工程师审查符合要求后签字有效。

（2）承包单位提请工程材料、构配件、设备报验时必须提供数量清单、质量证明文件、自检结果等附件，如无附件资料或附件资料不齐全不得报验。

（3）凡需要测试的工程材料有见证取样要求的，复试报告必须有"见证取样"证章。

（4）工程材料报验的基本要求

1）施工单位对所有进场的原材料、构配件必须报验，材料报验要和设计的材料、构配件的品种、数量相一致。

2）进场原材料、构配件报验应及时，监理单位可以和施工单位、材料供应单位协商确定进场材料、构配件进场后的报验方法。

3）预制构件厂必须对成品、半成品进行严格检查后，签发出厂合格证，不合格的产品不得出厂。

（5）有的材料、构配件在进场前，虽经建设单位和监理单位看过样品或进行过生产现场调研，但这个过程不能代替进场后使用前的报验，仍然必须申办报审手续。

（6）报验应按材料品种、批次填报，不得多品种、多批次混填。

（7）专业监理工程师应仔细核查材料出厂质量证明书（合格证）与材料自检和复试报告的相关内容是否一致、齐全。

（8）专业监理工程师在审查报审文件后，应在意见栏中做出"同意"或"不同意"的明确表态。

（9）对新材料、新产品，承包单位应报送经有关法定部门鉴定、确认的证明文件；对进口材料，承包单位还应报送进口商检证明文件，其质量证明文件即质量合格证书，应该是中文文本（证明文件一般应为原件，如为复印件，需加盖经销部门鲜章，并注明原件存放处）。

"工程材料、构配件、设备报审表"详见附表3-49，应一式两份，项目监理机构、施工单位各一份。

8. 试验室报审表与隐蔽工程、检验批、分项工程报验表

专业监理工程师应检查施工单位为工程提供服务的试验室。试验室的检查应包括的内容：试验室的资质等级及试验范围；法定计量部门对试验设备出具的计量检定证明；试验室管理制度；试验人员资格证书。

项目监理机构应对施工单位报验的隐蔽工程、检验批、分项工程和分部工程进行验收，对验收合格的应给予签认；对验收不合格的应拒绝签认，同时应要求施工单位在指定的时间内整改并重新报验。对已同意覆盖的工程隐蔽部位质量有疑问的，或发现施工单位私自覆盖工程隐蔽部位的，项目监理机构应要求施工单位对该隐蔽部位进行钻孔探测、剥离或其他方法进行重新检验。

施工单位的试验室报审表与隐蔽工程、检验批、分项工程报验表详见附表3-50，应一式两份，项目监理机构、施工单位各一份。

9. 监理通知单与监理通知回复单

项目监理机构发现施工存在质量问题的，或施工单位采用不适当的施工工艺，或施工不当，造成工程质量不合格的，应及时签发监理通知单，要求施工单位整改。整改完毕后，项目监理机构应根据施工单位报送的监理通知回复单对整改情况进行复查，提出复查意见。

对需要返工处理或加固补强的质量缺陷，项目监理机构应要求施工单位报送经设计等相关单位认可的处理方案，并应对质量缺陷的处理过程进行跟踪检查，同时应对处理结果进行验收。

"监理通知单"是为了及时消除施工现场（或部位）存在的质量或安全隐患（未构成暂停施工条件），或告知相关单位（或部门）应知事件（或事项）的传达（或协调）文件。

（1）"事由"栏应简要写明存在的问题，或告知的主题；

（2）"内容"栏应尽可能详细写明存在问题的部位、程度，或告知的具体内容；写明整改建议、措施、要求，或执行要求；

（3）监理通知单由专业监理工程师签发，重要的监理通知单应由总监理工程师签发。

监理通知单按附表 3-51 示例的要求填写，应一式三份，项目监理机构、建设单位、施工单位各一份。监理通知回复单按附表 3-52 示例的要求填写，应一式三份，项目监理机构、建设单位、施工单位各一份。

10. 工程质量事故处理方案报审表

"工程质量事故处理方案报审表"是设计单位、项目监理机构对承包单位发生质量事故后，提交的工程质量事故处理方案进行综合审查，以确认其是否技术可行、经济合理的批复文件。

（1）本表应与"工程质量事故报告"对应使用。

（2）质量事故的技术处理方案应由原设计单位提出，或由设计单位书面委托承包单位或其他单位提出，由设计单位签认。无论由哪方提出的处理方案，设计单位均应签署是否同意的意见。

（3）总监理工程师针对承包单位提交的"工程质量事故报告"及"工程质量事故处理方案"，应组织设计、施工、建设等单位进行充分论证后，签署意见，处理方案应体现安全可靠、不留隐患、满足建筑物的功能和使用要求，技术可行，经济合理。如不同意或部分不同意，应令承包单位另行呈报。

（4）对需要返工处理或加固补强的质量事故，项目监理机构应要求施工单位报送质量事故调查报告和经设计等相关单位认可的处理方案，并应对质量事故的处理过程进行跟踪检查，同时应对处理结果进行验收。项目监理机构应及时向建设单位提交质量事故书面报告，并应将完整的质量事故处理记录整理归档。

（5）重大质量事故应按规定程序申报，处理方案应由专家进行评议和确认。

工程质量事故处理方案报审表详见附表 3-53。

11. 工程暂停令

项目监理机构在实施监理过程中，发现工程存在安全事故隐患时，应签发监理通知单，要求施工单位整改；情况严重时，应签发工程暂停令，并应及时报告建设单位。施工单位拒不整改或不停止施工时，项目监理机构应及时向有关主管部门报送监理报告。

"工程暂停令"是为了消除施工现场（或部位）存在的可能对建设项目带来重大影响的质量或安全隐患，或其他意外事件使工程施工不能继续进行，而必须（或指定的部位）暂时停止施工的指令性文件。

总监理工程师在签发工程暂停令时，可根据停工原因的影响范围和影响程度，确定停工范围，并应按施工合同和建设工程监理合同的约定签发工程暂停令。总监理工程师签发工程暂停令应事先征得建设单位同意，在紧急情况下未能事先报告时，应在事后及时向建设单位作出书面报告。

（1）承包单位在收到工程暂停令后，必须在要求的时间内、对施工现场（或指定的部位）停工。

（2）施工中出现下列情况之一者，总监理工程师有权下达工程暂停令：

1）未经监理工程师审查同意，擅自变更设计或修改施工方案进行施工者；

2）未通过监理工程师审查的施工人员或经审查不合格的施工人员进入现场施工者；

3）擅自使用未经监理工程师审查认可的分包单位进入现场施工者；

4）使用不合格的或未经监理工程师检查验收的材料、构配件、设备，或擅自使用未经审查认可的代用材料者；

5）工序施工完成后，未经监理工程师验收或验收不合格而擅自进行下一道工序施工者；

6）隐蔽工程未经监理工程师验收确认合格而擅自隐蔽者；

7）施工中出现质量异常情况，经监理工程师指出后，承包单位未采取有效改正措施或措施不力、效果不好仍继续作业者；

8）已发生质量事故迟迟不按监理工程师要求进行处理，或发生质量隐患、质量事故，如不停工则质量隐患、质量事故将继续发展，或已发生质量事故，承包单位隐蔽不报，私自处理者；

9）施工存在重大质量、安全事故隐患或发生质量、安全事故的；

10）建设单位要求暂停施工且工程需要暂停施工的，施工单位未经批准擅自施工或拒绝项目监理机构管理的，施工单位未按审查通过的工程设计文件施工的，施工单位违反工程建设强制性标准的；

11）其他意外事件使工程施工不能继续进行者。

（3）项目监理机构在下达工程暂停令前应向建设单位说明情况，取得一致意见；在下达工程暂停令时，应有充分的理由，并充分考虑由于停工可能带来的索赔事件。

（4）当工程暂停是由于非承包单位的原因造成时（包括因建设单位的原因和应由建设单位承担责任的风险或其他事件），总监理工程师应在签发工程暂停令和签署复工申请表期间内，主动就因工程暂停引起的工期和费用补偿问题与承包单位、建设单位进行协商和处理，以免日后再来处理索赔。

（5）本表应由项目监理机构填写。下达工程暂停令的理由（原因）和承包单位在接到工程暂停令后应完成的各项工作应详细明确。

（6）本表应加盖项目监理机构印章，并由总监理工程师签发。

"工程暂停令"详见附表3-54示例，应一式三份，项目监理机构、建设单位、施工单位各一份。

12. 工程复工报审表与工程复工令

当暂停施工原因消失、具备复工条件时，施工单位提出复工申请的，项目监理机构应审查施工单位报送的工程复工报审表及有关材料，符合要求后，总监理工程师应及时签署审查意见，并应报建设单位批准后签发工程复工令；施工单位未提出复工申请的，总监理工程师应根据工程实际情况指令施工单位恢复施工。

"工程复工报审表"是为了核查造成工程停工的因素是否已经消除，或存在的质量、安全隐患经过返工、整改是否已具备复工条件的批复文件。

（1）本表由承包单位填写，并提出证明已具备复工条件的相关资料。分以下两种情况：

1）工程暂停是由于非承包单位的原因引起的（如业主的资金问题，拆迁问题等），此时应说明引起停工的这些因素已经消除，具备复工条件；

2）工程暂停是由于承包单位的原因引起的（如因承包单位管理不到位，质量或安全出现问题或存在重大隐患等），此时应说明承包单位已针对这些问题提出整改措施并进行整改，证明引起停工的原因已经消除。

（2）总监理工程师审定意见

1）工程暂停是由于非承包单位的原因引起的，总监理工程师只需审查确认这些因素确实已经消除，便可签发本表；

2）工程暂停是由于承包单位的原因引起的，总监理工程师应重点审查整改措施是否正确有效，还应确认承包单位在采取这些措施后不会再发生类似的问题，方可签发本表；

（3）监理机构应注意合同规定的时限。根据施工合同范本，总监理工程师应在48小时内答复承包单位以书面形式提出的复工要求。总监理工程师未能在规定的时间内提出处理意见，或收到承包单位复工要求后48小时内未给予答复，承包单位可自行复工。

"工程复工报审表"详见附表3-55示例，应一式三份，项目监理机构、建设单位、施工单位各一份。工程复工令详见附表3-56，应一式三份，项目监理机构、建设单位、施工单位各一份。

13. 整改复查报审表

"整改复查报审表"是为了核查承包单位的整改工作是否已按时达到整改要求的批复文件。

（1）承包单位对存在的问题按要求整改完毕，并自检全部合格后，填写本表报项目监理机构。

（2）项目监理机构在审查确认该表时，要深入现场检查，掌握承包单位整改情况，承包单位是否在要求整改的时限内将整改的内容完成；整改结果是否符合相关规范、标准或图纸要求。经确认后，签署监理复查意见。

"整改复查报审表"详见附表3-57。

14. 旁站记录

项目监理机构应根据工程特点和施工单位报送的施工组织设计，确定旁站的关键部位、关键工序，安排监理人员进行旁站，并应及时记录旁站情况。

"旁站记录"是对施工过程中的关键部位或关键工序进行连续不间断地现场监督的记录资料。

（1）实施旁站监理的范围

1）地基基础工程：地基处理、基坑支护、基础混凝土浇筑、土方回填等；

2）主体结构工程：梁柱节点钢筋隐蔽过程、结构混凝土浇筑等；

3）水电安装工程：管道预埋、相关试验、系统调试、参数测试等；

4）见证取样：主要原材料的试（化）验见证取样、封存及送样；

5）新工艺、新技术、新材料、新设备的试验；

6）严重施工质量问题、质量事故处理过程；

7）基础、结构加固过程；

8）根据工程实际情况确定的旁站项目。

（2）旁站监理的工作内容

1）是否按照技术标准、规范、规程和批准的设计文件组织施工；

2）是否使用合格的材料、构配件和设备；施工机械数量和性能是否满足施工需要；

3）施工单位有关现场管理人员、质检人员是否在岗；

4）施工操作人员的技术水平、操作条件是否满足施工工艺要求，特殊工种操作人员是否持证上岗；

5）施工环境是否对工程质量产生不利影响；

6）施工过程是否存在质量和安全隐患。对施工过程中出现的较大质量问题或质量隐患，旁站监理人员应采用照相、录像等手段予以记录。

（3）承包单位应根据项目监理机构制定的旁站监理方案，在需要实施旁站监理的关键部位、关键工序进行施工前24小时，应通知项目监理机构安排旁站监理人员进行旁站监督。

（4）填表要求

1）本表中旁站监理的部位、工序和起止时间必须准确；

2）本表在旁站监理工作结束时必须及时填写，旁站监理人员和施工企业现场质检人员应在本表相关栏上签字，凡未签字的，不得进入下一道工序施工。

"旁站记录"详见附表3-58示例，为一式一份，项目监理机构留存。

15. 监理日志

"监理日志"是对施工过程中有关技术管理、质量管理及施工活动效果进行监督管理的原始记录。

"监理日志"是现场监理人员的工作日记，也是工程施工过程中重要的工作证据之一。实施"监理日志"的目的是为今后追溯问题、分清责任提供资料依据；并为撰写监理月报、监理工作总结积累素材；同时，也是考核监理机构和监理人员的重要材料。

（1）监理日志由专业监理工程师填写，由项目总监理工程师签阅（一般应每日签阅，特殊情况也可每周集中签阅一次）。

（2）内容应真实、准确、全面、力求详细、严谨认真、书写工整、规范用语、简洁明了。

（3）准确记录时间和天气情况，因为时间是构成事件的重要因素，而天气对施工质量有直接影响，因此必须记录准确，不可忽视。

（4）准确记录施工情况，包括当天施工内容，工地会议，主要材料、机械、劳动力出场情况等。

（5）准确记录存在的问题，对工程质量和工程进度方面存在的问题及影响质量和进度的因素应如实、详细地记录。

（6）准确记录问题处理情况，包括对问题的处理情况及结果，签收、签发的文件（备忘录、监理通知单等），现场协调等内容。

（7）监理日志应具有"连续性"和"可追溯性"。连续性是指记录从工程开工到竣工之间的所有活动。不得间断。如"下雨停工"、"春节放假"等均应有所表述，而不应出现日期的间断。可追溯性是对日志中由于条件或技术原因当天不能解决或遗留的问题，后面的记录中应有交代，而不能出现"悬而不决"的情况。

（8）其他。包括安全、停工情况及合理化建议等。

"监理日志"详见附表3-59示例。

16. 单位工程质量评估报告

工程竣工预验收合格后，项目监理机构应编写工程质量评估报告，并应经总监理工程师和工程监理单位技术负责人审核签字后报建设单位。

"单位工程质量评估报告"是对被监理的单位（子单位）工程的施工过程和施工质量进行综合评价的文件资料。

（1）工程质量评估报告的编写依据：

1）坚持独立、公正、科学的准则；

2）平时质量验收并经各方签认的质量验收记录；

3）建设、监理、施工单位竣工预验收汇总整理的单位（子单位）工程质量竣工验收记录、单位（子单位）工程质量控制资料核查记录、单位（子单位）安全和功能资料核查及主要功能抽查记录、单位（子单位）工程观感质量检查记录。

（2）工程质量评估报告应包括的主要内容：工程概况；工程各参建单位；工程质量验收情况；工程质量事故及其处理情况；竣工资料审查情况；工程质量评估结论。

（3）工程质量评估报告应在项目监理机构签认单位（子单位）工程预验收后，由总监理工程师组织专业监理工程师编写。

（4）工程监理质量评价经项目监理机构对竣工资料及实物全面检查、验收合格后，由总监理工程师签署工程竣工报验单，并向建设单位提交质量评估报告。

（5）工程质量评估报告由总监理工程师和监理单位技术负责人签字，并加盖监理单位公章。

（6）"单位工程质量评估报告"仅作为"建筑工程竣工验收报告"和"建筑工程竣工验收备案表"的附件。

"单位工程质量评估报告"详见附表3-60示例。

17. 单位工程竣工验收报审表

项目监理机构应审查施工单位提交的单位工程竣工验收报审表及竣工资料，组织工程竣工预验收。存在问题的，应要求施工单位及时整改；合格的，总监理工程师应签认单位工程竣工验收报审表。

"单位工程竣工验收报审表"详见附表3-61，应一式三份，项目监理机构、建设单位、施工单位各一份。

3.5.2 表式与例表

施工组织设计、（专项）施工方案报审表　　　　　　附表3-43

工程名称：北京××办公楼　　　　　　　　　　　　编号：001

致：_____××监理公司_____（项目监理机构）

我方已完成_____北京××办公楼_____工程施工组织设计或（专项）施工方案的编制，并按规定已完成相关审批手续，请予以审查。

附：□施工组织设计
　　☑专项施工方案
　　□施工方案

施工项目经理部（盖章）
项目经理（签字）马××
201×年××月××日

审查意见：
同意

专业监理工程师（签字）赵××
201×年××月××日

审核意见：
同意

项目监理机构（盖章）
总监理工程师（签字，加盖执业印章）汤××
201×.06.10

审批意见（仅对超过一定规模的危险性较大的分部分项工程专项施工方案）：
同意

建设单位（盖章）
建设单位代表（签字）李××
201×年××月××日

工程开工报审表　　　　　　　附表 3-44

工程名称：北京××办公楼　　　　　　　　　　　　　编号：001

致：　　　　　　北京××集团开发公司　　　　　（建设单位）

　　　　　　　××监理公司　　　　　（项目监理机构）

我方承担的　　　北京××办公楼　　　工程，已完成相关准备工作，具备开工条件，特申请于201×年04 月12 日开工，请予以审批。

附件：证明文件资料

项目经理(签字) 马××

201×年××月××日

审核意见：

同意

总监理工程师(签字、加盖执业印章) 汤××

201×年××月××日

审批意见：

同意

建设单位(盖章)

建设单位代表(签字) 李××

201×年××月××日

分包单位资格报审表　　　　　　　　附表 3-45

工程名称：_____　　　　编号：_____

致：_____(项目监理机构)

　　经考察,我方认为拟选择的_____(分包单位)具有承担下列工程的施工/安装资质和能力,可以保证本工程按施工合同第___条款的约定进行施工/安装。分包后,我方仍承担本工程施工合同的全部责任。请予以审查。

分包工程名称(部位)	分包工程量	分包工程合同额
合　计		

附:1. 分包单位资质材料

　　2. 分包单位业绩材料

　　3. 分包单位专职管理人员和特种作业人员的资格证书

　　4. 施工单位对分包单位的管理制度

施工项目经理部(盖章)_____

项目经理(签字)_____

年　月　日

审查意见:

专业监理工程师(签字)_____

年　月　日

审核意见:

项目监理机构(盖章)_____

总监理工程师(签字)_____

年　月　日

填报说明:本表一式三份,项目监理机构、建设单位、施工单位各一份。

施工现场质量管理检查记录表 　　　　附表 3-46

工程名称	北京××办公楼		施工许可证号		施××-×××	
建设单位	北京××集团开发公司		项目负责人		李××	
设计单位	××建筑设计有限公司		项目负责人		王××	
监理单位	××监理公司		总监理工程师		张××	
施工单位	北京××建设集团公司	项目经理	马××	项目技术负责人		宋××
序号	项目		主要内容			
1	项目部质量管理体系		质量例会制度、月评比及奖罚制度、三检及交接检制度、质量与经济挂钩制度，有健全的生产控制和合格控制的质量管理体系			
2	现场质量责任制		岗位责任制，设计交底会制度，技术交底制度，挂牌制度，责任明确，手续齐全			
3	主要专业工种操作岗位证书		测量工、钢筋工、木工、混凝土工、电工、焊工、起重司索信号工、架子工等主要专业工种操作上岗证书齐全			
4	分包单位管理制度		有分包管理制度，具体要求清晰，管理责任明确			
5	图纸会审记录		审查设计交底、图纸会审工作已完成，资料齐全，已四方确认			
6	地质勘察资料		资料齐全，各方已确认			
7	施工技术标准		标准选用正确，满足工程使用			
8	施工组织设计、施工方案编制及审批		施工组织设计、主要施工方案编制、审批齐全，文件管理制度完备			
9	物资采购管理制度		制度合理可行，物资供应方符合工程对物资质量、供货能力的要求			
10	施工设施和机械设备管理制度		已建立严格全面的设施设备管理制度，各项要求已落实到人、到具体工作			
11	计量设备配备		设备先进可靠，计量准确			
12	检测试验管理制度		制度符合相关标准规定，检测试验计划已经审核批准			
13	工程质量检查验收制度		已建立严格全面的质量检查验收制度，制度符合法规、标准的规定，各项要求已落实到人、到各环节			

检查结论：通过上述项目的检查，项目部施工现场质量管理制度明确到位，质量责任制措施得力，主要专业工程操作上岗证书齐全，施工组织设计、主要施工方案逐级审批，现场工程质量检验制度制定齐全，现场材料、设备存放按施工组织设计平面图布置，有材料、设备管理制度。

总监理工程师（建设单位项目负责人）：张×× 　　　　　201×年9月20日

施工进度计划报审表　　　　　　　　　　　附表 3-47

工程名称：北京××办公楼　　　　　　　　　　　　　　　　编号：001

致：_____××监理公司_____(项目监理机构)

　　我方根据施工合同的有关规定,已完成_____××办公楼_____工程施工进度计划的编制和批准,请予以审查。

　　附件:☑施工总进度计划
　　　　　□阶段性进度计划

施工项目经理(盖章)
项目经理(签字)　马××
201×年××月××日

审查意见:

　　　　同意

专业监理工程师(签字)　王××
201×年××月××日

审核意见:

　　　　同意按计划执行。

项目监理机构(盖章)
总监理工程师(签字)　汤××
201×年××月××日

施工控制测量成果报验表　　　　　　　附表 3-48

工程名称：＿＿＿＿＿＿＿＿＿＿＿＿　　　　　　　编号：＿＿＿＿＿＿

致：＿＿＿＿＿＿＿＿＿＿＿(项目监理机构)

我方已完成＿＿＿＿＿＿＿＿＿＿＿＿＿＿＿的施工控制测量，经自检合格，请予以查验。

附：1. 施工控制测量依据资料

2. 施工控制测量成果表

施工项目经理部(盖章)＿＿＿＿＿

项目技术负责人(签字)＿＿＿＿＿

年　月　日

审查意见：

施工监理机构(盖章)＿＿＿＿＿

专业监理工程师(签字)＿＿＿＿＿

年　月　日

填报说明：本表一式三份，项目监理机构、建设单位、施工单位各一份。

工程材料、构配件、设备报审表　　　　　　附表 3-49

工程名称：＿＿＿＿＿＿＿＿＿＿＿＿　　　　　　　编号：＿＿＿＿＿＿

致：＿＿＿＿＿＿＿＿＿＿＿(项目监理机构)

于＿＿年＿＿月＿＿日进场的用于工程＿＿＿＿部位的＿＿＿，经我方检验合格。现将相关资料报上，请予以审查。

附件：1. 工程材料/设备/构配件清单

2. 质量证明文件

3. 自检结果

施工项目经理部(盖章)＿＿＿＿＿

项目经理(签字)＿＿＿＿＿

年　月　日

审查意见：

项目监理机构(盖章)＿＿＿＿＿

专业监理工程师(签字)＿＿＿＿＿

年　月　日

填报说明：本表一式二份，项目监理机构、施工单位各一份。

_____报审/验表   附表 3-50

工程名称：_____   编号：_____

致：_____(项目监理机构)

　　我方已完成_____工作,经自检合格,现将有关资料报上,请予以审查/验收。

　　附:□隐蔽工程质量检验资料

　　　　□检验批质量检验资料

　　　　□分项工程质量检验资料

　　　　□施工试验室证明资料

　　　　□其他

施工项目经理部(盖章)_____

项目经理或项目技术负责人(签字)_____

年　月　日

审查、验收意见:

项目监理机构(盖章)_____

专业监理工程师(签字)_____

年　月　日

填报说明:本表一式二份,项目监理机构、施工单位各一份。

监理通知单   附表 3-51

工程名称：北京××办公楼   编号：001

致：_____北京××建设集团公司_____(施工项目经理部)

事由：_____你单位在施工过程中使用水泥存在的问题_____

　　　_____

　　　_____

内容:本项目监理机构于 5 月 26 日上午收到××水泥厂生产的强度等级为 42.5 普通硅酸盐水泥质量证明资料,经监理人员与现场水泥实物核验后发现存在下面问题

1. 水泥包装上无生产许可证标志和编号;_____

2. 经查证无该厂生产的强度等级为 42.5 普通硅酸盐水泥生产许可证,现提供的生产认可证伪造的

项目监理机构(盖章)

总监理工程师(签字)　汤××

201×年××月××日

监理通知回复单

工程名称：北京××办公楼　　　　　　　　　　　　　　　　　　编号：001

致：　　　　××监理公司　　　　　（项目监理机构）

　　我方接到编号为　　001　　的监理通知单后，已按要求完成相关工作，请予以复查。

　　附：需要说明的情况

施工项目经理部（盖章）

项目经理（签字）　马××

201×年××月××日

复查意见：

已按通知单要求整改完毕，同意验收。

项目监理机构（盖章）

总监理工程师或专业监理工程师（签字）　汤××

201×年××月××日

工程质量事故处理方案报审表

附表 3-53

工程单位：×××路 1 号合同段工程　　　　　　　　　　　　　　　　　　编号：××-××

致 <u>　×××工程建设监理公司　</u>（监理单位）： 　　于 2001 年 <u>09</u> 月 <u>13</u> 日 <u>15:30</u> 时在 <u>××××路 1 号合同段工程 K＋100～K＋150 处土方回填</u> 施工中，发生的回填土块径超标和回填土分层碾压厚度超标问题（事故）。已于 <u>09</u> 月 <u>14</u> 日提出《工程质量 问题（事故）报告单》。现提出处理方案，请予审查。   附件： 1. 工程质量事故详细报告 2. 工程质量事故处理方案   承包单位（公章）＿＿＿＿＿　　　　项目负责人（签字）：×××　　　　×年×月×日

设计单位审查意见： 　按《工程质量事故处理方案》整改后能够满足设计要求，同意此《工程质量事故处理方案》 设计人（签字）：××× 　　　　　　　　　　×年×月×日	总监理工程师审查意见： 　该《工程质量事故详细报告》对质量事故原因分析透彻，《工程质量事故处理方案》切实可行，同意《工程质量事故详细报告》，批准按《工程质量事故处理方案》实施 项目监理机构（公章）： 总监理工程师（签字）：××× 　　　　　　　　　　×年×月×日
抄报：高速路段股份公司	

　　注：本表由承包单位填写，一式四份，审核后建设、设计、承包、监理单位各留一份。

工程暂停令

工程名称：北京××办公楼

编号：001

致：　　　　北京××建设集团公司　　　　（施工项目经理部）

　　由于　　你单位在 A-B/1-9 轴地下室墙体混凝土施工过程中多处出现严重的蜂窝、狗洞、麻面存在严重质量隐

患。原因，现通知你方于201×年05月12日6时起，暂停A-B/1-9轴混凝土部位（工序）施工，并按下述要求做好后

续工作。

要求：

　　1. 及时上报补强方案，经监理审核后，在甲方、监理现场的监督下，对存在质量问题的部位进行组织整改。

　　2. 针对多次出现的质量问题，认真总结，分析原因，采取有效措施，杜绝今后再出现质量隐患，确保工程质量。

　　3. 召开项目部质量交底会议，对各工种进行质量技术交底。

　　4. 加强现场施工管理

总监理工程师（签字，加盖执业印章）汤××

项目监理机构（盖章）××监理公司

201×年××月××日

工程复工报审表　　　　　　　　　　　　　　　附表3-55

工程名称：北京××办公楼　　　　　　　　　　　　　　　　　编号：001

| 致： | 北京××集团开发公司 | （建设单位） |

致：_____北京××集团开发公司_____（建设单位）

_____××监理公司_____（项目监理机构）

　　我方承担的_____北京××办公楼_____工程,已完成相关准备工作,具备开工条件,特申请于201×年04月12日开工,请予以审批。

　　附件:证明文件资料

　　　　　　　　　　　　　　　　　　　　　　　　　承包单位(盖章)

　　　　　　　　　　　　　　　　　　　　　项目经理(签字)　马××

　　　　　　　　　　　　　　　　　　　　　　201×年××月××日

审核意见:

　　　　同意

　　　　　　　　　　　　　　　　　　　　　　项目监理机构(盖章)

　　　　　　　　　　　总监理工程师(签字、加盖执业印章)　汤××

　　　　　　　　　　　　　　　　　　　　　　201×年××月××日

审批意见:

　　　　同意

　　　　　　　　　　　　　　　　　　　　　　　　建设单位(盖章)

　　　　　　　　　　　　建设单位代表(签字)　李××

　　　　　　　　　　　　　　　　　　　　　　201×年××月××日

工程复工令   附表 3-56

工程名称：_____   编号：_____

致：_____（施工项目经理部）
　我方发出的编号为：_____停工令，要求暂停_____部位（工序）施工，经查已具备复工条件，经建设单位同意，现通知你方于_____年____月____日____时起恢复施工。

附件：复工报审表

项目监理机构（盖章）_____
总监理工程师（签字、加盖执业印章）_____
年　月　日

填报说明：本表一式三份，项目监理机构、建设单位、施工单位各一份。

整改复查报审表   附表 3-57

工程名称：×××   编号：××-×××

致　×××建筑工程监理有限公司（监理单位）：
　根据第2002011号《监理工程师通知单》内容，我们已于2002年1月16日整改完毕，现请复查。自检情况如下：
　1. 施工作业层的安全防护网已铺设；
　2. 所有安全通道均按规范搭设；
　3. 外脚架拉接点松脱处已全部清查处理完毕

承包单位项目部（公章）：_____   项目负责人（签字）：×××   ×年×月×日

监理工程师复查意见：
　经复查，施工单位已按2002—011号通知内容整改，并达到整改要求

项目监理机构（公章）：　　专业监理工程师（签字）：×××
　　　　　　　　　　　　　总监理工程师（签字）：×××   ×年×月×日

注：本表由承包单位填写。一式三份，审核后建设、监理、施工单位各留一份。

旁站记录　　　　　　　　　　　　　　　　　附表 3-58

工程名称：北京××办公楼　　　　　　　　　　　　　　　　　　编号：001

旁站的关键部位、关键工序	主体结构一层柱混凝土浇筑	施工单位	北京××建设集团公司
旁站开始时间	××年 05 月 02 日 9 时 10 分	旁站结束时间	××年 05 月 2 日 16 时 20 分

旁站的关键部位、关键工序施工情况：
　　主体结构一层①-⑥轴框架柱混凝土浇筑自 05 月 02 日 9 时 10 分开始至 5 月 02 日 16 时 20 分浇筑完毕，采用商品混凝土，坍落度为 180mm±20mm，混凝土强度为 C30mm，采用汽车运输，输送泵浇筑，施工人数为振捣工 2 人，钢筋工 1 人，木工 3 人，水电工 3 人，混凝土工 9 人，管理人员 2 人。混凝土振捣采用行星滚锥内部振动器。监理情况：经检查施工单位工长黄某到岗，混凝土开灌申请各项符合图纸设计及规范要求，材料准备齐全，同意进行浇筑。并告知框架柱开始浇筑时，底部应先浇筑一层 50～100mm 厚与所浇筑混凝土相同的水泥砂浆，再以浇筑第一罐混凝土时，制作一组标养试块。0 时、4 时、6 时抽查混凝土坍落度为 172、167、178mm 符合规范要求，未发生跑模、胀模。在浇筑过程中，实验员分别在 1 时、3 时、5 时制作 C30 标养一组同条件三组试块等

发现的问题及处理情况：
　　发现施工方从一端向另一端进行推进浇筑，要求停止改为每排柱子由外向内对称地顺序浇筑。发现振捣工振捣工艺不符合施工工艺要求，要求出使上岗证件，察看符合规范要求。随后监理告知，应垂直插入，并插入下层混凝土 50mm，以满足上下层混凝土能结合成整体。每一振点的振捣延续时间，应使混凝土表面出现浮浆和不再沉淀为限，做到快插慢拔等

旁站监理人员(签字)　孙××
201×年××月××日

监理日志 附表 3-59

气温:最高 23℃;最低 11℃		气象:晴√、阴、雨、雪	降雨/雪(大、中、小)
施工进展情况	主要作业项目	1. 4 号楼:二层结构顶板钢筋验收及浇筑。 2. 5 号楼:二层楼板钢筋绑扎。	
	机械进出场情况	无	
	施工人员动态	施工负责人×××　　　质检员××× 施工人员共计 40 人	
	进场材料、构配件的数量及质量状态	钢材进场 32 吨,混凝土 30m³	
巡视检查及旁站过程中发现的问题及处理情况		梁钢筋存在偏轴现象,附加筋下料短,保护层不到位	
验收、试验(检测)情况:		混凝土浇筑已按要求做试件 3 组,进场钢筋送检验收 4 号顶板钢筋 5 号楼顶板钢筋	
安全情况		无	
向承包单位发出的通知或口头指示,承包单位提出的问题及答复意见		下发配改通知单,承包单位已按要求整改完毕	
上级指示或指令,建设单位的有关要求,质量监督机构的检查意见		无	
尚需解决的问题及建议		无	

单位工程质量评估报告　　　　　　　　　　　　　　附表 3-60

××区××××居住项目

工程质量评估报告

单位技术负责人：×××

总监理工程师：×××

××监理公司

日期 201×年 9 月 15 日

单位工程竣工验收报审表　　　　　　　　　　附表 3-61

工程名称：_____　　　　　编号：_____

致：_____（项目监理机构）

　　我方已按施工合同要求完成_____工程，经自检合格，现将有关资料报上，请予以验收。

　　附件：1. 工程质量验收报告；

　　　　　2. 工程功能检验资料

施工单位（盖章）_____

项目经理（签字）_____

年　月　日

预验收意见：

　　经预验收，该工程合格/不合格，可以/不可以组织正式验收。

项目监理机构（盖章）_____

总监理工程师（签字、加盖执业印章）_____

年　月　日

填报说明：本表一式三份，项目监理机构、建设单位、施工单位各一份。

前　言

　　××监理公司受×××房地产开发有限公司的委托，对×××区××××居住项目实施监理工作，项目监理部于201×年3月开始对本工程实体进行施工阶段监理，在建设单位、设计单位、施工单位的共同努力下，于201×年11月12日建筑工程达到基本竣工条件。

　　一、工程基本情况

　　（一）工程概况

　　1. 项目特征：

工程基本情况表

工程名称	××××居住项目		
工程地点	北京×××区×××路××号		
工程性质	住宅楼		
建设单位	×××房地产开发有限公司		
勘察单位	×××勘察设计公司		
设计单位	××建筑设计有限公司		
承包单位	北京××建设集团公司		
监理单位	××监理公司		
开工日期	201×年3月15日	竣工日期	201×年9月12日

2. 地质概况

本工程依据岩土工程勘察报告，采用天然地基，地基承载力标准值符合设计要求，地下水对混凝土具有弱腐蚀性。

3. 建筑特点

本工程总建筑面积为 15428m²，主体结构为地下二层，地上十层，为框架柱剪力墙结构，总高度为 35.4m。

（二）施工单位基本情况：

总包单位：北京××建设集团公司

序号	分包单位名称	分包项目
1	××外墙保温有限公司	外墙保温
2	××门窗有限公司	门窗
3	××消防有限公司	消防
4	××石材公司	外墙
5	××电梯公司	电梯
6	××防水材料有限公司	防水工程

承包单位现场项目经理全面负责本工程的施工任务，施工组织机构健全，管理人员资历、施工经验符合要求。施工单位各专业人员岗位证书齐全，符合要求。劳务人员数量满足施工工期要求。施工各类设备规格、型号、数量满足施工要求。工程原材料、构配件、设备能按照使用计划落实。通过对总包单位、分包单位，以及主要工程原材料、构配件、设备供应的书面资质证明材料的审核，总包单位、分包单位及供应单位有能力完成本工程的施工项目。

（三）主要采取的施工方法

1. 混凝土为商品预拌混凝土，混凝土浇筑采用泵送方式。

2. 剪力墙模板采用大钢模板加对螺栓，顶板采用竹胶板及碗口式支撑体系。

3. 钢筋接头：直径大于 18mm 的采用直螺纹连接，直径小于 16mm 的采用搭接方式。

4. 其他各分部工程及各工序为常规做法施工。

（四）分部工程的质量情况：

1. 地基与基础分部：基础施工过程中，对进场原材料进行审查签认，对进场的钢筋、防水材料、钢筋接头进行了见证取样复试，专业监理工程师对混凝土浇筑施工、地下防水施工细部构造进行全过程跟踪旁站。

2. 主体结构施工：主体结构主要为剪力墙及框架柱的施工，包括二次隔墙砌筑，在施工过程中按工序进行检验、抽检和验收检查，总体质量满足规范要求。

3. 建筑装饰装修工程：外装修部分干挂石材，大面积保温施工，外墙面层为涂料，符合设计图纸规范及合同的要求。

4. 建筑屋面：屋面为泡沫混凝土保温层，面层为防水卷材层，主要对原材进行控制，泡沫混凝土的保温性能，防水卷材的性能均满足设计及规范要求。

5. 建筑给水排水及采暖、通风与空调、电气工程（包括智能）等均按相应的设计标准施工，达到规范规定的要求。

6. 节能施工符合设计规范要求，已经进行了建筑节能专项验收备案。

（五）施工过程中未发生质量事故，一些常见的质量通病或缺陷，施工单位出专项方案进行了整改和处理。

二、对工程质量的综合评估意见

该工程承包合同规定的质量等级为：合格。

监理单位根据对分项、分部、单位的验收情况，认为该工程达到了施工合同约定的工程质量标准，达到国家有关工程验收标准，单位工程预验收合格。

3.6 检测单位技术资料编制

3.6.1 材料性能检验（检测）报告

"材料性能检验（检测）报告"是检测机构受委托单位委托，对材料的有关技术参数进行检测后，用以确定所检参数是否符合相关标准的报告。

建设工程所用材料，品种、规格繁多，就材料本身而言，有的常用，有的不常用。

对常用材料的检验（检测），检测单位都有相对固定的表式，检验（检测）报告内容包括：检测概况（委托单位、委托日期、委托编号，工程名称、工程部位，产品名称、规格、生产厂家或产地，依据标准，报告日期等）；检测项目；检测结果；结论；备注等。

对不常用材料的检验（检测），一般没有特定的表式，检测单位可根据委托单位要求和相关技术标准要求，对材料的有关技术参数进行检测后，出具检验（检测）报告。

3.6.2 堆积材料检测报告

"堆积材料检测报告"是检测机构受委托单位委托，对堆积材料的有关技术参数进行检测后，用以确定所检参数是否符合相关标准的报告。

建设工程所用堆积材料（如砂、卵石、碎石等），往往用量较大，且无固定生产厂家，多为地方材料。

对这类材料的检测，检测报告内容包括：检测概况（委托单位、委托日期、委托编号，工程名称，样品名称、产地，依据标准，报告日期等）；检测项目；检测结果；筛分结果；结论；备注等。

3.6.3　配合比设计报告

"配合比设计报告"是检测机构受委托单位委托，出具的配合比报告。

一般建设工程，需要砌筑砂浆配合比和普通混凝土配合比，配合比设计报告内容包括：设计概况（委托单位、委托日期、委托编号，工程名称，设计等级，试验内容，依据标准，报告日期等）；原材料性能（水泥、骨料、外加剂、掺合料等）；施工要求；配合比；备注等。

3.6.4　立方体抗压强度检测报告

"立方体抗压强度检测报告"是检测机构受委托单位委托，对立方体抗压强度进行检测后，用以确定是否达到设计要求的报告。

一般建设工程，需要对砌筑砂浆立方体抗压强度和普通混凝土立方体抗压强度进行检测，立方体抗压强度检测报告内容包括：检测概况（委托单位、委托日期、委托编号，工程名称、工程部位，设计强度等级，试压龄期，依据标准，报告日期等）；检测结果；抗压强度代表值；结论；备注等。

3.7　监督单位技术资料编制

3.7.1　建设工程质量监督工作方案

"建设工程质量监督工作方案"是当地建设行政主管部门委托的工程质量监督部门对建设工程和参与建设的各方责任主体及有关机构的质量行为进行监督的工作方案。内容包括：工程概况、计划编制依据、监督组织、质量控制点部位等。

监督工作方案需根据工程项目的规模、特点、投资形式、责任主体和有关机构的信誉和质量保证能力制定。方案中应明确监督重点和监督方式，并根据监督检查中发现问题的情况及时对监督方案进行调整。

3.7.2　工程质量保证体系审查表

"工程质量保证体系审查表"是工程质量监督部门对建设工程质量保证体系是否健全进行审查的批复文件。

"工程质量保证体系审查表"由工程总承包单位填写，工程质量监督部门审查。内容包括：施工单位、监理单位、勘察设计单位的机构人员（姓名、职务、专业职称、证书编号等）；检测单位名称、资质编号；质量责任制度；审查意见等。

3.7.3　建设工程质量整改通知单

"建设工程质量整改通知单"是工程质量监督部门在监督过程中发现工程质量存在问题，向工程承包单位发出的整改通知。内容包括：存在的质量问题、处理意见等。

3.7.4　建设工程质量监督记录

"建设工程质量监督记录"是工程质量监督机构对建设工程进行监督抽查的记录资料。内容包括：工程名称、抽查部位、监督抽查情况及处理意见、处理结果等。

监督抽查主要是抽查各方责任主体和有关机构执行法律、法规及工程建设强制性标准及质量责任制落实情况；抽查涉及结构安全和使用功能的主要材料、构配件和设备出厂合格证、试验报告、见证取样资料及结构实体检测报告等。

监督抽查情况应如实记录，对存在的质量问题应提出处理意见。

施工单位对提出的质量问题整改完毕后，由技术负责人填写整改情况和整改结果，并由监理工程师签字认可。

3.7.5　建设工程质量监督报告

"建设工程质量监督报告"是建设工程竣工验收合格后，工程质量监督机构向备案机关提交的工程质量监督文件。

"建设工程质量监督报告"应根据监督抽查情况，客观反映各责任主体和有关机构履行质量责任的行为及检查到的工程实体的质量情况。内容包括：工程概况和监督工作概况；对各责任主体和有关机构质量责任行为及执行工程建设强制性标准的检查情况；工程实体质量监督抽查情况；工程质量技术档案和施工管理资料抽查情况；工程质量问题的整改和质量事故的处理情况；各责任主体及相关有资格人员的不良记录内容；工程质量竣工验收监督记录；对工程竣工验收备案的建议等。

3.7.6　建设工程竣工验收监督记录

"建设工程竣工验收监督记录"是工程质量监督机构对工程竣工验收进行监督的记录文件。内容包括：工程概况；竣工验收文件的检查评价；对遗留问题的处理意见，处理结果等。工程竣工验收应由监督人员对工程竣工验收文件进行审查，对验收组成员组成及验收方案进行监督，对工程实体质量进行抽测，对观感质量进行检查，对遗留问题提出处理意见。

针对遗留问题，施工单位应及时整改，并要求监理（建设）单位填写处理结果，并由监理工程师签字认可。

复习思考题

1. 建筑工程资料编制有何意义？

2. 为什么说建筑工程资料编制是一个十分复杂的系统工程？

3. 如何填写建设工程竣工验收报告？

4. 何谓技术交底？技术交底的主要内容是什么？

5. 图纸会审的目的是什么？

6. 某主体工程，混凝土设计强度等级为 C20，按规定取样制作了 12 组试块送检，试验结果，12 组试块的强度代表值（MPa）分别为：18.2、20.0、24.3、19.5、21.1、23.4、22.5、24.3、22.3、24.7、19.2、24.0。试对该主体混凝土强度进行评定。

7. 对施工组织设计进行审查时，专业监理工程师和总监理工程师各有何审查重点？

8. 承包单位提请开工报审时，提供的附件应满足哪些条件？

9. 总监理工程师在哪些情况下有权下达工程暂停令？

10. 旁站监理的工作内容有哪些？

教学单元4

建筑工程施工质量验收

【教学目标】 通过本单元的学习，让学生熟悉现行的建筑工程施工质量验收标准；掌握建筑工程施工质量验收的基本规定；了解建筑工程施工质量验收的相关术语；熟悉建筑工程质量的验收程序与验收组织；掌握建筑工程质量验收内容。

4.1　建筑工程施工质量验收标准

对建筑工程的质量要求，在于以符合适用、可靠、耐久、美观等各项要求和符合当前经济上最优条件所制定的各项工程技术标准、定额、管理标准来最大限度地满足生产与生活需要，因此，制定的各类工程技术标准和管理标准就成为确认工程质量和衡量经济效益的基础。而这些工程技术标准的制定都是通过科研和生产实践，经过鉴定、审批，在不同范围内以国家标准、行业标准、地方标准和企业标准的形式颁布实施。它们不仅是咨询、勘察、设计、施工企业据以生产的标准，也是国家和业主据以进行工程质量检查、评价、验收的标准。

新中国建立以来，随着我国国民经济的发展和建设水平的提高，有关建筑工程施工及质量验收的系列标准也随着发展，前后共经历了：56 系列标准，66 系列标准，74 系列标准，88 系列标准。建筑工程质量标准体系，在 2001 年以后，是相继颁布执行的《建筑工程施工质量验收统一标准》和配套的专业验收规范。这套质量标准体系的编制依据了《中华人民共和国标准化法》、《中华人民共和国标准化实施条例》、《工程建设标准管理办法》、《中华人民共和国建筑法》、《建设工程质量管理条例》、《建筑结构可靠度计算统一标准》及其他相关法律、法规和设计规范等，同时，施工质量验收统一标准和专业施工质量验收规范还需要有关标准的支持才能落实和执行。对 2001 年颁布的《建筑工程施工质量验收统一标准》进行修订，2013 年发布了《建筑工程施工质量验收统一标准》。

现行的《建筑工程施工质量验收统一标准》GB 50300—2013（简称验收统一标准），已于 2014 年 6 月 1 日实施，延续了 2001 标准"验评分离、强化验收、完善手段、过程控制"的原则。突出鼓励"四新"技术的推广应用，提高检验批抽样检验的理论水平，解决建筑工程施工质量验收中的具体问题，强化五方主体的质量责任，推进工程建设领域的诚信体系建设。可以预见，新的《验收统一标准》必将推进我国建设领域的质量验收工作的规范性、科学性、合理性取得更大发展。

验评分离　"验评"就是工程质量的验收与工程质量等级的评定。"88 系列标准"将验评合一，工程质量的验收与工程质量等级的评定是同时进行。"验评分离"就是将工程质量的验收与工程质量等级的评定的内容分开，质量验收的依据是国家制定的工程建设强制性标准，是施工质量的最低标准；质量评定的依据是由行业协会等制定的推荐性标准，其质量水平应比工程建设强制性标准要高。图 4-1 体现了"验评分离"的关系。

强化验收　施工质量验收规范作为国家的强制性标准，是施工单位必须达到的最低施工质量标准，也是建设单位验收工程质量所必须遵守的最低要求。

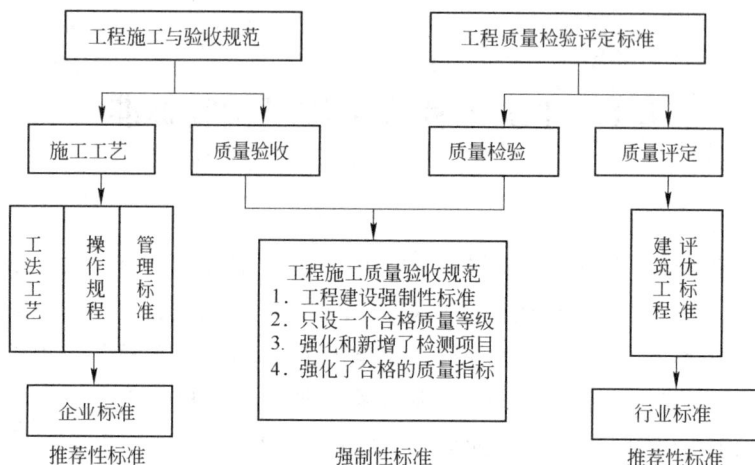

图 4-1　验评分离、强化验收示意图

完善手段　一是完善材料与设备的检测；二是完善施工阶段的试验；三是增设竣工过程实体抽查检验和见证检验，减少或避免人为的干扰和主观评价的影响。

过程控制　建筑产品是一种特殊产品，必须加强施工过程的质量控制。质量验收规范设置了控制的要求，强化中间控制、合格控制和综合质量水平的考核，让质量控制在每一过程和工序中有效实施，上一道工序没有验收就不能进行下一道工序，从而达到有效保证工程整体质量的目的。

4.2　建筑工程施工质量验收基本规定与术语

4.2.1　基本规定

1. 施工现场应具有健全的质量管理体系、相应的施工技术标准、施工质量检验制度和综合施工质量水平评定考核制度。施工现场质量可按附表 3-46 要求进行检查记录。

施工单位应推行生产控制和合格控制的全过程质量控制，应有健全的生产控制和合格控制的质量管理体系。这里不仅包括原材料控制、工艺流程控制、施工操作控制、每道工序质量检查、各道相关工序间的交接检验以及专业工种之间等中间交接环节的质量管理和控制要求，还应包括满足施工图设计和功能要求的抽样检验制度等。施工单位还应通过内部的审核与管理者的评审，找出质量管理体系中存在的问题和薄弱环节，并制订改进的措施和跟踪检查落实等措施，使单位的质量管理体系不断健全和完善，是该施工单位不断提高建筑工程施工质量的保证。

同时施工单位应重视综合质量控制水平，应从施工技术、管理制度、工程质量控制和工程质量等方面制订对施工企业综合质量控制水平的指标，以达到提高整体素质和经济效益。

未实行监理的建筑工程，建设单位相关人员应履行《建筑工程施工质量验收统一标准》GB 50300—2013 涉及的监理职责。

2. 建筑工程的施工质量控制应符合下列规定：

（1）建筑工程采用的主要材料、半成品、成品、建筑构配件、器具和设备应进行现场验收。凡涉及安全、节能、环境保护和土要使用功能的重要材料、产品，应按各专业工程施工规范、验收规范和设计文件等规定进行复验，并应经监理工程师检查认可。

（2）各工序应按施工技术标准进行质量控制，每道施工工序完成后，经施工单位自检符合规定后，才能进行下道工序施工。各专业工种之间的相关工序应进行交接检验，并应记录。

（3）对于监理单位提出检查要求的重要工序，应经监理工程师检查认可，才能进行下道工序施工。

3. 符合下列条件之一时，可按相关专业验收规范的规定适当调整抽样复验、试验数量，调整后的抽样复验、试验方案应由施工单位编制，并报监理单位审核确认。

（1）同一项目中由相同施工单位施工的多个单位工程，使用同一生产厂家的同品种、同规格、同批次的材料、构配件、设备。

（2）同一施工单位在现场加工的成品、半成品、构配件用于同一项目中的多个单位工程。

（3）在同一项目中，针对同一抽样对象已有检验成果可以重复利用。

4. 当专业验收规范对工程中的验收项目未做出相应规定时，应由建设单位组织监理、设计、施工等相关单位制定专项验收要求。涉及安全、节能、环境保护等项目的专项验收要求应由建设单位组织专家论证。

5. 建筑工程施工质量应按下列要求进行验收：

（1）工程质量验收均应在施工单位自检合格的基础上进行。

（2）参加工程施工质量验收的各方人员应具备相应的资格。

（3）检验批的质量应按主控项目和一般项目验收。

（4）对涉及结构安全、节能、环境保护和主要使用功能的试块、试件及材料，应在进场时或施工中按规定进行见证检验。

（5）隐蔽工程在隐蔽前应由施工单位通知监理单位进行验收，并应形成验收文件，验收合格后方可继续施工。

（6）对涉及结构安全、节能、环境保护和使用功能的重要分部工程，应在验收前按规定进行抽样检验。

（7）工程的观感质量应由验收人员现场检查，并应共同确认。

6. 建筑工程施工质量验收合格应符合下列规定：

（1）符合工程勘察、设计文件的要求。

（2）符合本标准和相关专业验收规范的规定。

7. 检验批的质量检验，可根据检验项目的特点在下列抽样方案中选取：

（1）计量、计数或计量-计数的抽样方案。

（2）一次、二次或多次抽样方案。

（3）对重要的检验项目，当有简易快速的检验方法时，选用全数检验方案。

（4）根据生产连续性和生产控制稳定性情况，采用调整型抽样方案。

（5）经实践证明有效的抽样方案。

8. 检验批抽样样本应随机抽取，满足分布均匀、具有代表性的要求，抽样数量应符合有关专业验收规范的规定。当采用计数抽样时，最小抽样数量应符合表 4-1 的要求。

检验批最小抽样数量   表 4-1

检验批的容量	最小抽样数量	检验批的容量	最小抽样数量
2～15	2	151～280	13
16～25	3	281～500	20
26～90	5	501～1200	32
91～150	8	1201～3200	50

明显不合格的个体可不纳入检验批，但应进行处理，使其满足有关专业验收规范的规定，对处理的情况应予以记录并重新验收。

9. 计量抽样的错判概率 α 和漏判概率 β 可按下列规定采取：

（1）主控项目：对应于合格质量水平的 α 和 β 均不宜超过 5%。

（2）一般项目：对应于合格质量水平的 α 不宜超过 5%，β 不宜超过 10%。

4.2.2 术语

1. 检验

对检验项目中的性能进行量测、检查、试验等，并将结果与标准规定要求进行比较，以确定每项性能是否符合所进行的活动。

2. 进场检验

对进入施工现场的建筑材料、构配件建筑材料、构配件设备及器具，按相关标准的要求进行检验，并对其质量、规格及型号等是否符合要求做出确认的活动。

3. 复验

建筑材料、设备等材料、设备等进入施工现场后，在进入施工现场后，在外观质量检查和质量证明文件核查符合要求的基础上，按照有关规定从施工现场抽取试样送至试验室进行检验的活动。

4. 见证检验

施工单位在工程监理单位或建设单位的见证下，按照有关规定从施工现场随机抽取试样，送至具备相应资质的检测机构进行检验的活动。

5. 检验批

按相同的生产条件或按规定方式汇总起来供抽样检验用的，由一定数量样本组成检

验用的，由一定数量样本组成检验体。

6. 验收

建筑工程质量在施工单位自行检查合格的基础上，由工程质量验收责任方组织，工程建设相关单位参加，对检验批、分项部单位工程对检验批、分项部单位工程对检验批、分项部单位工程对检验批、分项部单位工程及其隐蔽工程的质量进行抽样检验，对技术文件进行审核，并根据对技术文件进行审核，并根据设计文件和相关标准以书面形式对工程质量是否达到合格做出确认。

7. 主控项目

建筑工程中对安全、节能、环境保护和主要使用功能起决定性作用的检验项目。

8. 一般项目

除主控项目以外的检验。

9. 抽样方案

按照规定的抽样方案，随机地从进场的材料、构配件、设备或建筑工程检验项目中，按检验批抽取一定数量的样本所进行的检验。

10. 计数检验

通过确定抽样样本中不合格的个体数量，对样本总体质量做出判定的检验方法。

11. 计量检验

以抽样样本的检测数据计算总体均值、特征值或推定值，并以此判断或评估总体质量的检验方法。

12. 错判概率

合格批被判为不合格批的概率，即合格批被拒收的概率，用 α 表示。

13. 漏判概率

不合格批被判为合格批的概率，即不合格批被误收的概率，用 β 表示。

14. 观感质量

通过观察和必要的测试所反映的工程外在质量和功能状态。

15. 返修

对施工质量不符合规定的部位采取的整修等措施。

16. 返工

对施工质量不符合规定的部位采取的更换、重新制作、施工等措施。

4.3 建筑工程质量验收程序和组织

建筑工程的施工质量验收是按施工顺序进行的，先验收检验批的质量，然后验收分项工程的质量，再验收分部工程的质量，最后验收单位工程的质量。委托有监理单位的工程质量验收，检验批、分项工程、分部（子分部）工程验收由监理单位组织，单位工程竣工验收由建设单位组织；未实行监理的工程，工程施工各阶段、检验批、分项工程、分部（子分部）工程和单位工程竣工验收均由建设单位组织验收。

4.3.1 建筑工程质量验收程序

1. 检验批的验收程序

检验批验收程序是，检验批施工完成后应由专业监理工程师组织施工单位的项目专业质量检查员、专业工长等进行验收。验收的过程是对检验批的现场施工项目对照设计文件进行检查，依据验收规范的质量标准验收。由于监理实行旁站监理，对施工项目的过程和工序质量已很了解，检验批验收时可采取取点抽样检查的方式、宏观检查的方式、对关键部位重点部位检查的方式、对质量怀疑点检查的方式验收。对检查的部位和点位的施工质量达到验收规范标准时，验收各方和验收人员应签字确认。检验批未通过验收，施工单位不得进行下道工序或隐蔽。

2. 分项工程的验收程序

分项工程验收程序是，分项工程施工完成后应由专业监理工程师组织施工单位的项目专业技术负责人等进行验收。

3. 分部工程的验收程序

分部工程应由总监理工程师组织施工单位项目负责人和项目技术负责人等进行验收。

勘察、设计单位项目负责人和施工单位技术、质量部门负责人应参加地基与基础分部工程的验收。

设计单位项目负责人和施工单位技术、质量部门负责人应参加主体结构、节能分部工程的验收。

4. 单位工程的验收程序

单位工程中的分包工程完工后，分包单位应对所承包的工程项目进行自检，并应按《建筑工程施工质量验收统一标准》GB 50300—2013 规定的程序进行验收。验收时，总包单位应派人参加。分包单位应将所分包工程的质量控制资料整理完整，并移交给总包单位。

单位工程完工后，施工单位应组织有关人员进行自检。总监理工程师应组织各专业监理工程师对工程质量进行竣工预验收。存在施工质量问题时，应由施工单位整改。整改完毕后，由施工单位向建设单位提交工程竣工报告，申请工程竣工验收。

建设单位收到工程竣工报告后，应由建设单位项目负责人组织监理、施工、设计、勘察等单位项目负责人进行单位工程验收。

4.3.2 建筑工程质量验收组织

1. 检验批的验收组织

所有检验批均应由专业监理工程师组织验收。验收前，施工单位应完成自检，对存在的问题自行整改处理，然后申请专业监理工程师组织验收。

2. 分项工程的验收组织

分项工程由若干个检验批组成，也是单位工程质量验收的基础。验收时在专业监理工程师组织下，可由施工单位项目技术负责人对所有检验批验收记录进行汇总，核查无误后报专业监理工程师审查，确认符合要求后，由项目专业技术负责人在分项工程质量验收记录中签字，然后由专业监理工程师签字通过验收。

在分项工程验收中，如果对检验批验收结论有怀疑或异议时，应进行相应的现场检查核实。

3. 分部工程的验收组织

就房屋建筑工程而言，在所包含的十个分部工程中，参加验收的人员可有以下三种情况：

（1）除地基基础、主体结构和建筑节能三个分部工程外，其他七个分部工程的验收组织相同，即由总监理工程师组织，施工单位项目负责人和项目技术负责人等参加。

（2）由于地基与基础分部工程情况复杂，专业性强，且关系到整个工程的安全，为保证质量，严格把关，规定勘察、设计单位项目负责人应参加验收，并要求施工单位技术、质量部门负责人也应参加验收。

（3）由于主体结构直接影响使用安全，建筑节能是基本国策，直接关系到国家资源战略、可持续发展等，故这两个分部工程，规定设计单位项目负责人应参加验收，并要求施工单位技术、质量部门负责人也应参加验收。

参加验收的人员，除指定的人员必须参加验收外，允许其他相关人员共同参加验收。

由于各施工单位的机构和岗位设置不同，施工单位技术、质量负责人允许是两位人员，也可以是一位人员。

勘察、设计单位项目负责人应为勘察、设计单位负责本工程项目的专业负责人，不应由与本项目无关或不了解本项目情况的其他人员、非专业人员代替。

4. 单位工程的验收组织

单位工程质量验收应由建设单位项目负责人组织，由于勘察、设计、施工、监理单位都是责任主体，因此各单位项目负责人应参加验收，考虑到施工单位对工程负有直接生产责任，而施工项目部不是法人单位，故施工单位的技术、质量负责人也应参加验收。

单位工程完成后，施工单位应首先依据验收规范、设计图纸等组织有关人员进行自检，对检查发现的问题进行必要的整改。监理单位应根据本标准和《建设工程监理规范》GB/T 50319 的要求对工程进行竣工预验收。符合规定后由施工单位向建设单位提交工程竣工报告和完整的质量控制资料，申请建设单位组织竣工验收。

工程竣工预验收由总监理工程师组织，各专业监理工程师参加，施工单位由项目经理、项目技术负责人等参加，其他各单位人员可不参加。工程预验收除参加人员与竣工验收不同外，其方法、程序、要求等均应与工程竣工验收相同。竣工预验收的表格格式可参照工程竣工验收的表格格式。

建设单位收到工程竣工报告后，应和监理单位一起组织地勘、设计、施工等单位和其他有关方面的专家组成验收组并通知工程质量监督机构参加共同对工程竣工条件进行检查，确认工程是否符合验收要求；建设单位、施工单位将审查合格的工程竣工技术资料呈送城建档案馆归档，获取归档证明文件；建设单位或施工单位应申请消防、规划、环境保护、人民防空专项验收，取得证明文件。

按照《建设工程质量管理条例》和国家住建部的有关规定，工程竣工验收应通知工程质量监督机构参加，对工程竣工验收的组织形式、验收程序、执行技术标准和实体质量的状况进行现场监督，发现有违反建设工程数量管理规定的行为或将不合格的工程按合格验收的应责令改正。

工程竣工验收参加单位及人员：工程竣工验收应由建设单位的项目负责人和技术负责人、工程地质勘察单位项目勘察负责人、工程设计单位项目设计负责人和专业设计人员、工程监理单位的总监理工程师和各专业监理工程师、施工单位负责人和技术负责人、施工项目负责人和技术负责人及专职质量检查员、公安消防管理部门及验收人员、规划管理部门及验收人员、环境保护部门及验收人员等单位及人员参加工程竣工验收会议和实施对工程竣工验收。

在一个单位工程中，对满足生产要求或具备使用条件，施工单位已预验、监理工程师已初验通过的子单位工程，建设单位可组织进行验收。由几个施工单位负责施工的单位工程，当其中的施工单位所负责的子单位工程已按设计完成，并经自行检验，也可组织正式验收，办理交工手续。在整个单位工程进行全部验收时，已验收的子单位工程验收资料应作为单位工程验收的附件。

单位工程有分包单位施工时，分包单位对承建的项目进行验收时，总承包单位应参加，检验合格后，分包单位应将工程的有关资料整理完整后移交给总承包单位，建设单位组织单位工程质量验收时，分包单位负责人应参加验收。

当参加验收各方对工程质量验收意见不一致时，可请当地建设行政主管部门或工程质量监督机构协调处理。建筑工程质量验收意见不一致的情况时有发生，组织协调的部门应是建设行政主管部门或工程质量监督机构，可以是当地建设行政主管部门委托的其他部门（单位），也可以是各方认可的咨询单位或组织的专家组，亦可以委托具有相应资格的工程质量鉴定机构进行鉴定。无论由谁协调，一般应以协调的意见为仲裁性的意见，各方应遵守。

4.4 建筑工程质量验收

4.4.1 检验批质量验收

检验批是建筑工程施工质量验收的最小单元，是分项工程、分部工程和单位工程施工质量验收的基础。

检验批质量验收合格应符合下列规定：

（1）主控项目的质量经抽样检验均应合格；

（2）一般项目的质量经抽样检验合格。当采用计数抽样时，合格点率应符合有关专业验收规范的规定，且不得存在严重缺陷。对于计数抽样的一般项目，正常检验一次、二次抽样可按《建筑工程施工质量验收统一标准》GB 50300—2013 附录 D 判定；

（3）具有完整的施工操作依据、质量检验记录。

检验批质量合格的条件有两个方面：资料方面，通过检查应具有完整的质量控制资料，质量控制资料反映了检验批从原材料到最终验收的各施工工序的操作依据，检查情况以及保证质量所必需的管理制度等，对其完整性的检查，实际是对过程控制的确认，这是检验批合格的前提；工程实体方面，通过抽样检查，其主控项目和一般项目都必须合格。

检验批的质量分别按主控项目和一般项目验收，验收应形成记录。检验批的合格指标在各专业工程质量验收规范中分别列出，对特定的检验批应按主控项目、一般项目规定的指标逐项检查验收。

主控项目是对检验批的基本质量起决定性的作用和影响的检验项目，是确保工程安全和使用功能的重要检验项目，是对安全、卫生、环境保护和公众利益起关键作用的检验项目，因此主控项目检查的内容必须全部合格。对主控项目不合格的检验批，应严格按规定整改或返工处理，直到验收合格为止。

检验批主控项目主要包括：

（1）重要原材料、构配件、成品、半成品、设备性能及附件的材质、技术指标要合格。检查出厂合格证明及进场复验检测报告，确认其技术数据、检测项目参数符合有关技术标准的规定。如检查进场钢筋出厂合格证、进场复验检测报告，确认其产地、批量、型号、规格，确认其屈服强度、极限抗拉强度、伸长率符合要求。

（2）结构的强度、刚度和稳定性等检验数据、工程性能的检测数据及项目要求符合设计要求和本验收规范的规定。如混凝土、砂浆的强度，钢结构的焊缝强度，管道的压力试验，风管的系统测定与调整，电气的绝缘、接地测试，电梯的安全保护、试运转结果记录等。检查测试记录或报告，其数据及项目要符合设计要求和本验收规范规定。

（3）所有主控项目不允许有不符合要求的检验结果存在。

一般项目是指除主控项目以外的检验项目，其要求也是应该达到的，只不过对部分质量指标可以适当放宽，并不影响工程安全和使用功能的，但其质量如何对工程的美观性有较大影响。因此施工过程中和验收时同样应严格控制，使过程质量水平达到无缺陷和满意的程度。

一般项目主要包括以下内容：

（1）用数据规定的允许偏差项目，可以存在一定范围的偏差。检验批验收是按照抽样检查评价质量是否合格的，抽样检查的数量中有 80% 的检查点、位置、项目的结果符合设计要求或偏差在验收规范允许范围内，可评价此检验批质量合格，即允许有

20%的检查点的偏差值超出验收规范允许偏差值，但其允许程度也是有限的，通常不得超过验收规范规定值的150%。

（2）对不能确定偏差值的项目，允许有一定的缺陷，一般以缺陷数量区分。如砖砌体预埋拉结筋的留置间距偏差、钢筋混凝土中钢筋的露筋长度、饰面砖空鼓限制都是以允许缺陷数量或面积不超过某一范围来评价质量。对于检查中发现的这些缺陷，能整改的应整改，不能整改的如缺陷不超过限制范围，检验批可以通过验收。

（3）检验批验收时一些无法定量的项目采取定性验收。如碎拼大理石地面的颜色协调、油漆施工中的光亮和光滑都是定性验收的。

在检验批验收时，一部分有养护龄期的检测项目或试件不能提供检测数据指标，可以先将其他项目进行评价，并根据施工质量管理与控制状况暂时进行中间验收，同意施工单位进入下道工序施工，待检测数据提供后，依据检测数据得出质量结论并填入验收记录。如检测数据显示不合格，或对材料、构配件和工程性能的检测数据有质疑，可进行取样复检、鉴定或现场检验，并以复检或鉴定的结果为准。

为了使检验批的质量满足安全和功能的基本要求，保证建筑工程质量，各专业验收规范应对各检验批的主控项目、一般项目的合格质量给予明确的规定。

依据《计数抽样检验程序第1部分：按接收质量限（AQL）检索的逐批检验抽样计划》GB/T 2828.1—2012给出了计数抽样正常检验一次抽样、二次抽样结果的判定方法。具体的抽样方案应按有关专业验收规范执行。如有关规范无明确规定时，可采用一次抽样方案，也可由建设、设计、监理、施工等单位根据检验对象的特征协商采用二次抽样方案。

4.4.2　分项工程质量验收

分项工程质量验收的合格标准是：

（1）分项工程所含的检验批均应验收合格；

（2）分项工程所含的检验批的质量验收记录应完整。

分项工程的验收是在检验批验收的基础上进行的，一般情况下，分项工程和检验批具有相同或相近的性质，只是批量的大小不同而已。分项工程由若干个检验批组成，由于检验批已进行了严格的验收，因而只要构成分项工程的各检验批的验收资料文件完整，并且均已验收合格，则分项工程验收合格。分项工程验收时，应核检查检验批的部位、区段是否全部覆盖分项工程的范围，不能有漏、缺项或不合格的检验批；还应检查检验批验收记录的内容与签字是否齐全、正确。

4.4.3　分部（子分部）工程质量验收

分部（子分部）工程质量验收的合格标准是：

（1）分部（子分部）工程所含分项工程的质量均应验收合格；

（2）质量控制资料收集应完整；

（3）有关安全、节能、环境保护和主要使用功能的抽样检验结果应符合相应规定；

（4）观感质量验收应符合要求。

分部、子分部工程的验收内容、程序都是一样的，在一个分部工程中只有一个子分部工程时，子分部就是分部工程。当不只是一个子分部工程时，可以一个子分部一个子分部地进行质量验收，然后，应将各子分部的质量控制资料进行核查；涉及安全、节能、环境保护和主要使用功能的地基与基础、主体结构和设备安装等分部工程应进行有关的见证检验或抽样检验；观感质量评价结果的综合评价。分部工程质量验收时，验收人员应对分部工程覆盖的各个部位进行检查，能打开的尽量开启检查，设备能启动的应启动检查，不能只检查外观，重心在实物质量。

分部（子分部）工程所含分项工程的质量均应验收合格。分部工程中的各分项工程必须已按程序验收合格；分项工程验收应覆盖分部工程的全部内容，不应有漏项、缺项；分项工程验收记录内容、签字齐全准确。

质量控制资料收集应完整。各种质量控制资料文件必须完整，这是验收的基本条件。对质量控制资料应完整的核查，这项内容实际也是统计、归纳和核查，重点是对三个方面资料的核查：

（1）检查和核对各检验批的验收记录资料是否完整；

（2）在检验批的验收时，其对应具备的资料应准确完整才能验收。在分部、子分部工程验收时，主要是检查和归纳各检验批的施工操作依据、质量检查记录，查对其是否配套完整，包括有关施工工艺（企业标准）、原材料、购配件出厂合格证及按规定进行的进场复验检验报告的完整程度；

（3）注意核对各种资料的内容、数据及验收人员的签字是否规范、准确等。

由于分部工程所含各分项工程的内容和性质不同，因此作为分部工程不能简单地将分项工程组合而加以验收，还应增加上述"分部（子分部）工程质量验收的合格标准"的第（3）、（4）两条检查的内容。

地基与基础、主体结构和设备安装等分部工程有关安全及功能的检验和抽样结果应符合有关规定。主要是检查安全及功能两方面的检测资料。要求抽测的与安全和使用功能有关的检测项目在各专业验收规范中已做出明确规定。

在验收时应做好三个方面的工作：

（1）检查各规范中规定的检测项目是否都进行了检测；

（2）如果规范规定的检测项目都进行了检测，就要进一步检查各项检测报告的格式、内容、程序、方法、参数、数据、结果是否符合相关标准要求；

（3）检查资料的检测程序是否符合要求，要求实行见证取样送检的项目是否按规定取样送检，检测人员、校核人员、审核人员是否签字，检测报告用章是否规范符合要求。地基基础、主体结构抽样检测是对工程实体部分质量的旁证，作为质量验收的手段之一，体现了施工质量验收规范把工程内在质量强化控制的基点。

观感质量验收应符合要求。这类检查往往难以定量，只能以观察、触摸或简单量测的方式进行，并由各个人的主观印象判断，检查结果并不给出"合格"或"不合格"的结论，而是综合给出好、一般或差的质量评价。对于"差"的检查点应通过返修处理进行补救。观感质量项目基本上是各检验批的一般性验收项目，参加分部工程验收的人员宏观掌握，只要不是明显达不到，就可以评为一般；如果某些部位质量较好，细部处理到位，就可评"好"；如果有的部位达不到要求，或有明显缺陷，但不影响安全或使用功能，则评为差；如果有影响安全和使用功能的项目，则必须修理后再评价。

4.4.4 单位（子单位）工程质量验收

单位工程质量验收也称单位工程竣工验收，是建筑工程投入使用前的最后一次验收，也是最重要的一次验收，是工程质量控制的最后一道把关，将对工程质量整体综合评价，也是对施工单位成果的综合检验。

单位工程质量验收合格的标准是：

1. 单位（子单位）工程所含分部（子分部）工程的质量均应验收合格

单位（子单位）工程质量验收合格，工程所含分部（子分部）工程质量验收必须都合格，这是基本条件。单位（子单位）工程所含分部（子分部）中有一个不合格，单位工程就不能进行验收，必须对不合格的分部（子分部）进行返修重新验收合格后才能进入单位（子单位）工程的验收。

单位（子单位）工程验收前施工单位应对分部（子分部）的验收资料进行收集整理，保证分部、子分部的验收记录和质量评价资料完善，地基基础、主体结构分部安全与使用功能的检测和抽测项目资料及分部、子分部质量观感评价齐全，单位工程所含分部工程、子分部工程无遗漏，各项资料、验收记录的验收人员具有规定资格和签认齐全。

2. 质量控制资料应完整

质量控制资料是反映工程施工过程中各个环节过程质量状况的基本数据和原始记录，反映竣工项目的检测结果和记录，是工程质量的客观见证，是评价工程质量的依据。工程质量控制资料是工程的"合格证"和技术证明书，对工程质量验收十分重要。工程质量控制资料就是工程质量的一部分，是工程技术资料的核心，是施工单位质量管理的重要组成部分。质量控制资料的完整、齐全、清晰程度见证了企业管理水平的程度。工程施工中形成的质量控制资料，应真实记录工程施工的全过程和工程施工的各阶段、各工序、检验批、分项、分部工程质量的状况。

工程在验收分部（子分部）质量时，虽然已对分项工程提供的质量控制资料或技术资料进行了核查，但单位工程竣工验收时仍有必要进行全面复核，只是可以不像验收检验批、分项工程那样进行微观检查，而是从整体上核查质量控制资料或技术资料来评价分部（子分部）和单位工程的结构安全和使用功能及质量状况，主要看其是否可以反映工程结构安全和使用功能完善，是否达到设计要求，是否符合强制性标准要求和质量标准。

工程质量控制资料完整性的标准如下：

（1）资料项目应齐全。在附表 3-39 中，应该有的资料项目有 7 大项 61 分项。例如在建筑与结构大项目中，共有 11 个分项资料，分别是：图纸会审、设计变更、洽商记录，工程定位测量、放线记录，原材料出厂合格证书及进场检验报告，施工试验报告及见证检测报告，隐蔽工程验收记录，施工记录，地基、基础、主体结构检验及抽样检测资料，分项、分部工程质量验收记录，工程质量事故及事故调查处理资料，新技术论证备案及施工记录。如果某单位工程在实际施工中，未采用预制构件和商品混凝土，则预制构件和预拌混凝土合格证也就没有；如果没有使用新材料、新工艺，则新材料、新工艺施工记录这项资料也就没有，那么对这个单位工程的建筑与结构大项，该有的分项资料项目就只有 9 项了。

（2）每个资料项目中应有的资料完整。在规定的项目资料中，发生了的应有资料，未发生的不必做资料。例如在建筑与结构大项目中，原材料出厂合格证书及进场检验报告分项资料中，如果实际进场材料只有钢筋、水泥、砖，那么在此分项资料中应包括钢筋、水泥、砖的出厂合格证书及进场检验报告，且这些证书与报告的数量应与实际进场材料的规格、批次、数量相一致。

（3）资料中数据应完整。工程使用的材料性能指标数据、工程性能检测数据、检测项目的检测报告数据在质量控制资料中必须完整。如水泥复验报告，通常检测安定性、强度、初凝、终凝时间，提供的检测报告必须有确切的数据及结论证实用于工程的水泥是合格的。数据是评定质量的依据，资料中既要求数据完整，也要求数据真实、可靠。

3. 单位（子单位）工程所含分部工程有关涉及安全、节能、环境保护和主要使用功能的分部工程检验资料应复查合格

单位（子单位）工程安全和使用功能检验资料核查及主要功能抽查记录涉及 7 大项 41 个测试项目（详见附表 3-40），要求提供这些资料的目的是确保工程安全和使用功能。在分部（子分部）工程验收时，应对上述测试项目中能够实施的部分进行检测，这些检测是为了验证工程综合质量和最终质量，检测由施工单位完成，监理单位或建设单位有关人员参加并监督进行，达到要求后形成检测记录各方签字认可。在单位（子单位）工程验收时，监理应对分部（子分部）工程的已检测项目进行核查和核对，对检测的数量、数据及使用的检测方法标准、检测程序进行核查，同时核查检测人员的资格和签字情况，将核查结论形成记录。

判定工程安全和使用功能的检测资料完整应达到以下的要求：

（1）资料项目应齐全；

（2）每个资料项目中应有的资料完整；

（3）资料中应有的数据应完整。

4. 主要功能项目的抽查结果应符合相关专业质量验收规范的规定

主要功能项目抽查的目的是综合检验工程质量能否保证工程的功能，满足使用要求。这种抽查检测一般是复验和验证性的。具体抽测项目，有的在分部、子分部工程施工中或完成后进行检测，有的只能在单位工程全部完成后才能进行检测。这些检测项目应该在单位工程完工后，施工单位向建设单位提交工程验收报告前，按照表 4-2 的内容及本节第 3 条的要求，全部检测完毕，并将检测报告写好。至于在建设单位组织单位工程验收时，抽测什么项目，可由验收委员会来确定，但其项目应局限在表 4-2 中所列项目内。

主要功能项目抽测多数情况是施工单位检测时，监理、建设单位都参加。不再重复检测，防止造成不必要的重复浪费和对工程的损害。

通常主要功能抽测项目，应为有关项目最终的综合性使用项目，如室内环境检测、屋面淋水试验、照明全负荷检测、智能建筑系统运行等。只有最终抽测项目效果不佳才进行中间过程有关项目的检测，但要与有关单位共同制定检测方案，并要制定成品保护措施后才能进行。总之，主要功能抽测项目的进行不要损坏建筑成品。

5. 观感质量验收应符合要求

观感质量检查主要是全面评价一个分部、子分部、单位工程的外观及使用功能质量，促进施工过程的管理、成品保护、提高社会效益和环境效益的手段。观感质量检查绝不是单纯的外观检查，而是实地对工程的一个全面检查，核实质量控制资料，核查分项、分部工程验收的正确性，及对在分项工程中不能检查的项目进行检查等。如工程完工，绝大部分的安全可靠性能和使用功能已达到要求，但出现不应出现的裂缝和严重影响使用功能的情况，应该首先弄清原因，然后再评价。地面严重空鼓、起砂，墙面空鼓粗糙，门窗开关不灵等项目的质量缺陷很多，就说明在分项、分部工程验收时，掌握标准不严。分项分部无法测定和不便测定的项目，在单位工程观感评价中，给予检查。如建筑物的全高垂直度、上下窗口位置偏移及一些线角顺直等项目，只有在单位工程质量最终检查时，才能了解的更确切。观感质量验收方法和内容与分项、分部工程观感验收的方法相同，只存在范围的差异。单位工程观感质量检查与评定根据附表3-41实施。

4.4.5　不合格工程的处理

在实际施工中，难免会出现一些不合格的项目。一般情况下，不合格现象通常在检验批验收时就及时发现，及时处理，对不合格的部位处理办法如下：

1. 经返工或返修的检验批，应重新进行验收。

检验批验收时，如果主控项目不符合设计要求或不能满足验收规范规定，或者一般项目超过偏差限值的，应判定为不合格。如果质量问题不严重，施工单位可以采取返修或更换器具、设备来解决，在采取相应的措施后允许重新验收，如能够符合相应的专业工程质量验收规范的规定，则应认为该检验批合格。当存在严重影响功能或安全的质量缺陷，应推倒重来进行返工处理，然后按新的检验批进行验收。如某住宅楼五层砖砌体，验收时发现砂浆的强度等级为M5，达不到设计要求M10，推倒后重新用M10砂浆砌筑，其砖砌体工程的质量，应重新按程序进行验收。重新验收时，要对该检验批按规定，重新抽样、选点、检查和验收，重新填检验批质量验收记录表。

2. 经有资质的检测单位检测鉴定能够达到设计要求的检验批，应予以验收。

当不符合验收要求，需经检测鉴定时，经有资格的检测单位对工程实体进行检测鉴定，能够达到设计要求的检验批，应予以验收。这种情况多是某项质量指标不够，例如留置试块失去代表性、或因故缺少试块的情况，或试块报告缺少某项有关主要内容、或对试块试验报告有怀疑时；经有资质的检测单位对工程实体检测，检测结果证明该检验批的实际质量能够达到设计要求，就应该按正常情况给予验收。如钢筋混凝土结构办公楼，一层柱混凝土设计强度等级为 C50，留置混凝土标准试块在标准养护条件下 28 天抗压强度为 46MPa，小于 50MPa，经委托法定检测单位对一层柱检验批的实体混凝土强度进行检测，检测结果为 55MPa，大于 50MPa，这种情况就应按正常情况给予验收。

3. 经有资质的检测单位检测鉴定达不到设计要求，但经原设计单位核算认可能够满足结构安全和使用功能检验批，可予以验收。

不符合验收要求，经有资质的检测单位检测鉴定达不到设计要求，但经原设计单位核算认可能满足结构安全和使用功能的检验批，由设计单位出具正式的核验证明书，由设计单位承担责任，可予以验收。这种情况和前述第二种情况类似，多是针对某项质量指标不够，例如留置试块失去代表性或因故缺少试块的情况或试块报告缺少某项有关主要内容或对试块试验报告有怀疑时；经有资质的检测单位对工程实体检测，检测结果证明该检验批的实际质量虽不能达到设计要求，但经原设计单位核算，认可能满足结构安全和使用功能需要，就应该按正常情况给予验收。

例如上例中，如经委托法定检测单位对一层柱检验批的实体混凝土强度进行检测，检测结果为 46MPa，经原设计单位证实一层柱混凝土强度最低要求为 45MPa，为提供安全度而选用了 C50 混凝土，现对工程实体检测结果虽然小于 C50 要求，但仍大于 45MPa，是安全的。在经原设计单位认可的情况下，就应按正常情况给予验收。

再如某六层砖混结构，一、二、三层用 M10 砂浆砌筑，四、五、六层为 M5 砂浆砌筑。施工中，由于管理不善，其三层砂浆强度仅达到 7.4MPa，不符合设计要求，但经原设计单位验算，砌体强度可满足结构安全和使用功能要求，可不返修和加固处理。设计单位出具正式认可文件，由注册结构工程师签字，加盖单位公章。由设计单位承担责任，因为设计责任就是设计单位负责，出具认可证明，也在其质量责任范围内，可进行验收。

以上三种情况都应视为符合规范规定质量合格的工程，只是管理上出现了一些不正常的情况，使资料证明不了工程实体质量，经过补办一些检测手续，证明质量达到设计要求，给予通过验收是符合规范规定的。

4. 经返修或加固处理的分项、分部工程，满足安全及使用功能要求时，可按技术处理方案和协商文件的要求予以验收。

经法定检测机构检测鉴定后认为达不到规范的相应要求，即不能满足最低限度的安全储备和使用功能时，则必须进行加固或处理，使之能满足安全使用的基本要求。这样可能会造成一些永久性的影响，如增大结构外形尺寸，影响一些次要的使用功能。但为了避免建筑物的整体或局部拆除，避免社会财富更大的损失，在不影响安全和主要使用功能条件下，可按技术处理方案和协商文件进行验收，责任方应按法律法规承担相应的经济责任和接受处罚。需要特别注意的是，这种方法不能作为降低质量要求、变相通过验收的一种出路。

工程出现严重的质量缺陷，经检测单位检测鉴定达不到设计要求，经设计验算确认其不能满足结构安全和使用功能需要，经分析找出了事故原因，分清了事故责任，经与建设单位、监理单位、设计单位协商，同意加固或返修处理，落实了加固费用来源和加固后的验收事宜，由原设计单位提出加固返修处理方案，施工单位按照加固或返修方案进行加固或返修处理的分项、分部工程，虽然改变外形尺寸，或造成永久性缺陷（造成永久性缺陷是指工程通过加固补强后只是解决了结构安全性能问题，而其本质未达到原设计要求的情况），包括改变工程用途在内，但只要其能满足安全使用要求，可按技术处理方案和协商文件进行验收。这种验收事实上是一种有条件验收，实际是工程质量达不到验收规范的合格规定，应算在不合格工程的范围。但是为了避免社会财富的更大损失，在不影响安全和主要使用功能条件下可按处理技术方案和协商文件进行验收，处理后的技术方案资料和文件也应验收归档，重新填写质量验收记录表。

如钢筋混凝土结构办公楼，一层柱混凝土设计强度等级为 C50，留置混凝土标准试块在标准养护条件下 28 天抗压强度为 46MPa，小于 50MPa，经委托法定检测单位对一层柱检验批的实体混凝土强度进行检测，检测结果为 40MPa。如原设计计算混凝土强度为 45MPa，而选用了 C50 混凝土，工程实体检测结果是不满足设计要求、不满足结构安全和使用功能要求的。经与建设单位、监理单位、设计单位协商，采取加大截面法进行加固，加固后柱截面增大为 600mm×600mm（原为 500mm×500mm），经验收确认加固施工质量符合加固技术文件要求，应按加固处理技术文件要求给予验收。

5. 经返修或加固处理仍不能满足安全或重要使用要求的分部工程及单位（子单位）工程，严禁验收。

分部工程及单位工程经返修或加固处理后仍不能满足安全或重要的使用功能时，表明工程质量存在严重的缺陷。重要的使用功能不满足要求时，将导致建筑物无法正常使用，安全不满足要求时，将危及人身健康或财产安全，严重时会给社会带来巨大的安全隐患，因此对这类工程严禁通过验收，更不得擅自投入使用，需要专门研究处置方案。这条是强制性条文，必须严格执行。

复习思考题

1. 建筑工程施工质量验收规范体现了怎样的指导思想？

2. 建筑工程施工质量验收的依据是什么？

3. 建筑工程施工质量验收的基本要求有哪些？

4. 建筑工程检验批质量验收合格有哪些规定？

5. 建筑工程分项工程质量验收合格有哪些规定？

6. 建筑工程分部工程质量验收合格有哪些规定？

7. 单位建筑工程质量验收合格有哪些规定？

8. 如何理解工程技术资料的完整要求？

9. 对建筑工程涉及结构安全和使用功能的关键部位抽测的作用是什么？

10. 建筑工程质量验收不合格时如何处理？

11. 工程竣工验收的组织程序有哪些？

教学单元5

建设工程资料归档整理

【教学目标】 通过本单元的学习，让学生了解建设工程资料归档与整理的要求；了解建设工程档案的载体、特征和分类；熟悉建设工程资料归档管理职责；了解建设工程资料的归档范围；掌握建设工程资料的质量要求；熟悉建设工程资料的归档整理立卷；掌握建设工程资料归档的要求；熟悉建设工程档案验收的内容和程序；建设工程档案的移交程序。

5.1 概　　述

建筑产品是一种特殊产品。我国对建设工程的控制实行的是全过程控制。建设工程竣工时，由各责任主体对工程进行验收，并在相关资料上签字盖章形成结论；同时建设过程中的技术、质量控制情况与工程管理情况应及时形成书面资料并由相关单位、人员签字盖章确认（工程竣工后，其建设过程控制情况已无法直观检查）。所谓建筑工程资料，就是对建筑工程建设过程中形成的各种形式信息记录的统称。随着时间的流逝，旧建筑难免要进行改建、扩建、维修、拆除、装修等等，这时就需要了解原建筑的相关技术、质量参数并据此确定施工技术方案，因此建设工程资料应统一存放、妥善保管，以备相关单位随时查阅，这就是建设工程资料的归档。为了保证日后查阅的方便，建设工程资料归档时应按照一定的要求进行整理，这就是建设工程资料的归档整理。

建设工程资料的归档及整理应符合《建筑工程资料管理规程》JGJ/T 185—2009 和《建设工程文件归档规范》GB/T 50328—2014。

5.1.1　建设工程档案

建设工程档案是指在工程建设活动中直接形成的具有归档保存价值的文字、图纸、图表、声像、电子文件等各种形式的历史记录，简称工程档案。

5.1.2　组卷

组卷是指按照一定的原则和方法，将有保存价值的工程资料分类整理成案卷的过程，亦称立卷。

5.1.3　归档

归档是指工程资料整理组卷并按规定移交相关档案管理部门的工作。对于一个建设工程而言，它有两方面含义：一是建设、勘察、设计、施工、监理等单位将本单位在工程建设过程中形成的文件向本单位档案管理机构移交；二是勘察、设计、施工、监理等单位将本单位在工程建设过程中形成的文件向建设单位档案管理机构移交。

5.2　建设工程资料归档管理

5.2.1　建设工程档案的载体

载体，就是建设工程档案被记录的形式和方法，目前使用的载体有以下 4 种（其中最常用的为纸质载体）：

1. 纸质载体：以纸张为基础的载体形式。归档的纸质工程文件应该为原件。建设单位须向城建档案管理机构报送的立项文件、建设用地文件、开工审批文件可以为复制件，但应加盖建设单位印章。

2. 电子档案载体：有磁盘、磁带、光盘等多种存储载体。光盘载体是以光盘为基础，利用计算机技术对工程资料进行存储的形式；磁性载体是以磁性记录材料（磁带、磁盘等）为基础，对工程资料的电子文件、声音、图像进行存储的方式。归档的建设工程电子文件应采用电子签名等手段，所载内容应真实和可靠。归档的建设工程电子文件的内容必须与其纸质档案一致。离线归档的建设工程电子档案载体，应采用一次性写入光盘，光盘不应有磨损、划伤。存储移交电子档案的载体应经过检测，应无病毒、无数据读写故障，并应确保接收方能通过适当设备读出数据。

5.2.2　建设工程档案的特征

1. 分散性和复杂性

建设工程施工周期长，生产工艺复杂，建筑材料种类多，建筑技术发展迅速，影响建设工程因素多种多样，工程建设阶段性强并且相互穿插。由此导致了建设工程档案资料的分散性和复杂性。这个特征决定了建设工程档案是多层次、多环节、相互关联的复杂系统。

2. 继承性和时效性

随着建筑技术、施工工艺、新材料以及建筑企业管理水平的不断提高和发展，档案可以被继承和积累。新的工程在施工过程中可以吸取以前的经验，避免重犯以往的错误。同时，建设工程档案有很强的时效性，档案的价值会随着时间的推移而衰减，有时资料档案一经生成，就必须传达到有关部门，否则会造成严重后果。

3. 全面性和真实性

建设工程档案只有全面反映项目的各类信息，才更有实用价值，必须形成一个完整的系统。有时只言片语地引用往往会起到误导作用。另外，建设工程档案必须真实反映工程情况，包括发生的事故和存在的隐患。真实性是对所有档案资料的共同要求，但在建设领域对这方面要求更为迫切。

4. 随机性

建设工程档案产生于工程建设的整个过程中，工程开工、施工、竣工等各个阶段、各个环节都会产生各种档案。部分建设工程档案的产生有规律性（如各类报批文件），但还有相当一部分档案产生是由具体工程事件引发的，因此建设工程档案是有随机性的。

5. 多专业性和综合性

建设工程档案依附于不同的专业对象而存在，又依赖不同的载体而流动。涉及多种专业：建筑、市政、公用、消防、保安等多种专业，也涉及电子、力学、声学、美学等多种学科，并同时综合了质量、进度、造价、合同、组织协调等多方面内容。

5.2.3 建设工程档案的分类

1. 工程准备阶段文件

工程准备阶段文件是工程开工以前，在立项、审批、征地、勘察、设计、招投标等工程准备阶段形成的文件，包括以下内容：

（1）立项文件；

（2）建设用地的征地及拆迁文件；

（3）勘察、测绘、设计文件；

（4）招投标文件；

（5）开工审批文件；

（6）财务文件；

（7）建设、施工、监理项目管理机构及负责人。

2. 监理文件

监理文件是监理单位在工程设计、施工等监理过程中形成的文件。

3. 施工文件

施工文件是施工单位在工程施工过程中形成的文件，包括建筑安装工程文件和市政基础设施工程文件。

4. 竣工图文件

竣工图是工程竣工验收后，真实反映建设工程项目施工结果的图样。

5. 竣工验收文件

竣工验收文件是建设工程项目竣工验收活动中形成的文件。

5.2.4 建设工程资料归档管理职责

建设工程资料的归档管理不仅仅是哪一家单位的职责，而是工程质量的各责任主体共同的职责，因此在《建筑工程资料管理规程》JGJ/T 185—2009 和《建设工程文件归档规范》GB/T 50328—2014 中明确了相关单位的相应职责。

1. 通用职责

（1）工程各参建单位填写的建设工程档案应以施工及验收规范、工程合同、设计文件、工程施工质量验收统一标准等为依据；

（2）工程档案资料应随工程进度及时收集、整理，并应按专业归类，认真书写，字迹清楚，项目齐全、准确、真实，无未了事项，表格应采用统一表格，特殊要求需增加的表格应统一归类；

（3）工程档案进行分级管理，建设工程项目各单位技术负责人负责本单位工程档案资料的全过程组织工作并负责审核，各相关单位档案管理员负责工程档案资料的收集、整理工作；

（4）对工程档案进行涂改、伪造、随意抽撤或损毁、丢失等，应按有关规定予以处罚，情节严重的，应依法追究法律责任。

2. 建设单位职责

（1）在工程招标及与勘察、设计、监理、施工等单位签订协议、合同时，应对工程资料的套数、费用、质量、移交时间等提出明确要求；

（2）收集和整理工程准备阶段、竣工验收阶段形成的资料，并应进行立卷归档；

（3）负责组织、监督和检查勘察、设计、施工、监理等单位的工程资料的形成、积累和立卷归档工作，也可委托监理单位监督、检查工程资料的形成、积累和立卷归档工作；

（4）收集和汇总勘察、设计、施工、监理等单位立卷归档的工程档案；

（5）在组织工程竣工验收前，应提请当地城建档案管理部门对工程档案进行预验收，未取得工程档案验收认可文件，不得组织工程竣工验收；

（6）对列入当地城建档案管理部门接收范围的工程，工程竣工验收3个月内，向当地城建档案管理部门移交一套符合规定的工程资料；

（7）必须向参与工程建设的勘察、设计、施工、监理等单位提供与建设工程有关的原始资料，原始资料必须真实、准确、齐全；

（8）可委托承包单位、监理单位组织工程档案的编制工作，负责组织竣工图的绘制工作，也可委托承包单位、监理单位、设计单位完成，收费标准按照所在地相关文件执行。

3. 监理单位职责

（1）应设专人负责监理资料的收集、整理和归档工作，在项目监理部，监理资料的管理应由总监理工程师负责，并指定专人具体实施，监理资料应在各阶段监理工作结束后及时整理归档；

（2）监理资料必须及时整理、真实完整、分类有序，在设计阶段，对勘察、测绘、设计单位的工程资料的形成、积累和立卷归档进行监督、检查，在施工阶段，对施工单位的工程资料的形成、积累、立卷归档进行监督、检查；

（3）可以按照委托监理合同的约定，接受建设单位的委托，监督、检查工程资料的形成积累和立卷归档工作；

（4）编制的监理资料的套数、提交内容、提交时间，应按照现行《归档整理规范》和各地城建档案管理部门的要求，编制移交清单，双方签字、盖章后，及时移交建设单位，由建设单位收集和汇总，监理公司档案部门需要的监理档案，按照《监理规范》的要求，及时由项目监理部提供。

4. 施工单位职责

（1）实行技术负责人负责制，逐级建立、健全施工资料管理岗位责任制，配备专职档案管理员，负责施工资料的管理工作，工程项目的施工资料应设专门的部门（专人）负责收集和整理；

（2）建设工程实行总承包的，总承包单位负责收集、汇总各分包单位形成的工程档案，各分包单位应将本单位形成的工程资料整理、立卷后及时移交总承包单位。建设工程项目由几个单位承包的，各承包单位负责收集、整理、立卷其承包项目的工程资料，并应及时向建设单位移交，各承包单位应保证归档资料的完整、准确、系统，能够全面反映工程建设活动的全过程；

（3）可以按照施工合同的约定，接受建设单位的委托进行工程档案的组织、编制工作；

（4）按要求在竣工前将施工资料整理汇总完毕，再移交建设单位进行工程竣工验收；

（5）负责编制的施工资料的套数不得少于地方城建档案管理部门要求，但应有完整施工资料移交建设单位及自行保存，保存期可根据《归档整理规范》有关要求确定。如建设单位对施工资料的编制套数有特殊要求的，可另行约定。

5. 地方城建档案管理部门职责

（1）负责接收和保管所辖范围应当永久和长期保存的工程档案和有关资料；

（2）负责对城建档案工作进行业务指导，监督和检查有关城建档案法规的实施；

（3）列入向本部门报送工程档案范围的工程项目，其竣工验收应有本部门参加并负责对移交的工程档案进行验收。

5.3 建设工程资料归档整理

5.3.1 建设工程资料的归档范围

对与工程建设有关的重要活动、记载工程建设主要过程和现状、具有保存价值的各种载体的文件，均应收集齐全，整理立卷后归档。

工程建设的过程可分为两个阶段，即项目准备阶段和项目实施阶段。

在项目准备阶段主要完成项目的可行性研究及立项、建设用地的征地及拆迁工作、项目承包商的招投标工作、项目的勘察及设计工作、项目的开工审批工作、项目的财务工作、项目管理机构的组建等工作。应该将这个阶段能够反映项目准备工作的过程、结果等文件收集归档。

在项目的实施阶段主要完成项目的施工以及对项目的监理等工作。这个阶段的文件来源广泛、内容繁杂（如：施工单位的文件、材料供应商的文件、设备供应商的文件、检测单位的文件、监理单位的文件、建设单位的文件、设计单位的文件等等）。这个阶段的文件直接反映了工程项目的质量、安全、使用功能情况。因此项目实施阶段建设工程文件的收集整理是整个项目文件归档工作的重点及难点。

需归档的建设文件范围详见附录一。

5.3.2 建设工程资料的质量要求

根据《建设工程文件归档规范》GB/T 50328—2014 的规定，建设工程文件在归档时应满足如下的质量要求：

1. 归档的纸质工程文件应为原件；

2. 工程文件的内容及其深度必须符合国家有关工程勘察、设计、施工、监理等标准的规定；

3. 工程文件的内容必须真实、准确，与工程实际相符合；

4. 工程文件应采用碳素墨水、蓝黑墨水等耐久性强的书写材料，不得使用红色墨水、纯蓝墨水、圆珠笔、复写纸、铅笔等易褪色的书写材料。计算机输出文字和图件应使用激光打印机，不应使用色带式打印机、水性墨打印机和热敏打印机。

5. 工程文件应字迹清楚，图样清晰，图表整洁，签字盖章手续完备；

6. 工程文件中文字材料幅面尺寸规格宜为 A4 幅面（297mm×210mm），图纸宜采用国家标准图幅；

7. 工程文件的纸张应采用能够长期保存的韧力大、耐久性强的纸张；

8. 所有竣工图均应加盖竣工图章。

5.3.3　建设工程资料的归档整理立卷

建设工程文件的质量要求是对单份文件的要求，在归档时，这些单份文件还应该进行归纳整理并装订成册，即所谓的立卷。根据《建设工程文件归档规范》GB/T 50328—2014 的规定，建设工程文件在立卷时应按以下要求进行：

1. 立卷的原则和方法

（1）立卷应遵循工程文件的自然形成规律，保持卷内文件的有机联系，便于档案的保管和利用；

（2）准备阶段文件、监理文件、施工文件、竣工图、竣工验收文件分别进行立卷，并可根据数量多少组成一卷或多卷；

（3）一项建设工程由多个单位工程组成时，工程文件应按单位工程立卷；

（4）不同载体的文件应分别立卷。

（5）立卷应采用如下方法：

1）工程准备阶段文件应按建设程序、形成单位等进行立卷；

2）监理文件应按单位工程、分部工程或专业、阶段等进行立卷；

3）施工文件应按单位工程、分部（分项）工程进行立卷；

4）竣工图应按单位工程分专业进行立卷；

5）竣工验收文件应按单位工程分专业进行立卷；

6）电子文件立卷时，每个工程（项目）应建立多级文件夹，应与纸质文件在案卷设置上一致，并应建立相应的标识关系；

7）声像资料应按建设工程各阶段立卷，重大事件及重要活动的声像资料应按专题立卷，声像档案与纸质档案应建立相应的标识关系。

（6）立卷过程中应符合下列要求：

1）专业承（分）包施工的分部、子分部（分项）工程应分别单独立卷；

2）室外工程应按室外建筑环境和室外安装工程单独立卷；

3）当施工文件中部分内容不能按一个单位工程分类立卷时，可按建设工程立卷。

不同幅面的工程图纸，应统一折叠成 A4 幅面（297mm×210mm）。应图面朝内，首先沿标题栏的短边方向以 W 形折叠，然后再沿标题栏的长边方向以 W 形折叠，并使标题栏露在外面。

案卷不宜过厚，文字材料卷厚度不宜超过 20mm，图纸卷厚度不宜超过 50mm。

案卷内不应有重份文件。印刷成册的工程文件宜保持原状。

建设工程电子文件的组织和排序可按纸质文件进行。

2. 卷内文件的排列

（1）卷内文件应按附录一和《建设工程文件归档规范》GB/T 50328—2014 中附录 B 的类别和顺序排列；

（2）文字材料按事项、专业顺序排列，同一事项的请示与批复、同一文件的印本与定稿、主件与附件不能分开，并按批复在前、请示在后，印本在前、定稿在后，主件在前、附件在后的顺序排列；

（3）图纸按专业排列，同专业图纸按图号顺序排列；

（4）既有文字材料又有图纸的案卷，文字材料排前，图纸排后。案卷及卷内文件应按照《归档整理规范》的要求进行编目及装订。

3. 案卷的编目

（1）编制卷内文件页号应符合下列规定：

1）卷内文件均按有书写内容的页面编号。每卷单独编号，页号从"1"开始。

2）页号编写位置：单面书写的文件在右下角；双面书写的文件，正面在右下角，背面在左下角。折叠后的图纸一律在右下角。

3）成套图纸或印刷成册的科技文件材料，自成一卷的，原目录可代替卷内目录，不必重新编写页码。

4）案卷封面、卷内目录、卷内备考表不编写页号。

（2）卷内目录的编制应符合下列规定：

1）卷内目录式样宜符合《建设工程文件归档规范》GB/T 50328—2014 中附录 C 的要求；

2）序号：以一份文件为单位，用阿拉伯数字从 1 依次标注；

3）责任者：填写文件的直接形成单位和个人，有多个责任者时，选择两个主要责任者，其余用"等"代替；

4）文件编号：应填写文件形成单位的发文号或图纸的图号，或设备项目代号；

5）文件题名：应填写文件标题的全称。当文件无标题时，应根据内容拟写标题，拟写标题外应加"〔〕"符号；

6）日期：应填写文件的形成日期或文件的起止日期，竣工图应填写编制日期。日期中"年"应用四位数字表示，"月"和"日"应分别用两位数字表示；

7）页次：填写文件在卷内所排的起始页号，最后一份文件填写起止页号；

8）备注应填写需要说明的问题。

（3）卷内备考表的编制应符合下列规定：

1）卷内备考表应排列在卷内文件的尾页之后，式样宜符合《建设工程文件归档规范》GB/T 50328—2014 中附录 D 的要求；

2）卷内备考表主要标明卷内文件的总页数、各类文件页数（照片张数），以及立卷单位对案卷情况的说明；

3）立卷单位的立卷人和审核人应在卷内各考表上签名；年、月、日应按立卷、审核时间填写。

（4）案卷封面的编制应符合下列规定：

1）案卷封面印刷在卷盒、卷夹的正表面，也可采用内封面形式。案卷封面的式样宜符合《建设工程文件归档规范》GB/T 50328—2014 中附录 D 的要求；

2）案卷封面的内容应包括：档号、案卷题名、编制单位、起止日期、密级、保管期限、本案卷所属工程的案卷总量、本案卷在该工程案卷总量中的排序；

3）档号应由分类号、项目号和案卷号组成，档号由档案保管单位填写；

4）案卷题名应简明、准确地揭示卷内文件的内容；

5）编制单位应填写案卷内文件的形成单位或主要责任者；

6）起止日期应填写案卷内全部文件形成的起止日期；

7）保管期限应根据卷内文件的保存价值在永久保管、长期保管、短期保管三种保管期限中选择划定。当同一案卷内有不同保管期限的文件时，该案卷保管期限应从长；

8）密级应在绝密、机密、秘密三个级别中选择划定。当同一案卷内有不同密级的文件时，应以高密级为本卷密级。

（5）编写案卷题名，应符合下列规定：

1）建筑工程案卷题名应包括工程名称（含单位工程名称）、分部工程或专业名称及卷内文件概要等内容；当房屋建筑有地名管理机构批准的名称或正式名称时，应以正式名称为工程名称，建设单位名称可省略；必要时可增加工程地址内容；

2）道路、桥梁工程案卷题名应包括工程名称（含单位工程名称）、分部工程或专业名称及卷内文件概要等内容；必要时可增加工程地址内容；

3）地下管线工程案卷题名应包括工程名称（含单位工程名称）、专业管线名称和卷内文件概要等内容；必要时可增加工程地址内容；

4）卷内文件概要应符合《建设工程文件归档规范》GB/T 50328—2014 中附录 A 中所列案卷内容（标题）的要求；

5）外文资料的题名及主要内容应译成中文。

（6）案卷脊背应由档号、案卷题名构成，由档案保管单位填写；式样宜符合《建设工程文件归档规范》GB/T 50328—2014 中附录 F 的规定。

（7）卷内目录、卷内备考表、案卷内封面应采用 70g 以上白色书写纸制作，幅面统一采用 A4 幅面。

4. 案卷装订与装具

（1）案卷可采用装订与不装订两种形式。文字材料必须装订；装订时不应破坏文件的内容，并应保持整齐、牢固，便于保管和利用。

（2）卷盒、卷夹

案卷装具一般采用卷盒、卷夹两种形式。并应符合下列规定：

1）卷盒的外表尺寸为 310mm×220mm，厚度分别为 20、30、40、50mm。

2）卷夹的外表尺寸为 310mm×220mm，厚度一般为 20～30mm。

3）卷盒、卷夹应采用无酸纸制作。

5.4　建设工程档案的验收与移交

5.4.1　建设工程资料归档的要求

1. 归档资料的要求

（1）归档文件必须完整、准确、系统，能够反映工程建设活动的全过程。文件材料归档范围及文件的质量满足上文的要求。

（2）归档的文件必须经过分类整理，并应组成符合要求的案卷。

2. 归档时间的要求

（1）根据建设程序和工程特点，归档可以分阶段分期进行，也可以在单位或分部工程通过竣工验收后进行。

（2）勘察、设计单位应当在任务完成时，施工、监理单位应当在工程竣工验收前，将各自形成的有关工程档案向建设单位提交归档。

3. 归档数量的要求

工程档案一般不少于两套，一套由建设单位保管，一套（原件）移交当地城建档案馆（室）。

4. 归档程序的要求

勘察、设计、施工单位在收齐工程文件并整理立卷后，建设单位、监理单位应根据城建档案管理机构的要求对档案文件完整、准确、系统情况和案卷质量进行审查。审查合格后向建设单位移交。勘察、设计、施工、监理等单位向建设单位移交档案时，应编制移交清单，双方签字、盖章后方可交接。归档工作程序如图 5-1 所示。

5.4.2　建设工程档案的验收

列入城建档案管理机构档案接收范围的工程，竣工验收前，城建档案管理机构应对工程档案进行预验收。城建档案管理部门在进行工程档案预验收时，应重点验收以下

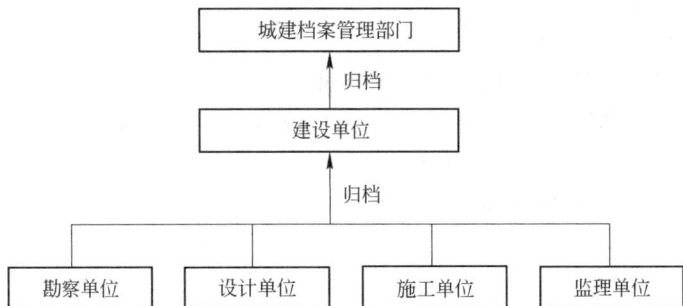

图 5-1 归档工作程序示意图

内容：

1. 工程档案分类齐全、系统完整；

2. 工程档案的内容真实、准确地反映工程建设活动和工程实际状况；

3. 工程档案已整理立卷，立卷符合现行《归档整理规范》的规定；

4. 竣工图绘制方法、图式及规格等符合专业技术要求，图面整洁，盖有竣工图章；

5. 文件的形成、来源符合实际，要求单位或个人签章的文件，其签章手续完备；

6. 文件材质、幅面、书写、绘图、用墨、托裱等符合要求。

工程档案由建设单位进行验收，属于向地方城建档案管理部门报送工程档案的工程项目还应会同地方城建档案管理部门共同验收。

国家、省市重点工程项目或一些特大型、大型的工程项目的预验收和验收，必须有地方城建档案管理部门参加。

为确保工程档案的质量，各编制单位、地方城建档案管理部门、建设行政管理部门等要对工程档案进行严格检查、验收。编制单位、制图人、审核人、技术负责人必须进行签字或盖章。对不符合技术要求的，一律退回编制单位进行改正、补齐，问题严重者可令其重做。不符合要求者，不能交工验收。

5.4.3　建设工程档案的移交

列入城建档案管理机构接收范围的工程，建设单位在工程竣工验收后 3 个月内，必须向城建档案管理机构移交一套符合规定的工程档案。

停建、缓建工程的工程档案，可暂由建设单位保管。

对改建、扩建和维修工程，建设单位应组织设计、施工单位对改变部位据实编制新的工程档案，并应在工程竣工验收后 3 个月内向城建档案管理机构移交。

当建设单位向城建档案管理机构移交工程档案时，应提交移交案卷目录，办理移交手续，双方签字、盖章后方可交接。

复习思考题

1. 什么是建设工程档案？

2. 归档有几个方面的含义？

145

3. 建设工程档案的特征有哪些？

4. 建设工程档案的分类有哪些？

5. 各相关单位在建设工程资料的归档管理时有什么职责？

6. 什么是建设工程资料的归档整理？归档时文件有什么质量要求？立卷有什么要求？

7. 建设工程资料的归档的时间要求、档案数量要求、归档工作程序要求是什么？

8. 如何进行建设工程档案的验收与移交？

教学单元6

建设工程竣工验收备案

【教学目标】 通过本单元的学习，让学生了解工程竣工验收备案的概念及范围，熟悉工程竣工验收备案的文件与程序；了解施工准备阶段施工单位的备案基础工作，熟悉施工过程中与竣工验收阶段的施工单位备案实施要点。

为贯彻《建设工程质量管理条例》，规范房屋建筑和市政基础设施工程的竣工验收，保证工程质量，住房和城乡建设部于 2013 年 12 月实施了《房屋建筑和市政基础设施工程竣工验收规定》。建设部于 2000 年 4 月制定并实施的《房屋建筑工程和市政基础设施工程竣工验收备案管理暂行办法》，于 2009 年 10 月 19 日修正实施为《房屋建筑和市政基础设施工程竣工验收备案管理办法》（以下简称《备案管理办法》），详见附录三。

6.1 工程竣工验收备案管理

6.1.1 工程竣工验收备案的概念及范围

所谓竣工验收备案是指建设单位应当自工程竣工验收合格之日起 15 日内，依照《备案管理办法》规定，向工程所在地的县级以上地方人民政府建设行政主管部门（以下简称备案机关）备案（即将工程的相关行政审批文件、质量验收文件、工程质量保修文件等送备案机关审查存档）。同意备案文件作为工程竣工交付使用和办理房屋产权登记的必备文件。

根据《备案管理办法》，在中华人民共和国境内新建、扩建、改建各类房屋建筑工程和市政基础设施工程均要求进行竣工验收备案。

6.1.2 工程竣工验收备案的文件

根据《备案管理办法》，建设单位办理工程竣工验收备案应当提交下列文件：

1. 工程竣工验收备案表；

2. 工程竣工验收报告。竣工验收报告应当包括工程报建日期，施工许可证号，施工图设计文件审查意见，勘察、设计、施工、工程监理等单位分别签署的质量合格文件及验收人员签署的竣工验收原始文件，市政基础设施的有关质量检测和功能性试验资料以及备案机关认为需要提供的有关资料；

3. 法律、行政法规规定应当由规划、环保等部门出具的认可文件或者准许使用文件；

4. 法律规定应当由公安消防部门出具的对大型的人员密集场所和其他特殊建设工程验收合格报告。

5. 施工单位签署的工程质量保修书；

6. 法规、规章规定必须提供的其他文件。

住宅工程还应当提交《住宅质量保证书》和《住宅使用说明书》。

6.1.3 工程竣工验收备案的程序

1. 建设单位应当自工程竣工验收合格之日起 15 日内向备案机关报送竣工验收备案

文件；

2. 工程质量监督机构应当在工程竣工验收之日起 5 日内，向备案机关提交工程质量监督报告；

3. 备案机关收到建设单位报送的竣工验收备案文件以及工程质量监督机构提交的工程质量监督报告后，验证文件是否齐全，审查后决定是否同意备案。

6.2　工程竣工验收备案的实施

根据《建设工程质量管理条例》和《备案管理办法》，建设单位作为建设活动的总负责方，同时也是工程竣工验收备案资料的最终提交方。建设工程竣工验收备案制度明确了建设、勘察、设计、施工、监理单位等参与工程建设的各方在建设工程质量管理和竣工验收备案中的质量责任。限于篇幅，本节仅对施工单位竣工验收备案的实施进行介绍。

6.2.1　施工准备阶段施工单位的备案基础工作

伴随着备案工作的实施，政府建设工程质量监督管理模式已有大的调整。政府及其委托的监督机构抽查内容将从单一的实物质量扩大到施工现场质量保证体系质量责任制。因此，施工单位应从多方面做好备案基础工作。

1. 施工单位应积累建设项目的基本文件依据

所谓文件依据，主要是指那些适用于工程项目通用的、具有普遍指导意义和必须遵守的基本文件。包括：

（1）工程承包合同文件；

（2）设计施工图文件；

（3）国家及政府部门颁布的有关质量管理方面的法律、法规和规章；

（4）有关质量检验与控制的技术与技术管理规定、标准和规范。

上述四类文件施工现场项目部都必须在开工阶段及时收集、分类、编号，这是做好备案工作必需的准备工作。

2. 施工单位项目开工前的质量控制

（1）施工准备阶段的质量控制要点

1）掌握工程的特点和关键；

2）调查并创造有利施工的条件；

3）合理部署和选择施工队伍；

4）预测施工风险和做好应变准备。

（2）做好项目开工前的准备工作

1）施工组织准备；

2）施工技术准备；

3）施工物资准备；

4）施工现场准备；

5）施工队伍准备。

3. 施工单位项目开工前的备案配合工作

（1）配合建设单位办理建设工程质量监督申报手续；

（2）配合建设单位填写《建设工程从业人员资格审查表》；

（3）施工单位参与首次监督工作会议；

（4）施工单位接受首次监督检查；

（5）理解和执行建设工程质量监督方法。

6.2.2 施工过程中施工单位的备案实施要点

施工过程中，施工单位对各项影响施工质量的因素应实施有效的管理和控制，这一过程是确保施工生产符合设计意图及国家标准要求的重要环节。同样，随着政府建设工程质量管理模式的改革和备案制度的实施，施工单位强化施工过程的质量管理控制既能确保施工生产实现设计意图，达到国家质量标准要求，也是适应政府强化监督实施备案要求所必需的基础工作。

1. 施工单位必须加强施工过程中的质量管理与控制

（1）明确质量控制关键环节；

（2）确立工序质量控制点；

（3）严格隐蔽工程验收程序；

（4）建立缺陷纠正程序；

（5）建立半成品与成品保护措施；

（6）抓好技术复核工作；

（7）严格质量试验与检测手段；

（8）加强对分包单位的管理。

2. 施工过程中施工单位的质量评定

施工单位在施工过程中，应及时按照《统一标准》的要求，组织相关人员对检验批、分项工程、分部工程质量进行验收评定，单位工程完工后，施工单位应自行组织有关人员进行检查评定，合格后，及时向监理单位提交竣工验收报告。

3. 施工单位对工程质量问题的处理

质量事故处理的目的是为了消除质量缺陷，达到建筑物安全可靠和正常使用的各项功能要求，并保证施工的正常进行。因此，当施工过程中出现质量问题时，应及时按照《统一标准》和相关规定的要求进行处理。

4. 施工过程中施工单位的备案参与工作

（1）接受质量监督机构的工作质量抽查；

（2）接受监理单位、建设单位的日常质量监督检查；

（3）参与工程质量验收；

（4）对工程质量达不到合格标准的，认真进行质量整改。

6.2.3　竣工验收阶段施工单位备案实施要点

1. 施工单位必须保证单位工程达到竣工验收标准

（1）对单位工程施工质量文件进行检查确认；

（2）对工程项目质量的自评验收；

（3）填写"施工单位工程质量验收记录"；

（4）要求整改的问题已整改完毕，并报监理单位验收合格；

（5）按合同约定承担工程质量保修期的责任。

2. 协助建设单位、监理单位查阅并帮助整理工程项目全过程竣工档案材料。

3. 积极配合建设单位做好单位工程竣工验收。

4. 如实填写"工程款支付证明"文件。

5. 积极配合建设单位填写《建设工程竣工验收备案表》。

6. 服从主管部门备案结论，妥善保存有关备案资料。

151

复习思考题

1. 何谓竣工验收备案？

2. 根据《备案管理办法》，建设单位办理工程竣工验收备案应当提交哪些文件？

3. 施工准备阶段施工单位应从哪些方面做好备案基础工作？

4. 施工过程中施工单位的备案实施要点有哪些？

5. 竣工验收阶段施工单位备案实施要点有哪些？

教学单元 7

计算机辅助资料管理

【教学目标】 通过本单元的学习，让学生了解计算机在资料管理中的现状和计算机辅助资料管理的意义；掌握计算机资料管理软件的应用；了解电子归档未来的发展趋势。

7.1 计算机在资料管理中的应用

随着工程项目的日渐复杂和计算机技术的日新月异，计算机在工程项目资料管理中开始发挥越来越重要的作用。

7.1.1 计算机在资料管理中的现状

建筑工程项目管理随着工程项目的规模、性质和要求出现了许多根本性的变化而日趋复杂。对建筑工程项目实施全面规划和动态控制，需要处理大量的信息、整理大量的资料，并且要求及时、准确、全面，这样才能提高项目决策的效率，发挥信息的最大经济价值。对建筑工程项目建设过程中产生的大量数据单靠人工方法整理和计算已经远远不能满足项目管理的要求，并且许多信息的处理光靠手工方式是不能胜任的。

许多项目经理经常抱怨在项目管理中资料太多、太繁杂。办公室到处都是文件，太零乱，没有秩序，要找到一份自己想要的文件却要花许多时间，不知道从哪里找起。这就是项目管理中缺乏有效的资料管理系统的表现。实质上，一个项目的文件再多，也没有一个大图书馆的资料多，但为什么人们到一个图书馆却可以在几分钟之内找到自己要找的一本书呢？这就是由于图书馆有一个功能很强的资料管理系统。所以在项目中也要建立像图书馆一样的资料管理系统，让项目成员能够轻易的在这个系统中找到所需的资料或信息。

在实际工程中，许多信息由资料管理系统给出。资料管理指的是对作为信息载体的资料进行有序地收集、加工分解、编目、存档，并为项目各参加者提供专用的和常用的信息的过程。资料管理系统是管理信息系统的基础，是管理信息系统有效运行的前提条件。

目前我国已开发出许多资料管理软件。

7.1.2 计算机辅助资料管理的意义

运用计算机进行建筑工程资料管理，可以实现一次输入、多次享用，并实现检索多层次、查找多途径。因此，计算机辅助资料管理可以极大地提高资料管理工作效率，大大地提高工程资料管理的水平。计算机辅助资料管理具有以下的优点：

1. 计算机能够快速、高效地处理项目产生的大量数据，提高信息处理的速度，准确提供工程项目管理所需的最新信息，辅助工程项目管理人员及时、正确地做出决定，从而实现对项目目标的控制。

2. 计算机能够存储大量的信息和数据，采用计算机辅助信息管理。可以集中储存与项目有关的各种信息，并能随时取出被存储的数据，使信息共享，为项目管理提供有效使用服务。

3. 计算机能够方便地形成各种形式、不同需求的项目报告的报表，提供不同等级

153

的管理信息。

4. 利用计算机网络，可以提高数据传递的速度和效率，充分利用信息资源，沟通信息联系。

7.2　计算机资料管理软件应用

虽然施工验收规范均是由国家制定并推行的，但各省在具体的资料上仍然存在不同的格式和要求，因此，我国的计算机资料管理软件有许多种且具有地域差别，但这些差别仅仅表现在一些细节上。

本节中以由四川省建筑科学研究院开发的"建龙软件之工程质量验收系统"为例，简单介绍计算机资料管理软件的特点及使用。

7.2.1　功能特点

该系统用于建设工程施工阶段的技术资料管理和质量控制管理及各种报表管理。系统以计算机软件形式发行。

软件界面简洁、直观，录入界面与手工报表样式一致，符合工程技术人员的工作习惯，易学易用，对用户没有特殊使用规定，无需特别培训，只要会用计算机，根据教学演示和帮助说明，几个小时即可学会操作。

软件备有常用质量管理、质量监督、施工档案、工程监理、试验检测等工程管理报表表格模板，供用户调用。可为企业提高管理水平和规范管理工作提供辅助工具和蓝本。

软件具有数值和逻辑运算功能。用户填写基本信息后，软件会自动进行相关数据统计及逻辑运算，自动进行相关数据填写，可提高工作效率并减少笔误。

软件具有矢量图形管理功能，能在隐蔽工程报表中插入工程大样等图形，满足了工程的实际需要。

软件具有手写痕迹签字功能，既延续了手工填表签字的习惯、有效地记录了签字人的笔迹，又排除了数字文件可无损复制的可能。为实现无纸化办公提供了技术支持。

软件具有审核、校核和审定报表修改痕迹记录功能，为已经审定报表的删除和重新填写留下记录痕迹。为规范化管理提供了保障。

软件具有网络管理能力，可通过网络上报功能，有效掌握和控制软件应用状况和实现工程数据的上报，能自动生成上报数据，可通过磁盘也可通过网络进行数据传输及通过网络进行软件功能及相关文件的网上升级。

软件提供常用工程施工资料库：质量预控方案库，施工工艺资料库，质量通病防治方案库，供用户编制方案时选用。

7.2.2　软件界面及主要功能

1. 软件的主界面

2. 软件功能图例

具有条文说明及填表说明常用辅助说明

156

自动统计允许偏差抄测记录合格点率，提示超标记录点，混凝土强度评定统计计算

拥有大量施工技术交底模板和常用工程大样图库

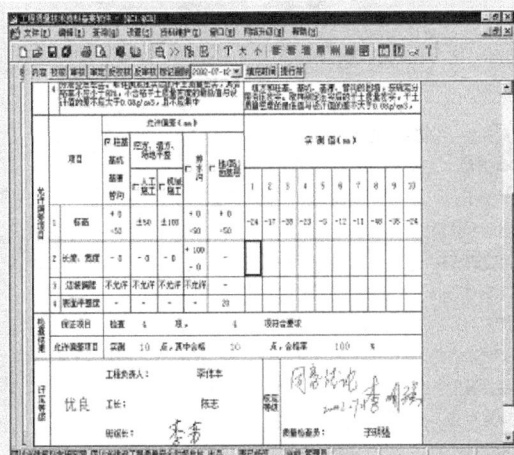

具有手写签字认证系统

能在表格中插入CAD图形或WORD 文档

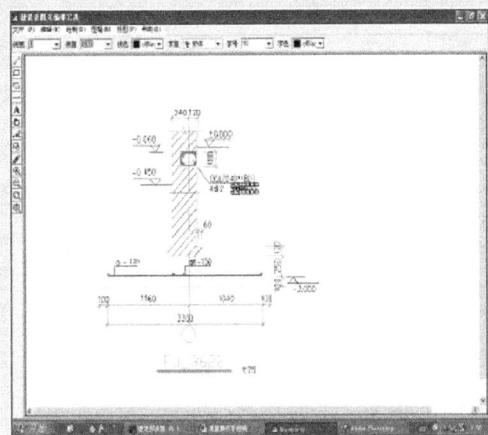

能对图形进行二次编辑

可输入建筑轴线符号

3. 主要菜单按钮功能简介

（1）主菜单及快捷工具条

当鼠标停留在每个快捷按钮上时，程序会有功能提示信息出现。

☐ 新建工程文件；

📂 打开工程文件；

💾 保存当前工程文件；

🖨 保存所有打开窗口中的工程文件；

🖨 打印当前表格；   T 辅助功能（下面有详细说明）；

🔍 预览当前表格；   大 字体变大；

📖 常用资料；   小 字体变小；

📖 特殊词库；   Ⓐ 轴线符号切换；

⊕ 全窗口显示表格；   ≡ 文字左对齐；

>> 调整窗口分割位置；   ≡ 文字中对齐；

📁 显示样板目录树；   ≡ 文字右对齐；

▤ 向左停靠样板目录树；   文字顶对齐；

▤ 向上停靠样板目录树；   文字垂直中对齐；

◀ 显示前一张表格；   文字底对齐；

▶ 显示后一张表格；   图 文字折行；

                                        图 扩展记录点。

当点击辅助功能按钮时，快捷按钮栏会多出一行。

我们可利用上面的快捷按钮对文字的字型、字号、方向及表格的格式进行调整（包括拆分、合并单元格），从真正意义上达到用户自由修改的需要。（下面是各功能按钮的详细说明）

宋体 改变字型；

10 改变字号；

B 字体加粗；

∕ 字体倾斜；

U 字体加下划线；

↻ 改变字体方向（可将字体逆时针旋转90°）；

🗃 选中表格内所有填写单元格（可进行字型、格式上的统一调整）；

A 改变字体颜色；

∕ 手写签字（需配合手写板使用）；

🗈 显示列标；

🗈 显示行标；

╱ 画表线（画、抹表格线都可实现）；

▤ 合并单元格；

▤ 拆分单元格；

⎓ 插入一行；

⎓ 删除一行；

⎓ 插入一列；

⎓ 删除一列；

🗈 序列等差填充；

🍷 调整只读属性（点击后可将表格中所有固定内容进行修改，也可将单元格中的内容设置成为不可修改）；

🔌 取消特殊输入格式限定（可将表格中只能选择的单元格或是只能输入数字的单元格调整为可任意输入的状态）；

‰ 是否显示零值；

℅ 关闭单元格中自动统计功能（移动到有自动统计的单元格时，此按钮才能点击，可将自动统计改为手工输入）；

📎 附加其他文件（主要是查看表格相关资料更方便，可以是WORD、CAD等任意格式文件）；

📄 同符号及随机数填充（可以成批填写同一文字、数字内容，也可成批填写随机数）；

f_x 修改编辑公式（可对表格中统计公式进行修改）。

（2）文件菜单

【新建文件】新建一个工程文件。新建的时候，程序要求输入工程基本信息。当报表中有相应栏目时，程序会自动将用户输入的信息填入栏目中。可减少用户的重复录入工作量。若同一栏目有多种可能，则在栏目内容中输入多行内容，填表时相应栏目会形成下拉框，供用户选择。

【打开文件】打开已保存好的工程文件。

【保存文件】将当前窗口下的表格内容保存为文件格式。

【文件另存为】将当前窗口下的工程文件存为另一文件名。

文件[F]
类 新建文件[N]
📂 打开文件[O]
💾 保存文件[S]
　 文件另存为[A]
　 打印全部检验批[P]
　 打印全部汇总表[U]
　 打印全部校审表格[V]
　 打印资料汇总目录[W]
　 打印样板表总目录[Y]
　 设置打印机[Z]

【打印全部检验批】～【打印样板表总目录】从字面上就可理解这些菜单项的目的，需说明一点：点击这些菜单项后，程序不会有预览界面弹出，打印机会直接打印所选择的项目内容。

【设置打印机】调整打印机型号、纸张等。

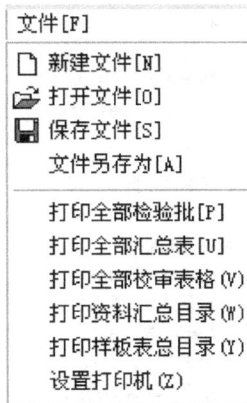

（3）编辑菜单

菜单中多与 Windows 常用功能相似，根据菜单的字面意思就可以理解。其中：

编辑[E]
↩ 撤消[U]
↪ 重做[R]
✂ 剪切[X]
📋 复制[C]
📋 粘贴[P]
🖐 粘贴图形[K]
🗗 可调式粘贴图形[L]
🗂 插入图形文件[M]
🗂 粘贴格式文本[N]
　 附加单位工程[O]
　 附加分部分项工程[S]
　 移动表格[T]
　 引入自定义表[V]
🗑 删除图形[W]
　 删除一张表格[Y]
　 删除子目录[Z]
🔍 搜索查询[Q]　　▶

【撤销】与【重做】只对前一文字操作有效。

【剪切】【复制】【粘贴】只对文字内容有效。

【粘贴图形】可将 Word 中的排版文字、格式、图形或其他图形文件中的图形复制后，使用该菜单选项粘贴到工程文件指定位置。

【可调式粘贴图形】对复制好的图形可直观调整大小、位置后再粘贴到指定位置。

【插入图形文件】可将已有的图形文件插入到指定位置。

【粘贴格式文本】可将 Word 排版的具有格式的文本插入到指定单元格中。〔前面四个功能都是粘贴功能，其中【插入图形文件】区别于其他三个，它不用先打开图形文件〕

【附加单位工程】与【附加分部分项工程】指在工程目录管理窗口（可理解为用户表格窗口）中，建立自己需要的分级目录，即对工程文件进行分类管理。

【移动表格】可将单个文件中的表格进行移动，也可将多个文件中的表格相互移动、复制（可以是单张表格，也可以是成批量的表格）。

【引入自定义表】利用软件中自带的图表之星软件，制作自己风格的表格，将它引入到软件中，供自己随时调用。

【搜索查询】用于已完成的工程文件或是样板中的表格进行查询。

（4）设置菜单

【工具栏】用于开启和关闭主菜单下的快捷工具条。

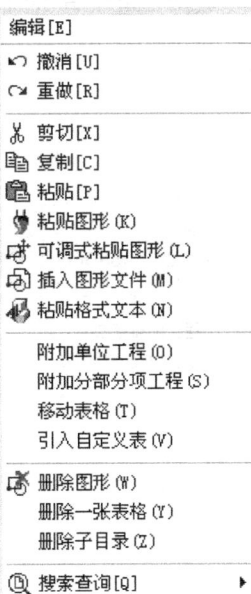

设置[O]
✓ 工具栏 (O)
✓ 状态栏 (P)
☐ 不打印只读单元格和表线 (Q)
🔑 设置权限 [R]
🗣 更换操作员 (S)
　改变密码 (T)
🖥 工程信息 (U)
　自动填充时间 (V)
　设置页眉页脚 (W)
　超标准数值用○、△圈住 (X)
　允许偏差企业标准 (Y)
　是否自动填写签字栏 (Z)

【状态栏】用于开启和关闭主界面窗口下的信息提示状态条。

【不打印只读单元格和表线】专为一些已有表格，需计算机打印填写内容的用户设置，打印时只打印填写内容不打印表格。

【设置权限】用于设置操作员的操作权限和进入工程的密码。只有管理员身份才能进入设置，如果只有一名用户可以仅设置管理员密码（即进入工程口令），不用添加操作员。

【更换操作员】用于在软件使用过程中，更换操作员，可避免软件重新启动。

【工程信息】用于修改或增加在新建工程时录入的工程信息。

【自动填充时间】点击后，再从样板表格窗口中选择需要的表格，表格上的日期栏会自动填写当前计算机时间。（注：需先选择此选项，再选择表格才会有效）要取消，再次点击即可。

【超标准数值用○、△圈住】点击后，表格中实测点中超标数值由○圈住，严重超标的数值由△圈住（可以是先选择表格，也可先选择此选项）。要取消，再次点击即可。

【允许偏差企业标准】查看国家企业标准数值设定。

【是否自动填写签字栏】开启和关闭表格签字栏信息的填入。默认为关闭。

（5）验收记录菜单

【添加表格】从样板窗口中添加表格到工程文件中。当读者是在表格窗口最大化状态下时，用此功能添加表格就方便多了。

验收记录[T]
　添加表格 (V)
　强行更改自动填充栏目 (W)
∑ 汇总附属记录到当前表 (X)
　工程文件排序 (Y)
　分项工程文件排序 (Z)

【强行更改自动填充栏目】将自动填充栏目强行更改为最新的工程信息内容。

【汇总附属记录到当前表】自动根据汇总表格要求，进行汇总计算并填入汇总内容，可分目录进行汇总，汇总结果是当前目录及其以下目录中所属表格。

【工程文件排序】对工程文件按名称进行排序，重新排列目录树顺序。

【分项工程文件排序】对分项工程按名称排序。

（6）组卷分类菜单

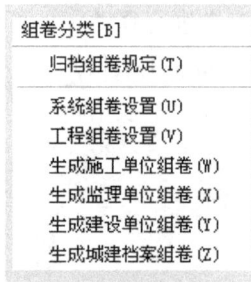

组卷分类[B]
　归档组卷规定 (T)
　系统组卷设置 (U)
　工程组卷设置 (V)
　生成施工单位组卷 (W)
　生成监理单位组卷 (X)
　生成建设单位组卷 (Y)
　生成城建档案组卷 (Z)

【归档组卷规定】查看归档组卷的规定。

【系统组卷设置】查看修改表格组卷的设置。

【工程组卷设置】对当前工程选择的表格查看修改组卷设置。

【生成施工单位组卷】根据系统组卷或工程组卷设置自动生成施工单位组卷文件，组卷即剔除无关内容，减小文件尺寸，便于存放。

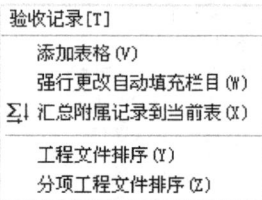

【生成监理单位组卷】根据系统组卷或工程组卷设置自动生成监理单位组卷文件。

【生成建设单位组卷】根据系统组卷或工程组卷设置自动生成建设单位组卷文件。

【生成城建档案组卷】根据系统组卷或工程组卷设置自动生成城建单位组卷文件。

（7）施工管理菜单

【事务提醒】软件为用户配备的电子秘书，用户只需在相对的日期内输入需提醒的事项，在用户启动本软件时，就会有窗口自动弹出提醒您。

【施工日志】打开施工日志填写软件。施工日志软件是资料备案软件附带的一款专门针对用户填写施工日志时使用的软件。

【施工技术交底】为用户整理的施工技术交底资料，包括施工、装饰、安装方面，用户可直接复制到填写表格中（仅标准版有）。

【常用资料】资料管理常用资料，包括了：质量控制、施工工艺标准及通病防治方面。（仅标准版有）

【图表之星】软件中附带的表格软件，同 Excel 很多相近之处，用户可利用它制作自己的表格调用到软件中。

【工程大样图库】为用户提供了建筑、安装方面的一些大样图，用户可调用、修改，还可将自己的 CAD 图加入到图库中，方便自己调用（仅标准版有）。

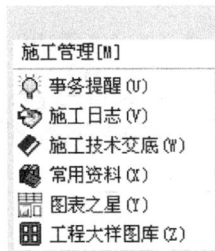

（8）法规资料菜单

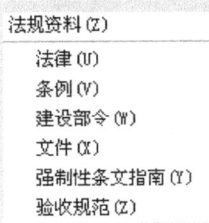

【法律】包括中华人民共和国标准化法、合同法、建筑法、招标投标法的内容。

【条例】包括建设工程勘察设计管理条例、建设工程质量管理条例、中华人民共和国标准条例的内容。

【建设部令】包括部分国家、行业管理法令。

【文件】包括建筑行业一些暂行规定、合同范本等。

【强制性条文指南】查看强制性条文内容。

【验收规范】查看建筑工程施工质量验收统一标准内容。

（9）窗口菜单

【水平平铺】【垂直平铺】【层叠】这三个选项都是针对打开多个文件时窗口的排列，用户可根据自己需要选择相应的选项。

【排列图标】打开多个文件最小化时，能对文件进行重新排列。

（10）帮助菜单

【目录】软件的电子说明书。

【软件改进记录】查询软件最近的功能及修改内容。

【填表指南】查看建筑工程施工质量验收规范实施指南内容。

【查询加密锁编号】用户的加密锁编号，此号为全球唯一号，将作为建龙软件为用户提供技术支持及售后服务的依据，并同用户信息一道纳入建设信息管理数据库中，同

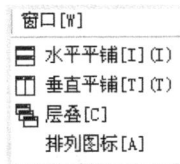

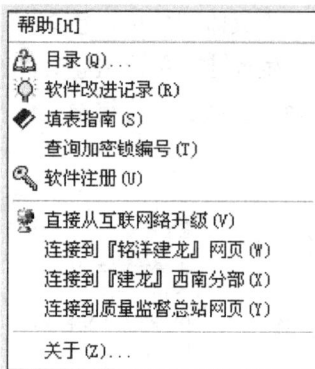

时也将附在工程数据文件和打印报告书上，作为合法用户的标志证明，并作为将来相关资料搜集的基础数据，可通过网络、电话查询。

【软件注册】注册本软件及查看软件注册信息。

【连接到建龙西南分部】、【连接到质量监督总站网页】可访问各网站最新信息。

【关于…】查看软件版本信息。

（11）右键菜单

在不同窗口中点击鼠标右键，会有不同功能的菜单出现。

1）工程目录窗口的菜单（用户表格窗口）

在用户表格窗口中，点击鼠标右键会弹出如左图所示的管理菜单，它主要是针对表格的管理。例如移动表格、附加单位工程、工程文件排序、汇总记录到表格等等。

2）数据录入窗口的菜单（填写表格的窗口）

在表格填写窗口中，点击鼠标右键会弹出如左图所示的编辑菜单，它主要是针对的是用户在填写表格时，对当前填写的表格进行编辑。例复制当前页，可调式粘贴图形，删除当前页等等。

（※鼠标右键菜单中的选项，大多都能从字面上理解它的作用，它是将用户最常用的一些功能汇集在一起，让用户操作更便捷。）

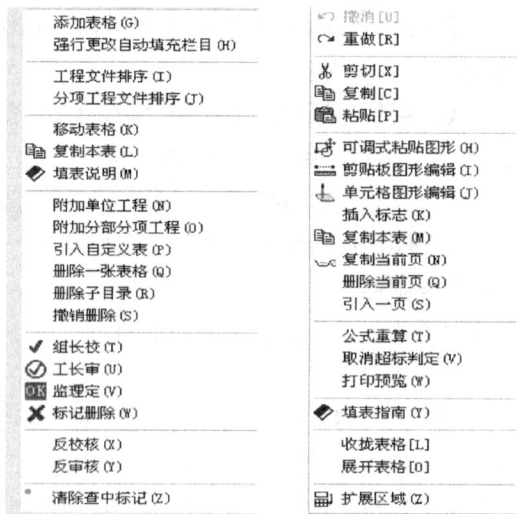

4. 快捷工具按钮

（1）布局按钮

1）全窗口显示表：可缩小样板目录和工程目录窗口，使整个窗口宽度用于显示数据录入窗口，便于数据录入，再次点击可恢复常态。

2）调整窗口分割位置：用于有刻度地调整工程目录窗口宽度。便于选择工程表。窗口的宽度，还可通过调整分隔条来自由定义。

3）显示样板目录树：用于样板目录窗口隐藏后，重新显示。

4）浮动停靠：用于将样板目录窗口固定在显示界面左侧或上侧，由用户自由安排其排列位置。对于新用户我们建议您选择将其停靠在左侧。

5. 样板目录工具按钮

【多选/单选】：点击按钮后可一次选择多个报表添加到工程文件中，多选时先按住 Ctrl 键不放，再用鼠标点取所需要的报表名，选择完毕后，放开 Ctrl 键，双击任一选中表格名或点击【选中】按钮，就将表格添加到了工程目录管理窗口（也就是用户表格窗口）。[默认为多选]

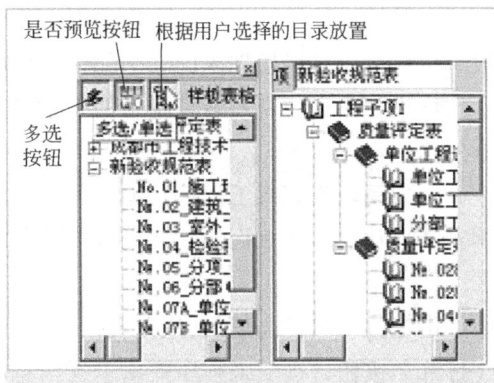

【预览/不预览】：点击此按钮后，样板窗口中点取相应表格时，在数据录入窗口中能看到报表样式，再次点击后，取消此功能。[默认为预览]

【按原属分部/指定分部插入】：点击后是按样板目录中所属分部放置表格，再次点击即取消此功能，用户可根据自己需要将表格添加到指定位置（用户可在用户表格窗口中建立自己的分项名称，将表格直接拖至相应位置）。[默认为按原属分部插入]

【选中】：将选择的表格添加到工程文件中，该功能也可直接双击样板表格窗口中的表格名实现。

6. 数据录入窗口按钮

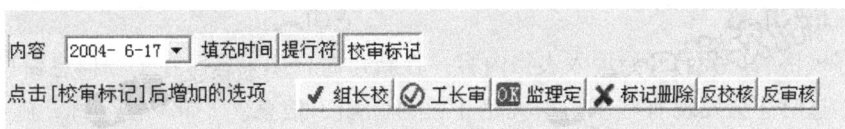

【组长校】对校核了的表进行标记，校核后的表不能改动或改动无效。若确实需要修改，须由具有反校核权限的人员进行反校核后进行。

【工长审】对已经校核的表进行审核标记，审核后的表不能反校核，可由反审核返回到没有校核的状态。

【监理定】对已经审核的表进行审定，审定的表不能进行反审定和反审核操作，只能进行删除标记。若要修改只能重新添加一个表进行有痕迹修改。

【标记删除】对需要删除但已经审定的表进行删除标记。

【反校核】对已校核的表取消校核操作。

【反校审】对已校审的表取消校核操作。

【填充时间】可将它左边日历框中的日期修改为您需要的时间后，填充到有"年月日"显示的单元格中。

【提行符】程序除自动换行外，用户可在单元各内输入多行文本，在需要换行时可

直接按回车键，如果无法实现时点取【提行符】实现，也可按住 Ctrl 键不放，再按回车键实现

7. 完成一个工程的步骤

初次使用本软件的用户，可以根据以往使用其他工具软件的经验试着使用本软件。一般来讲可以比较轻松地入门。但如果要比较熟练地掌握本软件的使用，还是建议您阅读本软件操作手册或观看软件附带的教学光盘的演示。下面我们将完成一个工程的具体步骤列出，供您参考。

（1）启动软件完成工程信息输入

安装成功后，在桌面上会有工程资料质量管理软件图标出现，双击该图标启动软件。

点击快捷工具栏上的新建工程按钮。在弹出的模板文件窗口中选择任一模板，点击［打开］按钮。接下来程序弹出工程信息输入窗口，将需要程序自动填入的项目，一一对应输入工程的相关信息。输入完毕后点击［关闭］按钮。程序会弹出工程名称输入窗口，您可将工程名称输入进去，作为将来存盘时的文件名。

（2）选择表格

新建完工程后，您所看到的界面可能不太利于您选择表格，我们建议您先点取快捷工具栏中的左侧停靠样板目录树窗口按钮，这时您会发现原来在屏幕上单列的样板目录窗口嵌入到了屏幕最左侧，您看到的是三个窗口水平平铺在屏幕上。左侧的样板目录中，每个项目前都有一个"＋"，点击它，您就可看到项目下包含的表格。双击表格名称，您会看到表格名称出现在了中间的小窗口中（我们称这个窗口为用户表格窗口），您也可对表格多选。

（3）填写表格

选好表格后，我们开始填入表格内容。在新建时，如果您已在工程信息窗口中输入有信息，这时您会发现有些填写单元格中已自动填入信息。（如工程名称、施工单位、项目负责人、班组长等等）您可对已填入的文字信息进行修改，程序会将您修改的信息记住，不会将您原来的信息重新填入表格中。

在填写检查评定记录时，我们除了为您提供了按钮能即时查看规范内容、在填写单元格中设有下拉框让您能直接调用一些简单的评定意见外，我们还为您将建筑工程施工质量验收规范实施指南的内容附在软件中，您只需按［F1］键就可查看您正在填写的这张表的填写指南（查看指南的其他方式）了，这样您填写起表格来就会觉得轻松许多。（如果想复制填写指南中的文字内容，选中文字后可直接按 Ctrl＋C 键复制）

（4）保存文件

完成表格的填写后，对您的工作成果一定得保存好。软件的存盘操作和 Windows 里其他软件一样，在快捷工具栏中有存盘按钮，点击它后，会有窗口弹出，您可输入存盘文件名，还可改变存盘的位置。（提醒您：一定记住改变后的存盘地址，最好不要存在【我的文档】中，以免文件丢失。）大家可能注意到了，在存盘按钮后还有一个按钮同它很相似，它是保存所有打开工程文件按钮。因为软件支持多个文件同时打开，所

以您可以切换文件窗口对文件内容进行修改。修改后，您只需要点击此按钮一次（在任何一个工程中），所有修改了的文件都会存盘。

（5）打印文件

打印表格时，在快捷工具栏中有打印按钮，它的作用是打印当前您填写的表格。如果您的表格是您修改了的（特别是拖拉了行列标），您最好先点击预览按钮，查看一下表格内容是否还在一页纸面上，如果超出了，您就得再调整一下，再打印。（预览中也有打印按钮，点击后只打印预览内容，但可设置打印多页）

如果是打印全部检验批表格，点击文件菜单下的打印全部检验批选项即可。

这样，一个工程就完成了。

7.3　电子归档未来的发展趋势

7.3.1　BIM 是未来建筑领域的发展方向

BIM 即建筑信息模型（Building information Modeling），是以建筑工程项目的各项相关信息数据作为模型的基础，进行建筑模型的建立，通过数字信息仿真模拟建筑物所具有的真实信息，如图 7-1 所示。

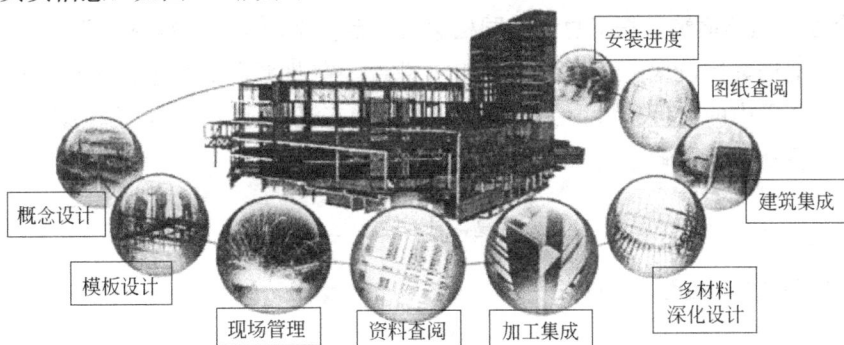

图 7-1　BIM 模型示意

1. BIM 是一个设施（建设项目）物理和功能特性的数字表达；

2. BIM 是一个共享的知识资源，是一个分享有关这个设施的信息，周期中的所有决策提供可靠依据的过程；

3. 在项目的不同阶段，不同利益相关方通过在 BIM 中插入、提取其各自职责的协同作业。

7.3.2　资料文件电子化、网络化

做为与电子化的 BIM 的相结合的重要一部分，未来资料文件必将实现全面的电子

化，同时随着网络技术的发展必然网络化，同时更加高效、环保、节能。

1. 规程库网络平台化

所有的规程库全在网络上，可为各种资料软件提供数据下载、更新的服务。

除了下载服务，它可即时收集用户的反馈、分享、纠错等，是一个不断自我完善的平台。

2. 在线表格编制、填写

随着网速不断提升，稳定性不断加强，使得表格即时编制、填写成为可能。相关人员无需安装软件，只要能上互联网，打开浏览器马上就可以编制表格，编制完成后，加盖电子签章保证法律效力。

3. 即时网络审批流转

单据审核，不用再打印出来，拿给当事人签字。审核人只要能上网，就可看到自己当前需要审核的单据，加盖电子签章完成审核。

4. 与 BIM 模型紧密结合

资料文件与 BIM 模型紧密结合，这样从 BIM 模型的不同部位就可以显示与之相关的资料文件。选择一个楼层可以看到它是什么时候建的，用了什么强度等级的水泥，什么规格的钢筋，由什么人验收等一系列相关资料信息。为追溯建筑工程信息提供更加便捷、直观的途径。

5. 网络上报到档案馆

上报的归档文件全部电子化，不用人员跑到档案馆上报，直接网络传输即可。档案馆审查合格后存档，如有不合格情况，即时网络打回到原上报单位，进行修改。

6. 全国各地档案馆数据汇总到全国档案云平台，面向全社会提供服务

全国各地档案馆数据汇总到全国档案云平台，在此平台上可进行全局性的统计分析，对全国范围内的工程项目，工程面积，工程状态等等进行展示，为国家决策提供数据支持，为民众查询了解建筑行业信息提供窗口。

复习思考题

1. 计算机辅助资料管理的优点是什么？
2. "建龙软件之工程质量验收系统"有什么功能特点？

附录一 建筑工程文件的归档范围

类别	归 档 文 件	保存单位				
		建设单位	设计单位	施工单位	监理单位	城建档案馆
工程准备阶段文件（A类）						
A1	立项文件					
1	项目建议书批复文件及项目建议书	▲				▲
2	可行性研究报告批复文件及可行性研究报告	▲				▲
3	专家论证意见、项目评估文件	▲				▲
4	有关立项的会议纪要、领导批示	▲				▲
A2	建设用地、拆迁文件					
1	选址申请及选址规划意见通知书	▲				▲
2	建设用地批准书	▲				▲
3	拆迁安置意见、协议、方案等	▲				△
4	建设用地规划许可证及其附件	▲				▲
5	土地使用证明文件及其附件	▲				▲
6	建设用地钉桩通知单	▲				▲
A3	勘察、设计文件					
1	工程地址勘察报告	▲	▲			▲
2	水文地址勘察报告	▲	▲			▲
3	初步设计文件(说明书)	▲	▲			
4	设计方案审查意见	▲	▲			▲
5	人防、环保、消防等有关主管部门（对设计方案）审查意见	▲	▲			▲
6	设计计算书	▲	▲			△
7	施工图设计文件审查意见	▲	▲			▲
8	节能设计备案文件	▲				▲
A4	招投标文件					
1	勘察、设计招投标文件	▲	▲			
2	勘察、设计合同	▲	▲			▲
3	施工招投标文件	▲		▲	△	
4	施工合同	▲		▲	△	▲
5	工程监理招投标文件	▲			▲	
6	监理合同	▲			▲	▲

续表

类别	归 档 文 件	保存单位				
		建设单位	设计单位	施工单位	监理单位	城建档案馆
A5	开工审批文件					
1	建设工程规划许可证及其附件	▲		△	△	▲
2	建设工程施工许可证	▲		▲	▲	▲
A6	工程造价文件					
1	工程投资估算材料	▲				
2	工程设计概算材料	▲				
3	招标控制价格文件	▲				
4	合同价格文件	▲		▲		△
5	结算价格文件	▲		▲		△
A7	工程建设基本信息					
1	工程概况信息表	▲		△		▲
2	建设单位工程项目负责人及现场管理人员名册	▲				▲
3	监理单位工程项目总监及监理人员名册	▲			▲	▲
4	施工单位工程项目经理及质量管理人员名册	▲		▲		▲
	监理文件（B类）					
B1	监理管理文件					
1	监理规划	▲			▲	▲
2	监理实施细则	▲		△	▲	▲
3	监理月报	△			▲	
4	监理会议纪要	▲		△	▲	
5	监理工作日志				▲	
6	监理工作总结				▲	▲
7	工作联系单	▲		△	△	
8	监理工程师通知	▲		△	△	△
9	监理工程师通知回复单	▲		△	△	△
10	工程暂停令	▲		△	△	▲
11	工程复工报审表	▲		▲	▲	▲
B2	进度控制文件					
1	工程开工报审表	▲		▲	▲	▲
2	施工进度计划报审表	▲		△	△	
B3	质量控制文件					
1	质量事故报告及处理资料	▲		▲	▲	▲
2	旁站监理记录	△		△	▲	
3	见证取样和送检人员备案表	▲		▲	▲	
4	见证记录	▲		▲	▲	

类别	归档文件	保存单位				
		建设单位	设计单位	施工单位	监理单位	城建档案馆
5	工程技术文件报审表			△		
B4	造价控制文件					
1	工程款支付	▲		△	△	
2	工程款支付证书	▲		△	△	
3	工程变更费用报审表	▲		△	△	
4	费用索赔申请表	▲		△	△	
5	费用索赔审批表	▲		△	△	
B5	工期管理文件					
1	工期延期申请表	▲		▲	▲	▲
2	工期延期审批表	▲			▲	▲
B6	监理验收文件					
1	竣工移交证书	▲		▲	▲	▲
2	监理资料移交书	▲			▲	
	施工文件(C类)					
C1	施工管理文件					
1	工程概况表	▲		▲	▲	△
2	施工现场质量管理检查记录			△	△	
3	企业资质证书及相关专业人员岗位证书	△		△	△	△
4	分包单位资质报审表	▲		▲	▲	
5	建设单位质量事故勘察记录	▲		▲	▲	▲
6	建设工程质量事故报告书	▲		▲	▲	▲
7	施工检测计划	△		△	△	
8	见证试验检测汇总表	▲		▲	▲	▲
9	施工日志			▲		
C2	施工技术文件					
1	工程技术文件报审表	△		△	△	
2	施工组织设计及施工方案	△		△	△	△
3	危险性较大分部分项工程施工方案	△		△	△	△
4	技术交底记录	△		△		
5	图纸会审记录	▲	▲	▲	▲	▲
6	设计变更通知单	▲	▲	▲	▲	▲
7	工程洽商记录(技术核定单)	▲	▲	▲	▲	▲
C3	进度造价文件					
1	工程开工报审表	▲	▲	▲	▲	▲

续表

类别	归档文件	保存单位				
		建设单位	设计单位	施工单位	监理单位	城建档案馆
2	工程复工报审表	▲	▲	▲	▲	▲
3	施工进度计划报审表			△	△	
4	施工进度计划			△	△	
5	人、机、料动态表			△	△	
6	工程延期申请表	▲		▲	▲	▲
7	工程款支付申请表	▲		△	△	
8	工程变更费用报审表	▲		△	△	
9	费用索赔申请表	▲		△	△	
C4	施工物资出厂质量证明及进场检测文件					
	出厂质量证明文件及检测报告					
1	砂、石、砖、水泥、钢筋、隔热、保温、防腐材料、轻骨料出厂证明文件	▲		▲	▲	△
2	其他物资出厂合格证、质量保证书、检测报告和报关单或商检证等	△		▲	△	
3	材料、设备的相关检验报告、型式检测报告、3C强制认证合格证书或3C标志	△		▲	△	
4	主要设备、器具的安装使用说明书	▲		▲	△	
5	进口的主要材料设备的商检证明文件	△		▲		
6	涉及消防、安全、卫生、环保、节能的材料、设备的检测报告或法定机构出具的有效证明文件	▲		▲	▲	△
7	其他施工物资产品合格证、出厂检验报告					
	进场检验通用表格					
1	钢材试验报告	▲		▲	▲	▲
2	水泥试验报告	▲		▲	▲	▲
3	砂试验报告	▲		▲	▲	▲
4	碎(卵)石试验报告	▲		▲	▲	▲
5	外加剂试验报告	△		▲	▲	▲
6	防水涂料试验报告	▲		▲	△	
7	防水卷材试验报告	▲		▲	△	
8	砖(砌块)试验报告	▲		▲	▲	▲
9	预应力筋复试报告	▲		▲	▲	▲
10	预应力锚具、夹具和连接器复试报告	▲		▲	▲	▲
11	装饰装修用门窗复试报告	▲		▲	△	
12	装饰装修用人造木板复试报告	▲		▲	△	

170

续表

类别	归 档 文 件	保存单位				
		建设单位	设计单位	施工单位	监理单位	城建档案馆
13	装饰装修用花岗石复试报告	▲		▲	△	
14	装饰装修用安全玻璃复试报告	▲		▲	△	
15	装饰装修用外墙面砖复试报告	▲		▲	△	
16	钢结构用钢材复试报告	▲		▲	▲	▲
17	钢结构用防火涂料复试报告	▲		▲	▲	▲
18	钢结构用焊接材料复试报告	▲		▲	▲	▲
19	钢结构用高强度大六角头螺栓连接副复试报告	▲		▲	▲	▲
20	钢结构用扭剪型高强螺栓连接副复试报告	▲		▲	▲	▲
21	幕墙用铝塑板、石材、玻璃、结构胶复试报告	▲		▲	▲	▲
22	散热器、供暖系统保温材料、通风与空调工程绝热材料、风机盘管机组、低压配电系统电缆的见证取样复试报告	▲		▲	▲	▲
23	节能工程材料复试报告	▲		▲	▲	▲
24	其他物资进场复试报告					
C5	施工记录文件					
1	隐蔽工程验收记录	▲		▲	▲	▲
2	施工检查记录			△		
3	交接检查记录			△		
4	工程定位测量记录	▲		▲	▲	▲
5	基槽验线记录	▲		▲	▲	▲
6	楼层平面放线记录			△	△	△
7	楼层标高抄测记录			△	△	△
8	建筑物垂直度、标高观测记录	▲		▲	△	△
9	沉降观测记录	▲		▲	△	▲
10	基坑支护水平位移监测记录			△	△	
11	桩基、支护测量放线记录			△	△	
12	地基验槽记录	▲	▲	▲	▲	▲
13	地基钎探记录	▲		△	△	▲
14	混凝土浇灌申请书			△	△	
15	预拌混凝土运输单			△		
16	混凝土开盘鉴定			△	△	
17	混凝土拆模申请单			△	△	
18	混凝土预拌测温记录			△		
19	混凝土养护测温记录			△		

类别	归档文件	保存单位				
		建设单位	设计单位	施工单位	监理单位	城建档案馆
20	大体积混凝土养护测温记录			△		
21	大型构件吊装记录	▲		△	△	▲
22	焊接材料烘焙记录			△		
23	地下工程防水效果检查记录	▲		△	△	
24	防水工程试水检查记录	▲		△	△	
25	通风(烟)道、垃圾道检查记录	▲		△	△	
26	预应力筋张拉记录	▲		▲	△	▲
27	有粘结预应力结构灌浆记录	▲		▲	▲	▲
28	钢结构施工记录	▲		▲	△	
29	网架(索膜)施工记录	▲		▲	△	▲
30	木结构施工记录	▲		▲	△	
31	幕墙注胶检查记录	▲		▲	△	
32	自动扶梯、自动人行道的相邻区域检查记录	▲		▲	△	
33	电梯电气装置安装检查记录	▲		▲	△	
34	自动扶梯、自动人行道电气装置检查记录	▲		▲	△	
35	自动扶梯、自动人行道整机安装质量检查记录	▲		▲	△	
36	其他施工记录文件					
C6	施工试验记录及检测文件					
	通用表格					
1	设备单机试运转记录	▲		▲	△	△
2	系统试运转调试记录	▲		▲	△	△
3	接地电阻测试记录	▲		▲	△	△
4	绝缘电阻测试记录	▲		▲	△	△
	建筑与结构工程					
1	锚杆试验报告	▲		▲	△	△
2	地基承载力检验报告	▲		▲	△	▲
3	桩基检测报告	▲		▲	△	
4	土工击实试验报告	▲		▲	△	▲
5	回填土试验报告(应附图)	▲		▲	△	▲
6	钢筋机械连接试验报告	▲		▲	△	△
7	钢筋焊接连接试验报告	▲		▲	△	△
8	砂浆配合比申请书、通知单			△	△	△
9	砂浆抗压强度试验报告	▲		▲	△	▲
10	砌筑砂浆试块强度统计、评定记录	▲		▲		△

续表

类别	归 档 文 件	保存单位				
		建设单位	设计单位	施工单位	监理单位	城建档案馆
11	混凝土配合比申请书、通知单	▲		△	△	△
12	混凝土抗压强度试验报告	▲		▲	△	▲
13	混凝土试块强度统计、评定记录	▲		▲	△	△
14	混凝土抗渗试验报告	▲		▲	△	△
15	砂、石、水泥放射性指标报告	▲		▲	△	△
16	混凝土碱总量计算书	▲		▲	△	
17	外墙饰面砖样板粘结强度试验报告	▲		▲	△	△
18	后置埋件抗拔试验报告	▲		▲	△	△
19	超声波探伤报告、探伤记录	▲		▲	△	△
20	钢构件射线探伤报告	▲		▲	△	△
21	磁粉探伤报告	▲		▲	△	△
22	高强度螺栓抗滑移系数检测报告	▲		▲	△	△
23	钢结构焊接工艺评定			△	△	
24	网架节点承载力试验报告	▲		▲	△	△
25	钢结构防腐、防火涂料厚度检测报告	▲		▲	△	△
26	木结构胶缝试验报告	▲		▲	△	
27	木结构构件力学性能试验报告	▲		▲	△	
28	木结构防腐剂试验报告	▲		▲	△	△
29	幕墙双组分硅酮结构胶混匀性及拉断试验报告	▲		▲	△	△
30	幕墙的抗风压性能、空气渗透性能、雨水渗透性能及平面内变形性能检测报告	▲		▲	△	△
31	外门窗的抗风压性能、空气渗透性能和雨水渗透性能检测报告	▲		▲	△	△
32	墙体节能工程保温板材与基层粘结强度现场拉拔试验	▲		▲	△	△
33	外墙保温浆料同条件养护试件试验报告	▲		▲	△	△
34	结构实体混凝土强度验收记录	▲		▲	△	△
35	结构实体钢筋保护层厚度验收记录	▲		▲	△	△
36	围护结构现场实体检验	▲		▲	△	△
37	室内环境检测报告	▲		▲	△	△
38	节能性能检测报告	▲		▲	△	▲
39	其他建筑与结构施工试验记录与检测文件					
	给水排水及供暖工程					
1	灌(满)水试验记录	▲		△	△	

类别	归档文件	保存单位				
		建设单位	设计单位	施工单位	监理单位	城建档案馆
2	强度严密性试验记录	▲		▲	△	△
3	通水试验记录	▲		△	△	
4	冲(吹)洗试验记录	▲		▲	△	
5	通球试验记录	▲		△	△	
6	补偿器安装记录			△	△	
7	消火栓试射记录	▲		▲	△	
8	安全附件安装检查记录			▲	△	
9	锅炉烘炉试验记录			▲	△	
10	锅炉煮炉试验记录			▲	△	
11	锅炉试运行记录	▲		▲	△	
12	安全阀定压合格证书	▲		▲	△	
13	自动喷水灭火系统联动试验记录	▲		▲	△	△
14	其他给水排水及供暖施工试验记录与检测文件					
	建筑电气工程					
1	电气接地装置平面示意图表	▲		▲	△	△
2	电气器具通电安全检查记录	▲		△	△	
3	电气设备空载试运行记录	▲		▲	△	△
4	建筑物照明通电试运行记录	▲		▲	△	△
5	大型照明灯具承载试验记录	▲		▲	△	
6	漏电开关模拟试验记录	▲		▲	△	
7	大容量电气线路结点测温记录	▲		▲	△	
8	低压配电电源质量测试记录	▲		▲	△	
9	建筑物照明系统照度测试记录	▲		△	△	
10	其他建筑电气施工试验记录与检测文件					
	智能建筑工程					
1	综合布线测试记录	▲		▲	△	△
2	光纤损耗测试记录	▲		▲	△	
3	视频系统末端测试记录	▲		▲	△	△
4	子系统检测记录	▲		▲	△	△
5	系统试运行记录	▲		▲	△	△
6	其他智能建筑施工试验记录与检测文件					
	通风与空调工程					
1	风管漏光检测记录	▲		△	△	
2	风管漏风检测记录	▲		▲	△	

续表

类别	归　档　文　件	保存单位				
		建设单位	设计单位	施工单位	监理单位	城建档案馆
3	现场组装除尘器、空调漏风检测记录			△	△	
4	各房间室内风量测量记录	▲		△	△	
5	管网风量平衡记录	▲		△	△	
6	空调系统试运转调试记录	▲		▲	△	△
7	空调水系统试运转调试记录	▲		▲	△	△
8	制冷系统气密性试验记录	▲		▲	△	△
9	净化空调系统检测记录	▲		▲	△	△
10	防排烟系统联合试运行记录	▲		▲	△	△
11	其他通风与空调施工试验记录与检测文件					
	电梯工程					
1	轿厢平层准确度测量记录	▲		△	△	
2	电梯层门安全装置检测记录	▲		▲	△	
3	电梯电气安全装置检测记录	▲		▲	△	
4	电梯整机功能检测记录	▲		▲	△	
5	电梯主要功能检测记录	▲		▲	△	
6	电梯负荷试运行试验记录	▲		▲	△	△
7	电梯负荷运行试验曲线图表	▲		▲	△	
8	电梯噪声测试记录	△		△	△	
9	自动扶梯、自动人行道安全装置检测记录	▲		▲		
10	自动扶梯、自动人行道整机性能、运行试验记录	▲		▲	△	△
11	其他电梯施工试验记录与检测文件					
C7	施工质量验收文件					
1	检验批质量验收记录	▲		△	△	
2	分项工程质量验收记录	▲		▲	▲	
3	分部(子分部)工程质量验收记录	▲		▲	▲	▲
4	建筑节能分部工程质量验收记录	▲		▲	▲	▲
5	自动喷水系统验收缺陷项目划分记录	▲		△	△	
6	程控电话交换系统分项工程质量验收记录	▲		▲	△	
7	会议电视系统分项工程质量验收记录	▲		▲	△	
8	卫星数字电视系统分项工程质量验收记录	▲		▲	△	
9	有线电视系统分项工程质量验收记录	▲		▲	△	
10	公共广播与紧急广播系统分项工程质量验收记录	▲		▲	△	
11	计算机网络系统分项工程质量验收记录	▲		▲	△	
12	应用软件系统分项工程质量验收记录	▲		▲	△	

类别	归 档 文 件	保存单位				
		建设单位	设计单位	施工单位	监理单位	城建档案馆
13	网络安全系统分项工程质量验收记录	▲		▲	△	
14	空调与通风系统分项工程质量验收记录	▲		▲	△	
15	变配电系统分项工程质量验收记录	▲		▲	△	
16	公共照明系统分项工程质量验收记录	▲		▲	△	
17	给水排水系统分项工程质量验收记录	▲		▲	△	
18	热源和热交换系统分项工程质量验收记录	▲		▲	△	
19	冷冻和冷却系统分项工程质量验收记录	▲		▲	△	
20	电梯和自动扶梯系统分项工程质量验收记录	▲		▲	△	
21	数据通信接口分项工程质量验收记录	▲		▲	△	
22	中央管理工作站及操作分站分项工程质量验收记录	▲		▲	△	
23	系统实时性、可维护性、可靠性分项工程质量验收记录	▲		▲	△	
24	现场设备安装及检测分项工程质量验收记录	▲		▲	△	
25	火灾自动报警及消防联动系统分项工程质量验收记录	▲		▲	△	
26	综合防范功能分项工程质量验收记录	▲		▲	△	
27	视频安防监控系统分项工程质量验收记录	▲		▲	△	
28	入侵报警系统分项工程质量验收记录	▲		▲	△	
29	出入口控制(门禁)系统分项工程质量验收记录	▲		▲	△	
30	巡更管理系统分项工程质量验收记录	▲		▲	△	
31	停车场(库)管理系统分项工程质量验收记录	▲		▲	△	
32	安全防范综合管理系统分项工程质量验收记录	▲		▲	△	
33	综合布线系统安装分项工程质量验收记录	▲		▲	△	
34	综合布线系统性能检测分项工程质量验收记录	▲		▲	△	
35	系统集成网络连接分项工程质量验收记录	▲		▲	△	
36	系统数据集成分项工程质量验收记录	▲		▲	△	
37	系统集成整体协调分项工程质量验收记录					
38	系统集成综合管理及冗余功能分项工程质量验收记录	▲		▲	△	
39	系统集成可维护性和安全性分项工程质量验收记录	▲		▲	△	
40	电源系统分项工程质量验收记录	▲		▲	△	
41	其他施工质量验收文件					
C8	施工验收文件					
1	单位(子单位)工程竣工预验收报验表	▲		▲		▲
2	单位(子单位)工程质量竣工验收记录	▲	△	▲		▲

类别	归 档 文 件	保存单位				
		建设单位	设计单位	施工单位	监理单位	城建档案馆
3	单位(子单位)工程质量控制资料核查记录	▲		▲		▲
4	单位(子单位)工程安全和功能检验资料核查及主要功能抽查记录	▲		▲		▲
5	单位(子单位)工程观感质量检查记录	▲		▲		▲
6	施工资料移交书	▲		▲		
7	其他施工验收文件					
竣工图(D类)						
1	建筑竣工图	▲		▲		▲
2	结构竣工图	▲		▲		▲
3	钢结构竣工图	▲		▲		▲
4	幕墙竣工图	▲		▲		▲
5	室内装饰竣工图	▲		▲		▲
6	建筑给水排水及供暖竣工图	▲		▲		▲
7	建筑电气竣工图	▲		▲		▲
8	智能建筑竣工图	▲		▲		▲
9	通风与空调竣工图	▲		▲		▲
10	室外工程竣工图	▲		▲		▲
11	规划红线内的室外给水、排水、供热、供电、照明管线等竣工图	▲		▲		▲
12	规划红线内的道路、园林绿化、喷灌设施等竣工图	▲		▲		▲
工程竣工验收文件(E类)						
E1	竣工验收与备案文件					
1	勘察单位工程质量检查报告	▲		△	△	▲
2	设计单位工程质量检查报告	▲	▲	△	△	▲
3	施工单位工程竣工报告	▲		▲	△	▲
4	监理单位工程质量评估报告	▲		△	▲	▲
5	工程竣工验收报告	▲	▲	▲	▲	▲
6	工程竣工验收会议纪要	▲	▲	▲	▲	▲
7	专家组竣工验收意见	▲	▲	▲	▲	▲
8	工程竣工验收证书	▲	▲	▲	▲	▲
9	规划、消防、环保、民防、防雷等部门出具的认可文件或准许使用文件	▲	▲	▲	▲	▲
10	房屋建筑工程质量保修书	▲				▲
11	住宅质量保证书、住宅使用说明书	▲		▲		▲
12	建设工程竣工验收备案表	▲	▲	▲	▲	▲

类别	归 档 文 件	保存单位				
		建设单位	设计单位	施工单位	监理单位	城建档案馆
13	建设工程档案预验收意见	▲		△		▲
14	城市建设档案移交书	▲				▲
E2	竣工决算文件					
1	施工决算文件	▲		▲		△
2	监理决算文件	▲			▲	△
E3	工程声像资料等					
1	开工前原貌、施工阶段、竣工新貌照片	▲		△	△	▲
2	工程建设过程的录音、录像资料（重大工程）	▲		△	△	▲
E4	其他工程文件					

注：表中符号"▲"表示必须归档保存；"△"表示选择性归档保存。

附录二 单位（子单位）工程施工技术资料编制系统图

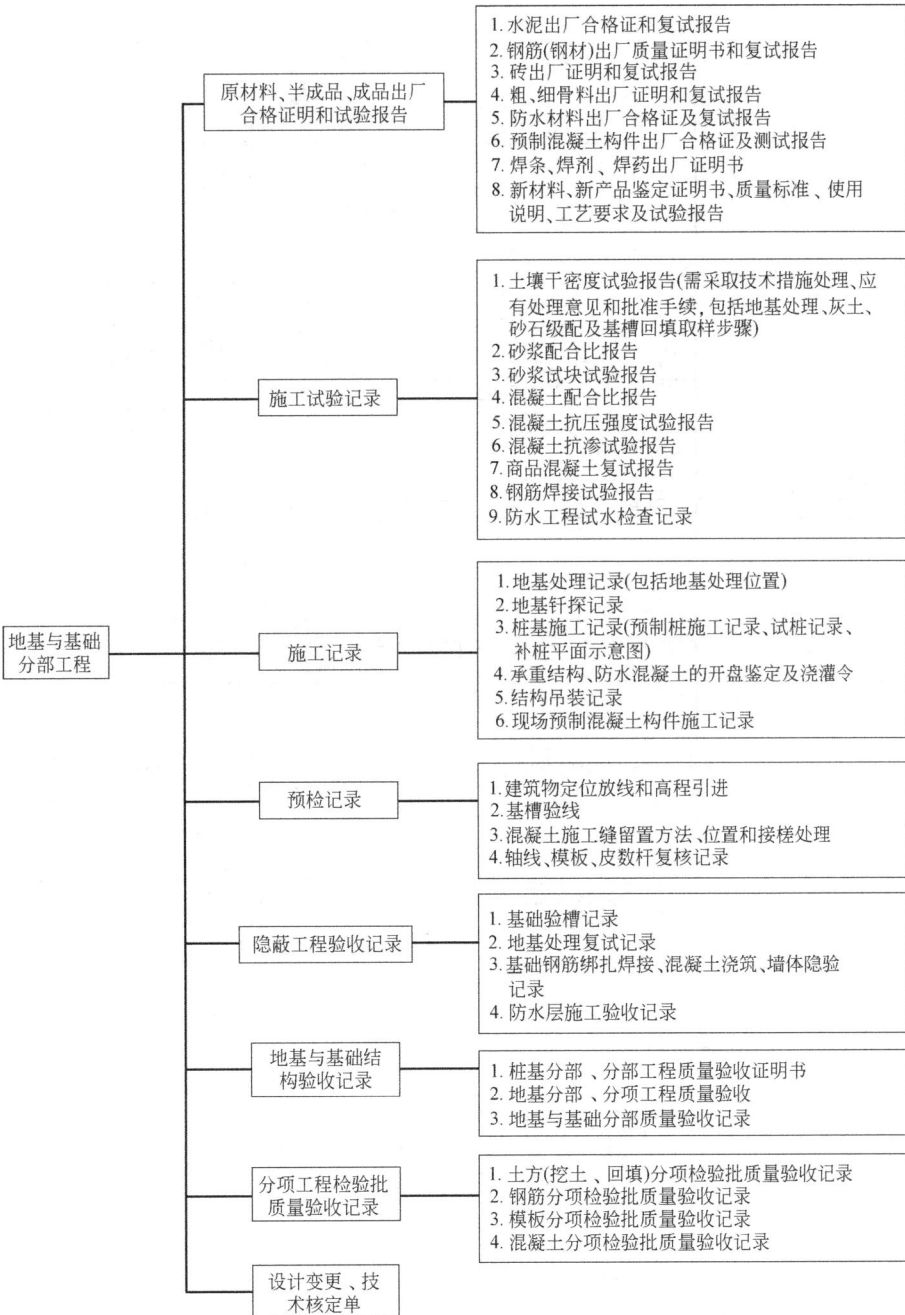

```
地基与基础    ┬── 原材料、半成品、成品出厂    ── ┌────────────────────────────────┐
分部工程          合格证明和试验报告          │ 1.水泥出厂合格证和复试报告          │
                                           │ 2.钢筋(钢材)出厂质量证明书和复试报告  │
                                           │ 3.砖出厂证明和复试报告              │
                                           │ 4.粗、细骨料出厂证明和复试报告        │
                                           │ 5.防水材料出厂合格证及复试报告        │
                                           │ 6.预制混凝土构件出厂合格证及测试报告   │
                                           │ 7.焊条、焊剂、焊药出厂证明书          │
                                           │ 8.新材料、新产品鉴定证明书、质量标准、使用│
                                           │   说明、工艺要求及试验报告            │
                                           └────────────────────────────────┘
```

原材料、半成品、成品出厂合格证明和试验报告
1. 水泥出厂合格证和复试报告
2. 钢筋(钢材)出厂质量证明书和复试报告
3. 砖出厂证明和复试报告
4. 粗、细骨料出厂证明和复试报告
5. 防水材料出厂合格证及复试报告
6. 预制混凝土构件出厂合格证及测试报告
7. 焊条、焊剂、焊药出厂证明书
8. 新材料、新产品鉴定证明书、质量标准、使用说明、工艺要求及试验报告

施工试验记录
1. 土壤干密度试验报告(需采取技术措施处理、应有处理意见和批准手续,包括地基处理、灰土、砂石级配及基槽回填取样步骤)
2. 砂浆配合比报告
3. 砂浆试块试验报告
4. 混凝土配合比报告
5. 混凝土抗压强度试验报告
6. 混凝土抗渗试验报告
7. 商品混凝土复试报告
8. 钢筋焊接试验报告
9. 防水工程试水检查记录

施工记录
1. 地基处理记录(包括地基处理位置)
2. 地基钎探记录
3. 桩基施工记录(预制桩施工记录、试桩记录、补桩平面示意图)
4. 承重结构、防水混凝土的开盘鉴定及浇灌令
5. 结构吊装记录
6. 现场预制混凝土构件施工记录

预检记录
1. 建筑物定位放线和高程引进
2. 基槽验线
3. 混凝土施工缝留置方法、位置和接槎处理
4. 轴线、模板、皮数杆复核记录

隐蔽工程验收记录
1. 基础验槽记录
2. 地基处理复试记录
3. 基础钢筋绑扎焊接、混凝土浇筑、墙体隐验记录
4. 防水层施工验收记录

地基与基础结构验收记录
1. 桩基分部、分部工程质量验收证明书
2. 桩基分部、分项工程质量验收
3. 地基与基础分部质量验收记录

分项工程检验批质量验收记录
1. 土方(挖土、回填)分项检验批质量验收记录
2. 钢筋分项检验批质量验收记录
3. 模板分项检验批质量验收记录
4. 混凝土分项检验批质量验收记录

设计变更、技术核定单

180

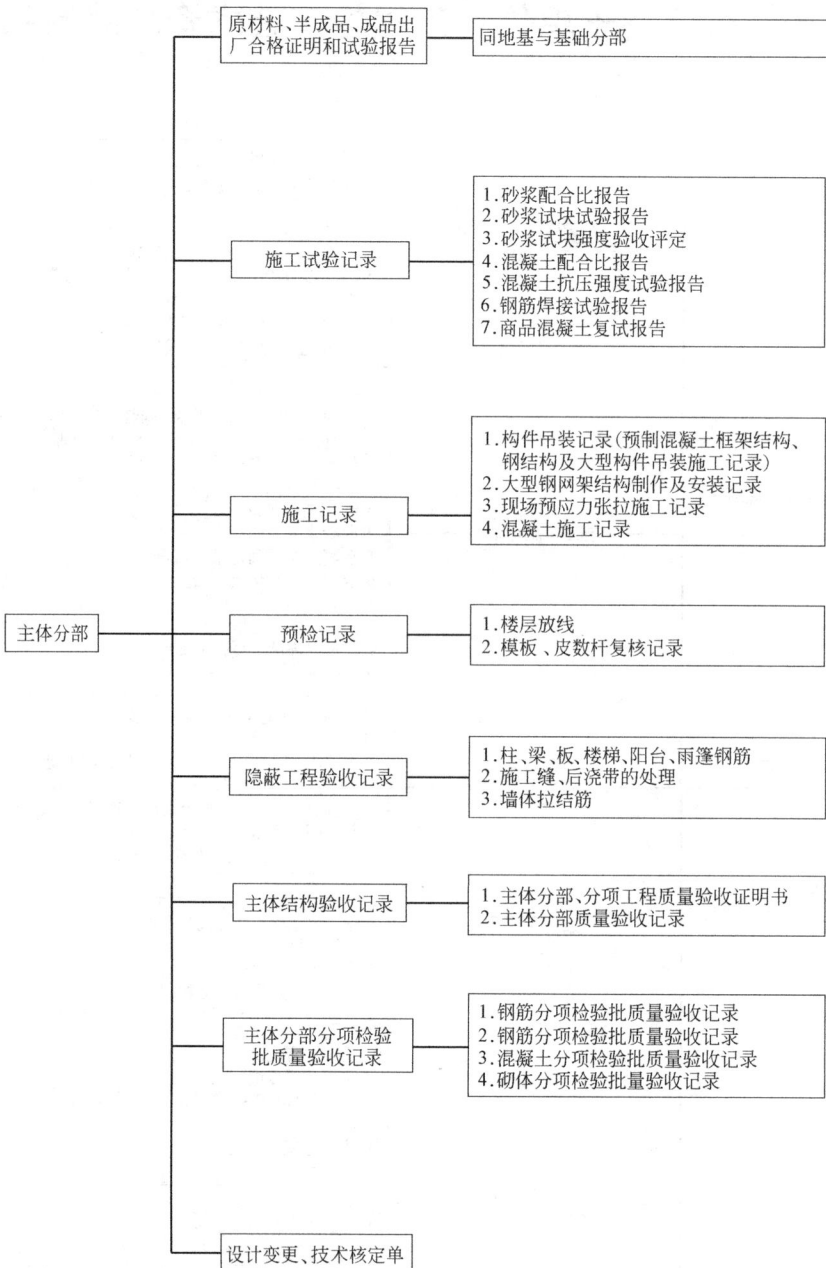

```
                        ┌─────────────────┬─ 原材料、半成品、成品出 ─── 同地基与基础分部
                        │                   厂合格证明和试验报告
                        │
                        │                                    1.砂浆配合比报告
                        │                                    2.砂浆试块试验报告
                        │                                    3.砂浆试块强度验收评定
                        ├─ 施工试验记录 ──── 4.混凝土配合比报告
                        │                                    5.混凝土抗压强度试验报告
                        │                                    6.钢筋焊接试验报告
                        │                                    7.商品混凝土复试报告
                        │
                        │                                    1.构件吊装记录(预制混凝土框架结构、
                        │                                      钢结构及大型构件吊装施工记录)
                        ├─ 施工记录 ──────── 2.大型钢网架结构制作及安装记录
                        │                                    3.现场预应力张拉施工记录
                        │                                    4.混凝土施工记录
                        │
          主体分部 ───── ├─ 预检记录 ──────── 1.楼层放线
                        │                                    2.模板、皮数杆复核记录
                        │
                        │                                    1.柱、梁、板、楼梯、阳台、雨篷钢筋
                        ├─ 隐蔽工程验收记录 ── 2.施工缝、后浇带的处理
                        │                                    3.墙体拉结筋
                        │
                        ├─ 主体结构验收记录 ── 1.主体分部、分项工程质量验收证明书
                        │                                    2.主体分部质量验收记录
                        │
                        │                                    1.钢筋分项检验批质量验收记录
                        ├─ 主体分部分项检验 ── 2.钢筋分项检验批质量验收记录
                        │    批质量验收记录      3.混凝土分项检验批质量验收记录
                        │                                    4.砌体分项检验批量验收记录
                        │
                        └─ 设计变更、技术核定单
```

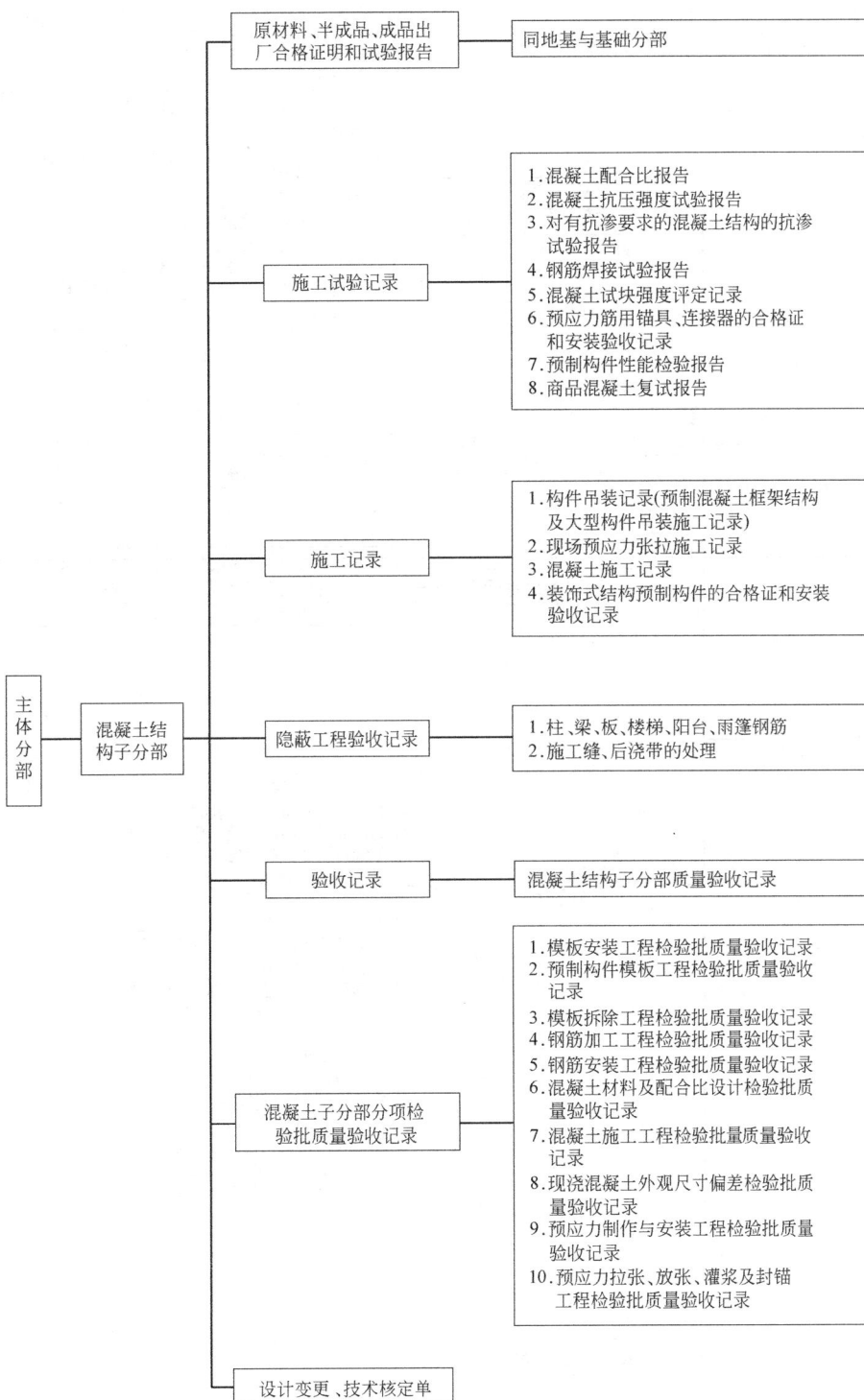

原材料、半成品、成品出厂合格证明和试验报告 — 同地基与基础分部

施工试验记录
1.混凝土配合比报告
2.混凝土抗压强度试验报告
3.对有抗渗要求的混凝土结构的抗渗试验报告
4.钢筋焊接试验报告
5.混凝土试块强度评定记录
6.预应力筋用锚具、连接器的合格证和安装验收记录
7.预制构件性能检验报告
8.商品混凝土复试报告

181

施工记录
1.构件吊装记录(预制混凝土框架结构及大型构件吊装施工记录)
2.现场预应力张拉施工记录
3.混凝土施工记录
4.装饰式结构预制构件的合格证和安装验收记录

隐蔽工程验收记录
1.柱、梁、板、楼梯、阳台、雨篷钢筋
2.施工缝、后浇带的处理

验收记录 — 混凝土结构子分部质量验收记录

混凝土子分部分项检验批质量验收记录
1.模板安装工程检验批质量验收记录
2.预制构件模板工程检验批质量验收记录
3.模板拆除工程检验批质量验收记录
4.钢筋加工工程检验批质量验收记录
5.钢筋安装工程检验批质量验收记录
6.混凝土材料及配合比设计检验批质量验收记录
7.混凝土施工工程检验批质量验收记录
8.现浇混凝土外观尺寸偏差检验批质量验收记录
9.预应力制作与安装工程检验批质量验收记录
10.预应力拉张、放张、灌浆及封锚工程检验批质量验收记录

设计变更、技术核定单

主体分部 — 混凝土结构子分部

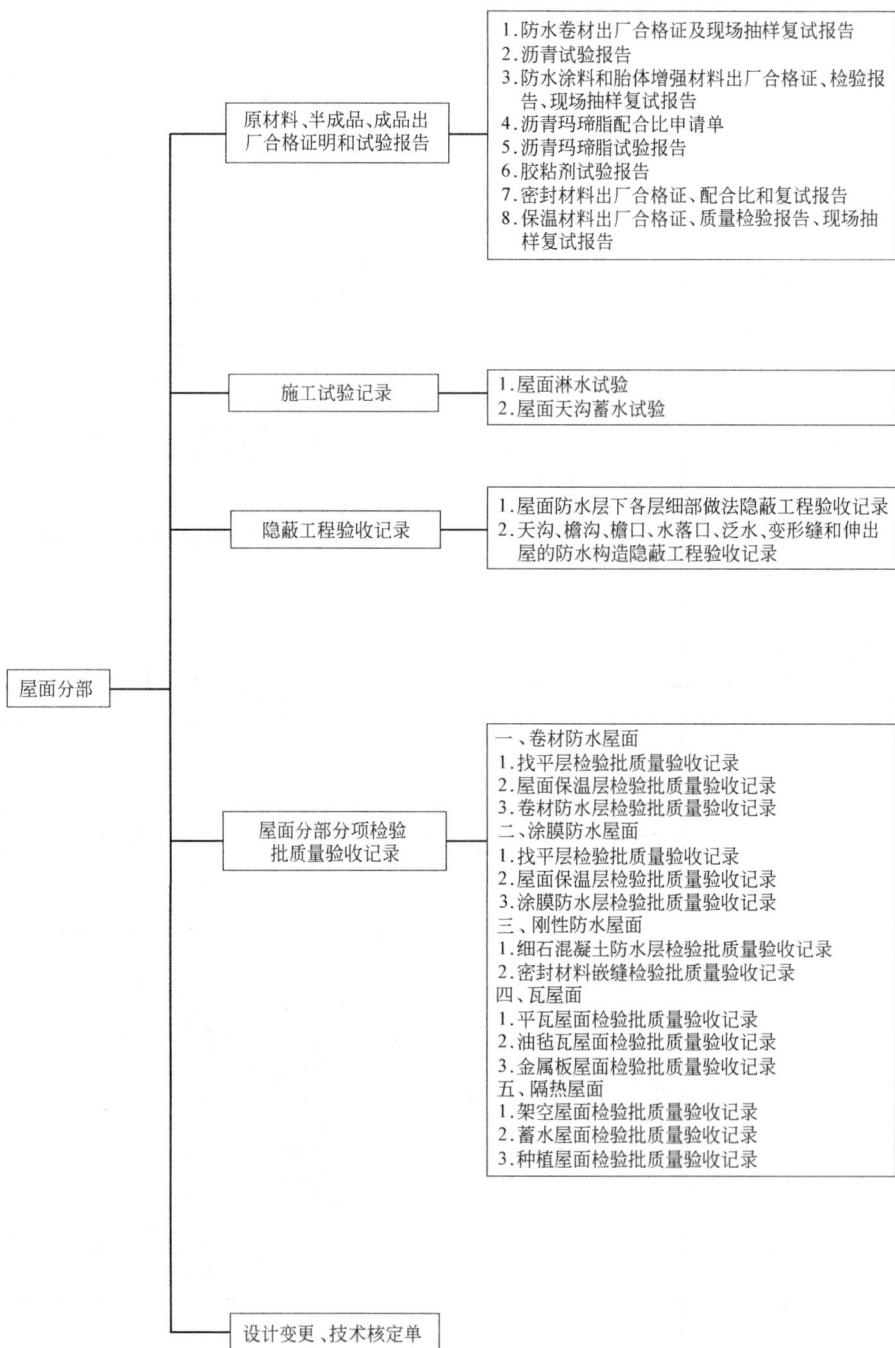

屋面分部

原材料、半成品、成品出厂合格证明和试验报告
1.防水卷材出厂合格证及现场抽样复试报告
2.沥青试验报告
3.防水涂料和胎体增强材料出厂合格证、检验报告、现场抽样复试报告
4.沥青玛瑞脂配合比申请单
5.沥青玛瑞脂试验报告
6.胶粘剂试验报告
7.密封材料出厂合格证、配合比和复试报告
8.保温材料出厂合格证、质量检验报告、现场抽样复试报告

施工试验记录
1.屋面淋水试验
2.屋面天沟蓄水试验

隐蔽工程验收记录
1.屋面防水层下各层细部做法隐蔽工程验收记录
2.天沟、檐沟、檐口、水落口、泛水、变形缝和伸出屋的防水构造隐蔽工程验收记录

屋面分部分项检验批质量验收记录
一、卷材防水屋面
1.找平层检验批质量验收记录
2.屋面保温层检验批质量验收记录
3.卷材防水层检验批质量验收记录
二、涂膜防水屋面
1.找平层检验批质量验收记录
2.屋面保温层检验批质量验收记录
3.涂膜防水层检验批质量验收记录
三、刚性防水屋面
1.细石混凝土防水层检验批质量验收记录
2.密封材料嵌缝检验批质量验收记录
四、瓦屋面
1.平瓦屋面检验批质量验收记录
2.油毡瓦屋面检验批质量验收记录
3.金属板屋面检验批质量验收记录
五、隔热屋面
1.架空屋面检验批质量验收记录
2.蓄水屋面检验批质量验收记录
3.种植屋面检验批质量验收记录

设计变更、技术核定单

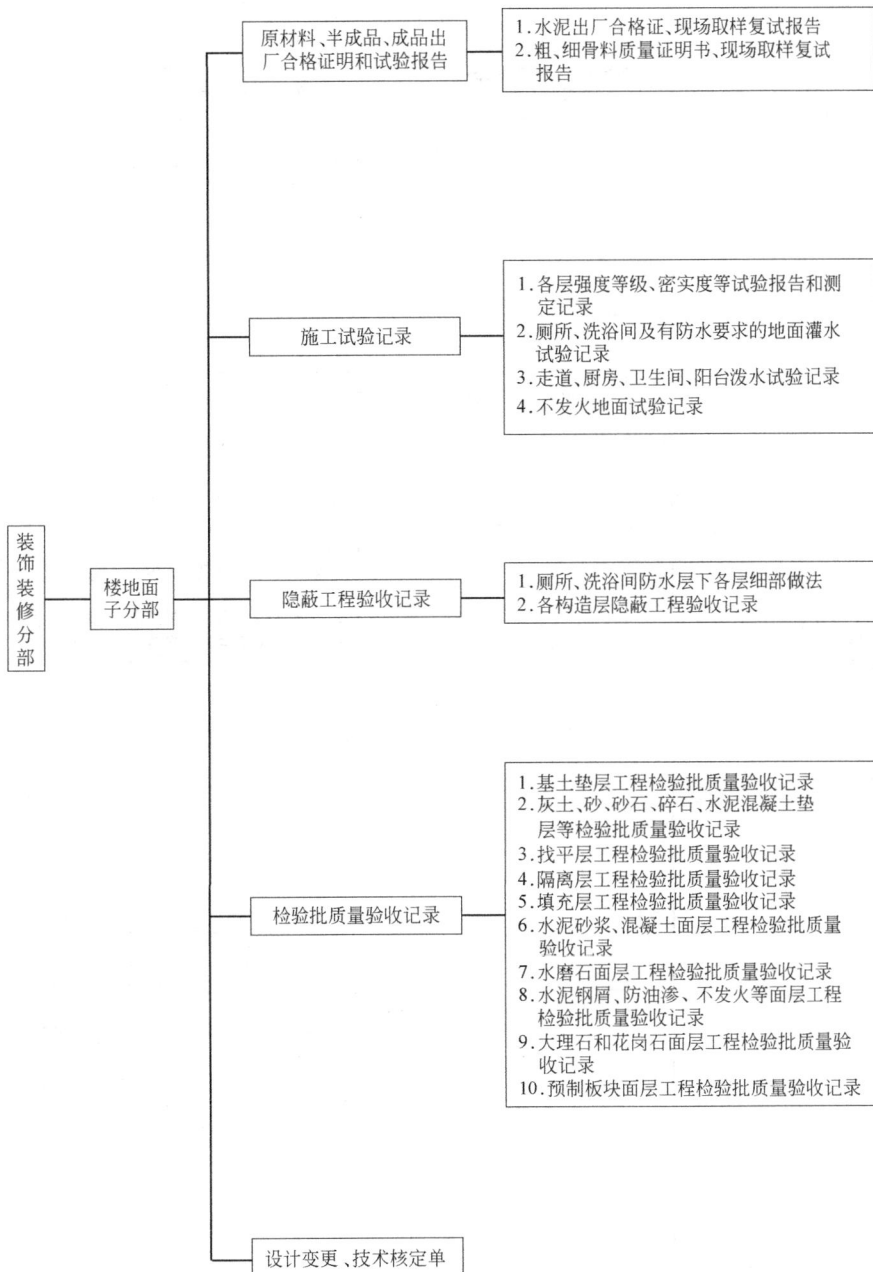

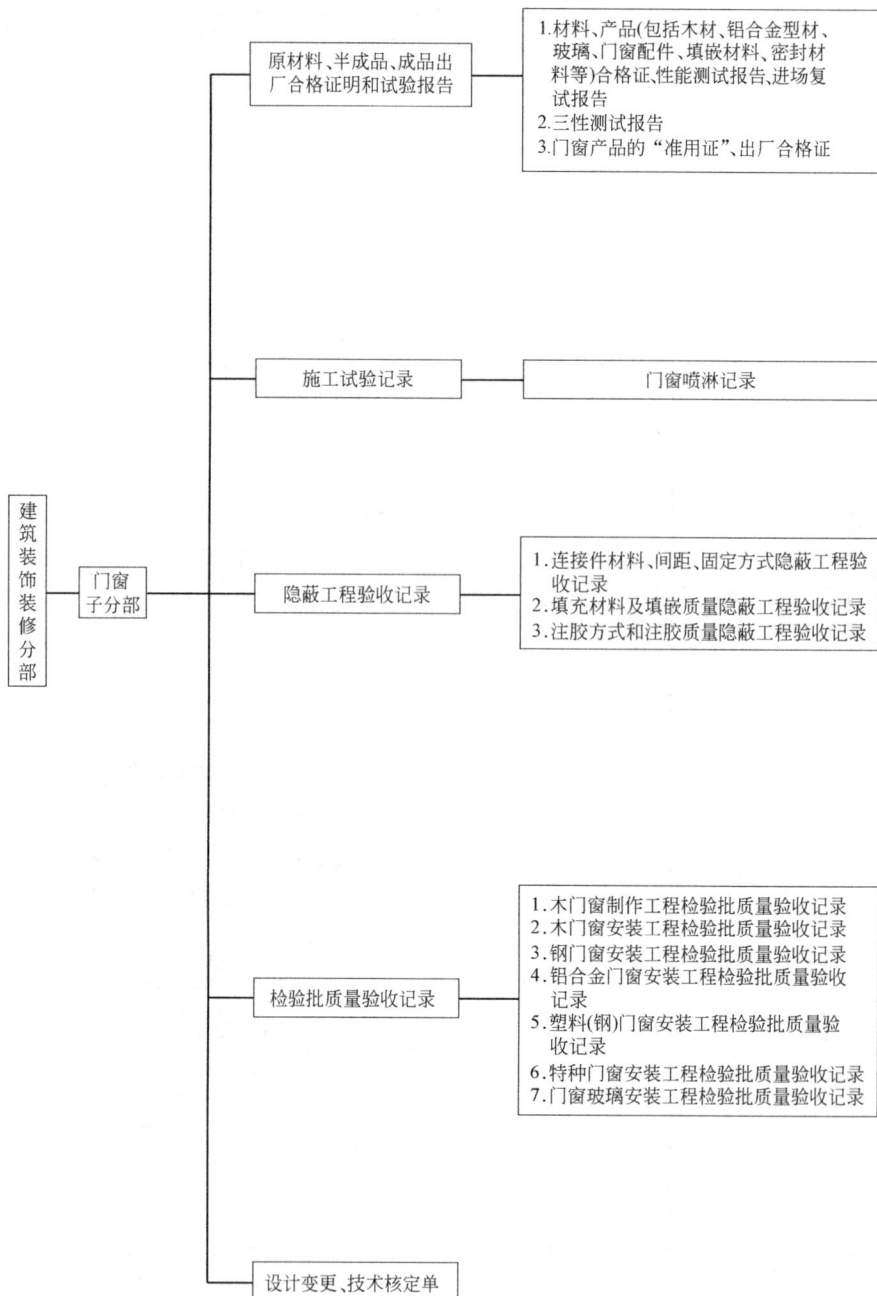

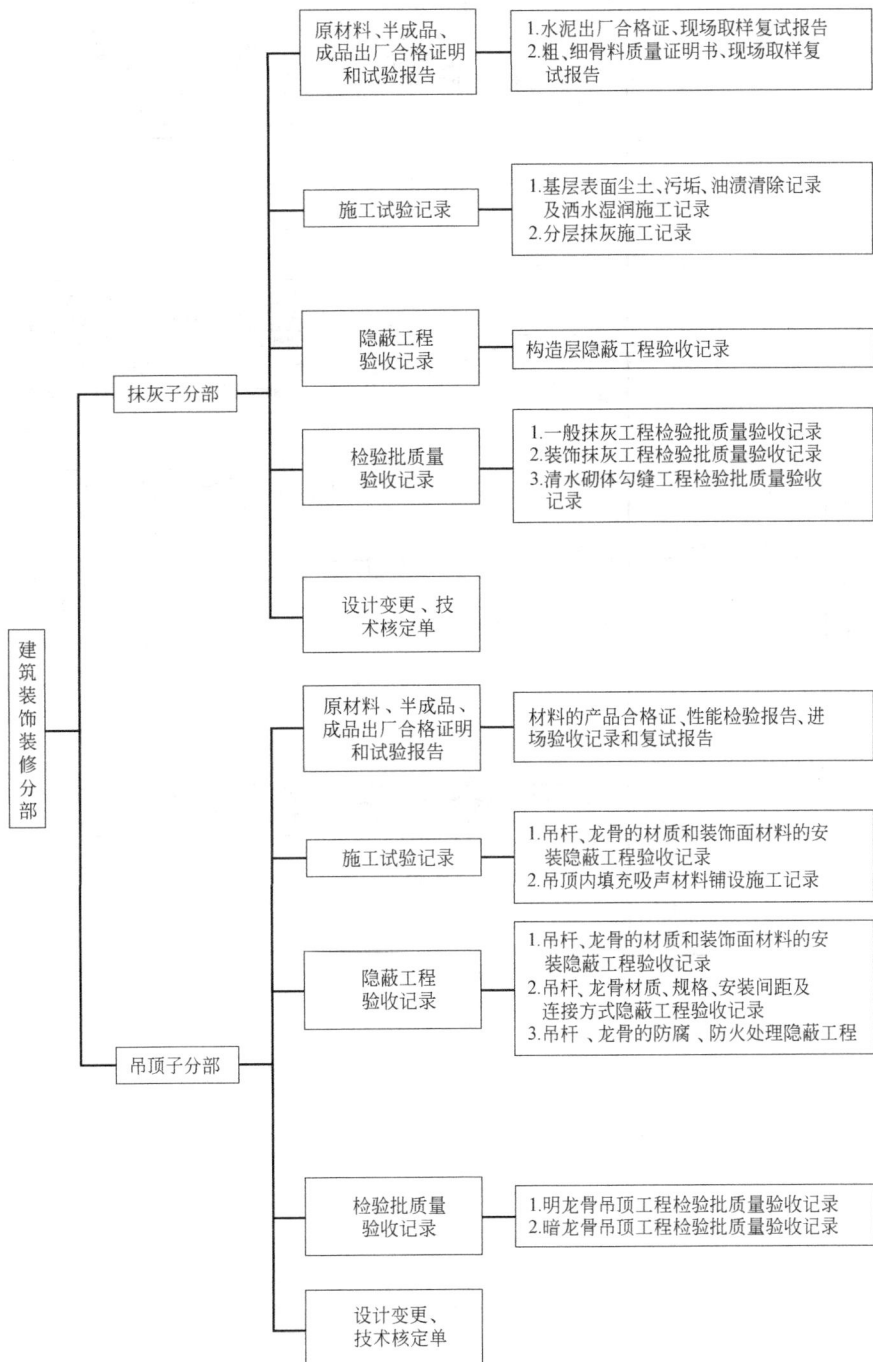

186

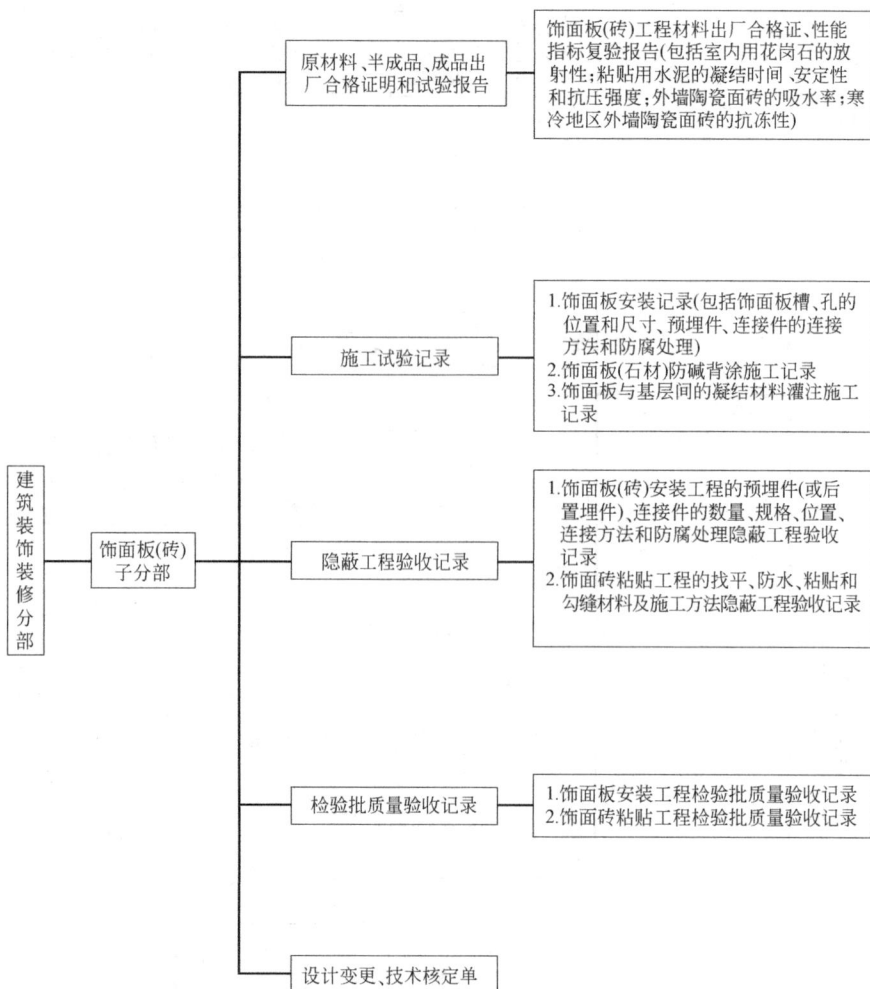

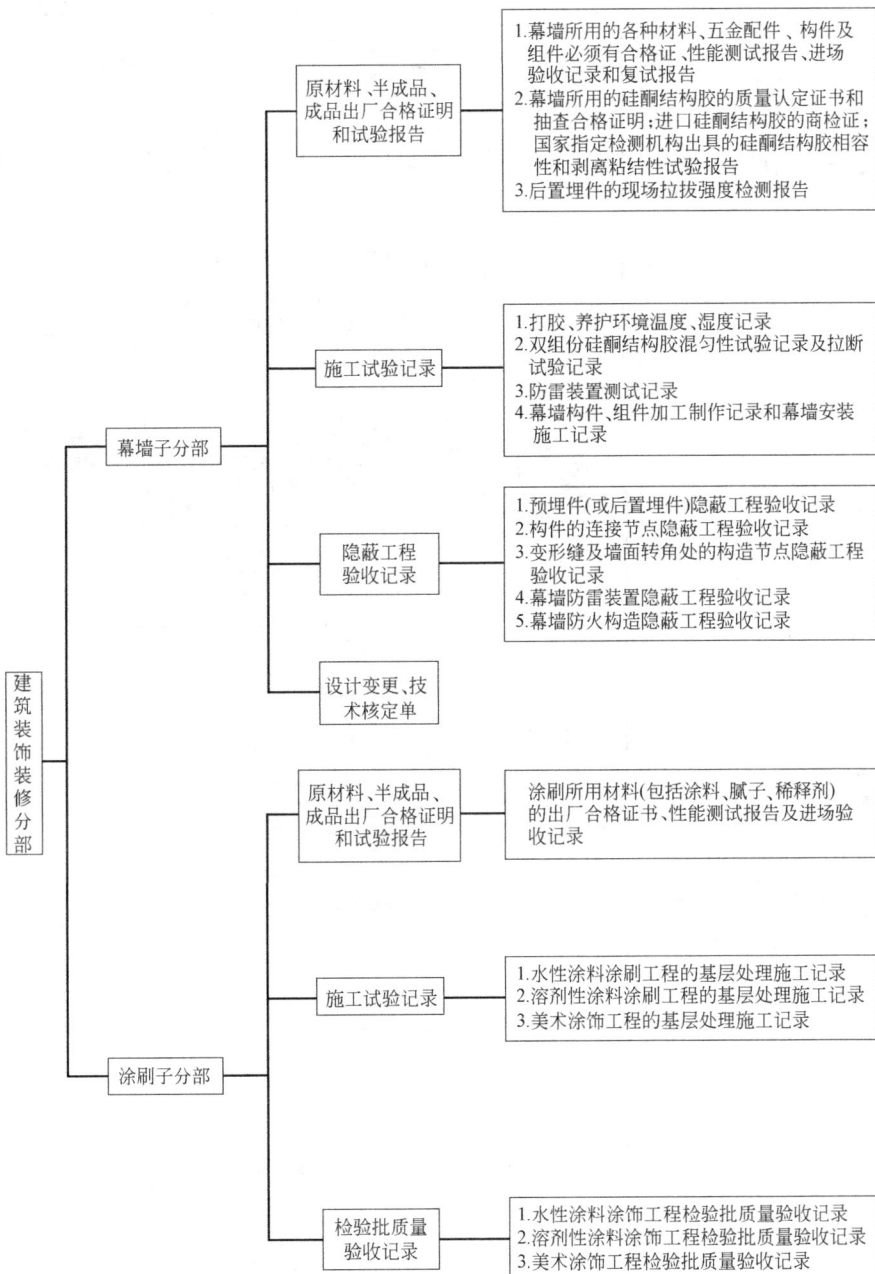

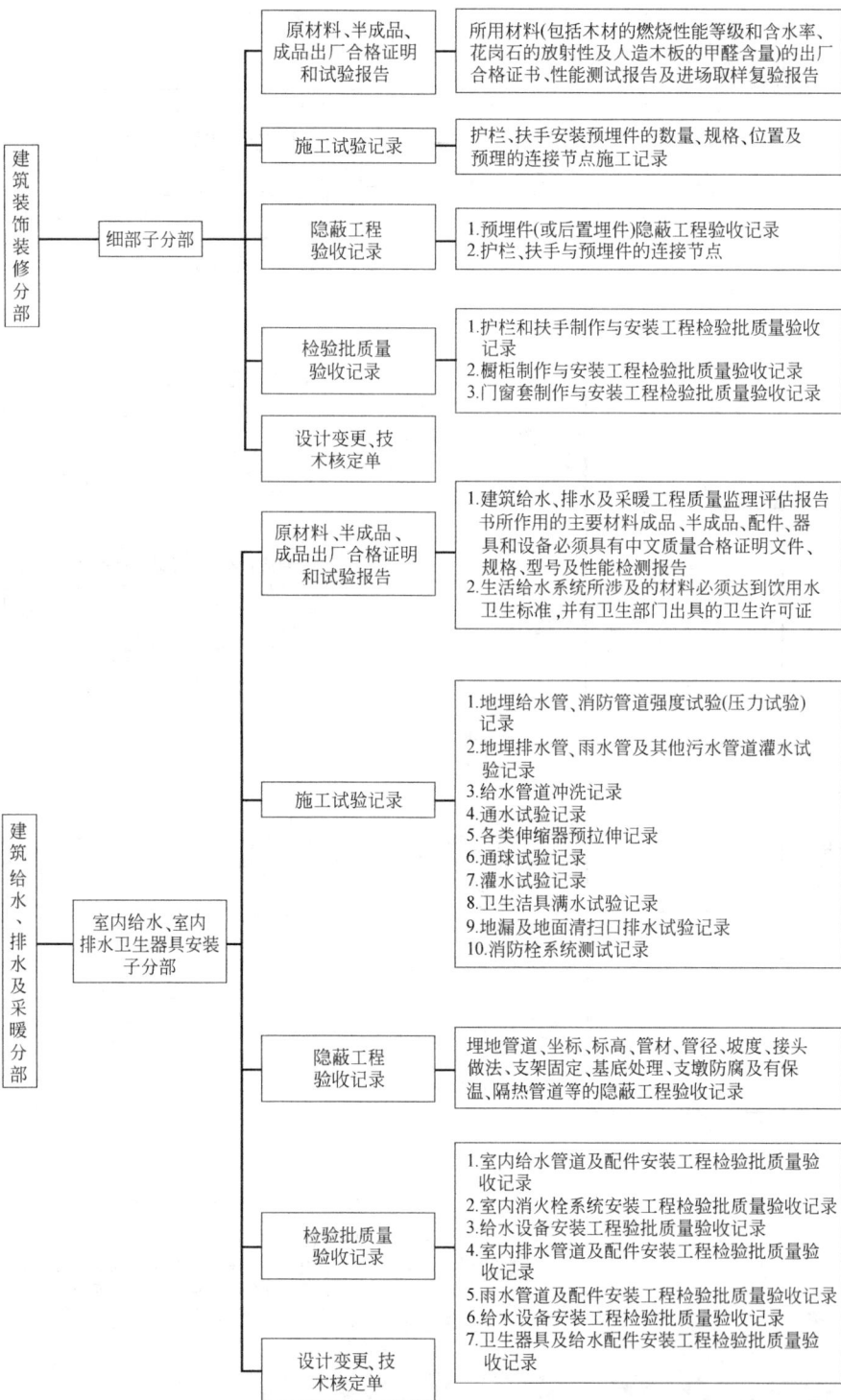

188

```
                          ┌─ 原材料、半成品、          所用材料(包括木材的燃烧性能等级和含水率、
                          │   成品出厂合格证明    ──  花岗石的放射性及人造木板的甲醛含量)的出厂
                          │   和试验报告            合格证书、性能测试报告及进场取样复验报告
                          │
                          ├─ 施工试验记录    ──  护栏、扶手安装预埋件的数量、规格、位置及
                          │                       预理的连接节点施工记录
           ┌─ 细部子分部 ─┤
           │              ├─ 隐蔽工程        ──  1.预埋件(或后置埋件)隐蔽工程验收记录
建筑                      │   验收记录            2.护栏、扶手与预埋件的连接节点
装饰 ──────┤              │
装修                      ├─ 检验批质量      ──  1.护栏和扶手制作与安装工程检验批质量验收
分部                      │   验收记录            记录
                          │                       2.橱柜制作与安装工程检验批质量验收记录
                          │                       3.门窗套制作与安装工程检验批质量验收记录
                          └─ 设计变更、技
                             术核定单

                          ┌─ 原材料、半成品、     1.建筑给水、排水及采暖工程质量监理评估报告
                          │   成品出厂合格证明       书所作用的主要材料成品、半成品、配件、器
                          │   和试验报告            具和设备必须具有中文质量合格证明文件、
                          │                         规格、型号及性能检测报告
                          │                      2.生活给水系统所涉及的材料必须达到饮用水
                          │                         卫生标准,并有卫生部门出具的卫生许可证
                          │
                          │                      1.地埋给水管、消防管道强度试验(压力试验)
                          │                         记录
                          │                      2.地埋排水管、雨水管及其他污水管道灌水试
                          │                         验记录
                          │                      3.给水管道冲洗记录
建筑                      ├─ 施工试验记录    ──  4.通水试验记录
给                        │                      5.各类伸缩器预拉伸记录
水、          室内给水、室内 │                      6.通球试验记录
排    ──────  排水卫生器具安装─┤                      7.灌水试验记录
水              子分部       │                      8.卫生洁具满水试验记录
及                          │                      9.地漏及地面清扫口排水试验记录
采                          │                      10.消防栓系统测试记录
暖
分部                      ├─ 隐蔽工程        ──  埋地管道、坐标、标高、管材、管径、坡度、接头
                          │   验收记录            做法、支架固定、基底处理、支墩防腐及有保
                          │                       温、隔热管道等的隐蔽工程验收记录
                          │
                          │                      1.室内给水管道及配件安装工程检验批质量验
                          │                         收记录
                          │                      2.室内消火栓系统安装工程检验批质量验收记录
                          ├─ 检验批质量      ──  3.给水设备安装工程检验批质量验收记录
                          │   验收记录            4.室内排水管道及配件安装工程检验批质量验
                          │                         收记录
                          │                      5.雨水管道及配件安装工程检验批质量验收记录
                          │                      6.给水设备安装工程检验批质量验收记录
                          └─ 设计变更、技        7.卫生器具及给水配件安装工程检验批质量验
                             术核定单              收记录
```

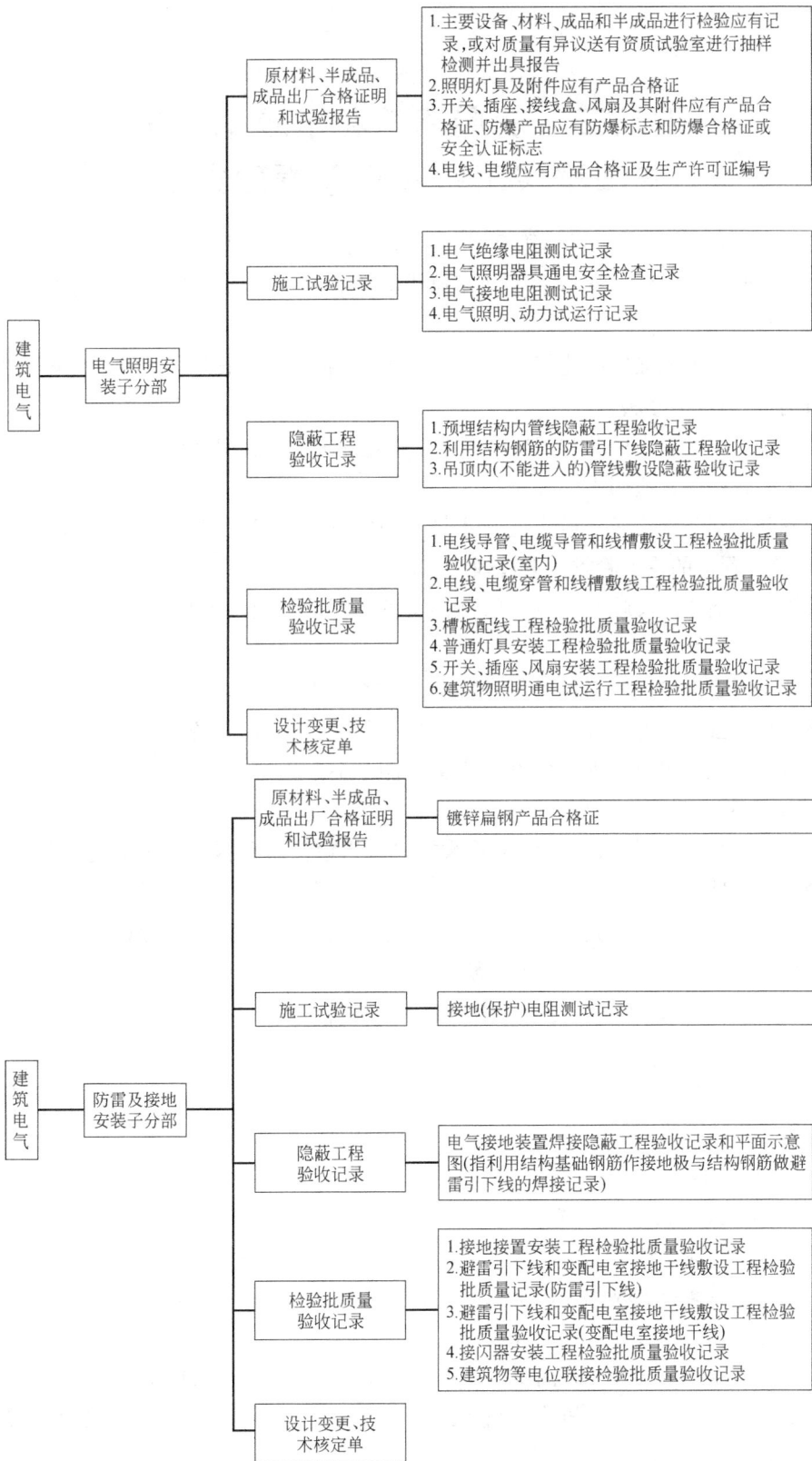

建筑电气 — 电气照明安装子分部

- 原材料、半成品、成品出厂合格证明和试验报告
  1. 主要设备、材料、成品和半成品进行检验应有记录，或对质量有异议送有资质试验室进行抽样检测并出具报告
  2. 照明灯具及附件应有产品合格证
  3. 开关、插座、接线盒、风扇及其附件应有产品合格证、防爆产品应有防爆标志和防爆合格证或安全认证标志
  4. 电线、电缆应有产品合格证及生产许可证编号

- 施工试验记录
  1. 电气绝缘电阻测试记录
  2. 电气照明器具通电安全检查记录
  3. 电气接地电阻测试记录
  4. 电气照明、动力试运行记录

- 隐蔽工程验收记录
  1. 预埋结构内管线隐蔽工程验收记录
  2. 利用结构钢筋的防雷引下线隐蔽工程验收记录
  3. 吊顶内(不能进入的)管线敷设隐蔽验收记录

- 检验批质量验收记录
  1. 电线导管、电缆导管和线槽敷设工程检验批质量验收记录(室内)
  2. 电线、电缆穿管和线槽敷线工程检验批质量验收记录
  3. 槽板配线工程检验批质量验收记录
  4. 普通灯具安装工程检验批质量验收记录
  5. 开关、插座、风扇安装工程检验批质量验收记录
  6. 建筑物照明通电试运行工程检验批质量验收记录

- 设计变更、技术核定单

建筑电气 — 防雷及接地安装子分部

- 原材料、半成品、成品出厂合格证明和试验报告
  镀锌扁钢产品合格证

- 施工试验记录
  接地(保护)电阻测试记录

- 隐蔽工程验收记录
  电气接地装置焊接隐蔽工程验收记录和平面示意图(指利用结构基础钢筋作接地极与结构钢筋做避雷引下线的焊接记录)

- 检验批质量验收记录
  1. 接地接置安装工程检验批质量验收记录
  2. 避雷引下线和变配电室接地干线敷设工程检验批质量记录(防雷引下线)
  3. 避雷引下线和变配电室接地干线敷设工程检验批质量验收记录(变配电室接地干线)
  4. 接闪器安装工程检验批质量验收记录
  5. 建筑物等电位联接检验批质量验收记录

- 设计变更、技术核定单

附录三　房屋建筑和市政基础设施工程竣工验收备案管理办法

（2000年4月4日建设部令第78号发布，根据2009年10月19日《住房和城乡建设部关于修改〈房屋建筑工程和市政基础设施工程竣工验收备案管理暂行办法〉的决定》修正）

第一条　为了加强房屋建筑和市政基础设施工程质量的管理，根据《建设工程质量管理条例》，制定本办法。

第二条　在中华人民共和国境内新建、扩建、改建各类房屋建筑和市政基础设施工程的竣工验收备案，适用本办法。

第三条　国务院住房和城乡建设主管部门负责全国房屋建筑和市政基础设施工程（以下统称工程）的竣工验收备案管理工作。

县级以上地方人民政府建设主管部门负责本行政区域内工程的竣工验收备案管理工作。

第四条　建设单位应当自工程竣工验收合格之日起15日内，依照本办法规定，向工程所在地的县级以上地方人民政府建设主管部门（以下简称备案机关）备案。

第五条　建设单位办理工程竣工验收备案应当提交下列文件：

（一）工程竣工验收备案表；

（二）工程竣工验收报告。竣工验收报告应当包括工程报建日期，施工许可证号，施工图设计文件审查意见，勘察、设计、施工、工程监理等单位分别签署的质量合格文件及验收人员签署的竣工验收原始文件，市政基础设施的有关质量检测和功能性试验资料以及备案机关认为需要提供的有关资料；

（三）法律、行政法规规定应当由规划、环保等部门出具的认可文件或者准许使用文件；

（四）法律规定应当由公安消防部门出具的对大型的人员密集场所和其他特殊建设工程验收合格的证明文件；

（五）施工单位签署的工程质量保修书；

（六）法规、规章规定必须提供的其他文件。

住宅工程还应当提交《住宅质量保证书》和《住宅使用说明书》。

第六条　备案机关收到建设单位报送的竣工验收备案文件，验证文件齐全后，应当在工程竣工验收备案表上签署文件收讫。

工程竣工验收备案表一式两份，一份由建设单位保存，一份留备案机关存档。

第七条　工程质量监督机构应当在工程竣工验收之日起5日内，向备案机关提交工程质量监督报告。

第八条　备案机关发现建设单位在竣工验收过程中有违反国家有关建设工程质量管理规定行为的，应当在收讫竣工验收备案文件 15 日内，责令停止使用，重新组织竣工验收。

第九条　建设单位在工程竣工验收合格之日起 15 日内未办理工程竣工验收备案的，备案机关责令限期改正，处 20 万元以上 50 万元以下罚款。

第十条　建设单位将备案机关决定重新组织竣工验收的工程，在重新组织竣工验收前，擅自使用的，备案机关责令停止使用，处工程合同价款 2% 以上 4% 以下罚款。

第十一条　建设单位采用虚假证明文件办理工程竣工验收备案的，工程竣工验收无效，备案机关责令停止使用，重新组织竣工验收，处 20 万元以上 50 万元以下罚款；构成犯罪的，依法追究刑事责任。

第十二条　备案机关决定重新组织竣工验收并责令停止使用的工程，建设单位在备案之前已投入使用或者建设单位擅自继续使用造成使用人损失的，由建设单位依法承担赔偿责任。

第十三条　竣工验收备案文件齐全，备案机关及其工作人员不办理备案手续的，由有关机关责令改正，对直接责任人员给予行政处分。

第十四条　抢险救灾工程、临时性房屋建筑工程和农民自建低层住宅工程，不适用本办法。

第十五条　军用房屋建筑工程竣工验收备案，按照中央军事委员会的有关规定执行。

第十六条　省、自治区、直辖市人民政府住房和城乡建设主管部门可以根据本办法制定实施细则。

第十七条　本办法自发布之日起施行。

参 考 文 献

［1］ 四川省建设工程质量安全监督总站. 建筑工程施工质量验收规范实施指南. 成都：西南交通大学出版社，2003.

［2］ 王立信. 建筑工程技术资料应用指南. 北京：中国建筑工业出版社，2003.

［3］ 黄健之. 建设工程竣工验收备案手册. 北京：中国建筑工业出版社，2003.

［4］ 吴锡桐. 建筑工程资料员手册. 上海：同济大学出版社，2005.

［5］ 李辉. 建筑工程技术资料管理. 成都：高等教育出版社，2004.

［6］ 刘卫东. 建筑工程资料管理. 北京：北京邮电大学出版社，2013.

［7］《建设工程文件归档规范》GB/T 50328—2014 编制组，北京建科研软件技术有限公司编著. 建设工程文件归档管理及资料编制指南. 北京：中国建材工业出版社，2015.

［8］ 邸小坛主编. 建筑工程施工质量验收统一标准填写范例与指南——依据 GB 50300—2013 及各专业验收规范编写（上册）（第三版）. 北京：中国建材工业出版社，2015.

［9］ 邸小坛主编. 建筑工程施工质量验收统一标准填写范例与指南——依据 GB 50300—2013 及各专业验收规范编写（下册）（第三版）. 北京：中国建材工业出版社，2015.